Koenot
Hungry for Heaven

Jan Koenot

Hungry for Heaven

Rockmusik, Kultur und Religion

Aus dem Niederländischen
übersetzt von Birgit Kasper-Heuermann

Patmos Verlag Düsseldorf

Die Originalausgabe erschien 1996 in den Niederlanden und in Belgien
unter dem Titel: Vorbij de Woorden. Essay over Rock, cultuur en religie
© Uitgeverij Averbode, Altiora N. V., 1996

Die Deutsche Bibliothek – CIP-Einheitsaufnahme

Koenot, Jan: Hungry for Heaven :
Rockmusik, Kultur und Religion / Jan Koenot
Aus dem Niederländ. übers. von Birgit Kasper-Heuermann
1. Aufl. – Düsseldorf : Patmos-Verl., 1997
Einheitssacht.: Vorbij de Woorden < dt. >
ISBN 3-491-72367-1

© 1997 Patmos Verlag Düsseldorf
Alle Rechte vorbehalten
1. Auflage 1997
Typoskript: Martin Günther, Paderborn
Druck und Bindung: Clausen & Bosse, Leck
ISBN 3-491-72367-1

„Bring them back with Acquiesce
On a ship of hope today
And as they fall upon the shore
Tell them not to fear no more
Say it loud and sing it proud..."
Oasis, „The Masterplan"

„Je puis démanteler un corps, je ne crée point la vie en en rajustant
les pièces, en choisissant de bonnes pièces, et en les rajustant. La vie
c'est l'étincelle créatrice qui l'allume et aucune logique n'en rend
compte."
Antoine de Saint-Exupéry, Carnets I, 310

„Aesthetics is for me like the study of ornithology must be for the
birds. I don't need it."
Barnett Newman, „For Impassioned Criticism", 1968

„Spreken is bij een kunstwerk blijven, het willen meenemen, er een
plaats voor zoeken, het redden, zodat het niet naar de bodem van de
geschiedenis zinkt en blijft liggen op de plaats en tijd waarop het
gemaakt is."
Bert Verschaffel, „Over kunst, ontroering en kritiek", in: *De*
Witte Raaf, 1996

INHALT

VORWORT

Es ist nicht alle Tage Sonntag. Auch in der Rockwelt gibt es viel Banalität, Durchschnittlichkeit, Schlamperei und Trostloses. Und doch kommt es manchmal vor, daß die Glut der Musik und ein Song, der lange nachklingt, tiefe Spuren im Leben hinterlassen. In solchen Momenten tritt deutlicher zutage, worum es in der heutigen Kultur geht. Das jedenfalls ist die Überzeugung, mit der der nachfolgende Essay geschrieben wurde. Es geht ihm nicht darum, zu erklären oder zu beweisen, sondern Erfahrungen der Gegenwart zu verdeutlichen. Die hier gewählte Perspektive hat auch ihre Grenzen. Dieses Buch ist die Wiedergabe eines Weges, der sich am Schnittpunkt vieler anderer Wege befindet. Wir hoffen, daß der Leser darin Ansätze findet, die ihm bei seinem Suchen weiterhelfen.

Diese Arbeit wurde als ein *Essay* und nicht als eine akademische Abhandlung konzipiert. Wir haben uns für eine übersichtliche Behandlung von manchmal recht komplizierten Problemen entschieden, um im Meer der zur Verfügung stehenden Informationen und Interpretationen eine Richtung anzudeuten, in der hoffentlich Leben, in der Musik steckt. Bei diesem globalen Zugriff wird eine Reihe von Problemen angeschnitten, die eine eingehendere Beschäftigung verdienten. Keines der Kapitel steht für sich oder ist vollständig. Der erste Teil handelt von Rockmusik, der zweite von Kultur, der dritte von Religion. Deren Zusammenhang wird sich dem Leser nach und nach erschließen.

Um Mißverständnissen vorzubeugen: Im Zentrum dieses Buches steht das Erleben von Rockmusik, einem Genre, das sich von Tanzmusik (Disco, House, Techno) unterscheidet. Beide sind zwar miteinander verwandt, vermitteln aber andere Erfahrungen.

Rockgruppen kommen und gehen. Der vorliegende Essay wurde im September 1995 geschrieben. Seither sind eine Reihe von Gruppen, die in diesem Text eine Rolle spielen, auseinandergegangen (Ride, Sugar, und John Squire hat die Stone Roses verlassen). Die Bedeutung ihrer Musik und ihrer Äußerungen jedoch geht auch unter den geänderten Umständen nicht verloren.

Dieses Buch ist keine Überarbeitung, sondern die Fortführung eines Aufsatzes, der vor vier Jahren geschrieben wurde, aber nie einen Herausgeber fand. Um so größer ist mein Dank an Rony Ceustermans vom Averbode-Verlag, der sich bereiterklärte, diesen Text zu publizieren.

Über Rockmusik schreibt man aus vielerlei Gründen. Die Veröffentlichung soll ein Zeichen der Dankbarkeit für die Musik so vieler Gruppen sein, die im Lauf der Jahre zu wertvollen Weggefährten geworden sind.

Kreative Musik lädt ein zu befreiendem Denken. Legen Sie dieses Buch nach der Lektüre beiseite, und singen Sie Ihren eigenen Song.

Anmerkung

Die Titel von Platten werden kursiv gedruckt, die der Songs stehen zwischen Anführungsstrichen.

Bücher, deren vollständige Angaben im Literaturverzeichnis stehen, werden in den Fußnoten nur mit dem Namen des Autors und dem Titel genannt.

Bei Zitaten von Sängern oder Musikern wird gegebenenfalls die Gruppe, zu der sie gehören oder gehört haben, als das erwähnte Interview stattfand, vor der Quellenangabe in der Fußnote genannt.

Die Abkürzungen MM und NME in den Anmerkungen stehen für die britischen Musikzeitschriften *Melody Maker* und *New Musical Express*.

I
ROCK

„*In 1987, to believe that rock could have, was having, a Second Coming was practically a heresy. The rock discourse does operate like an organized religion; it channels the mystical impulses of rock fans into orderly, doctrinal adherence. [...] Our enemies were both the churchy highmindedness of the rock discourse, and the agnostics, with their camp abnegation of seriousness, their won't-get-fooled-again cynicism of lapsed believers, who had secretly slipped back into their parents' belief in the ultimate triviality of rock.*"

Simon Reynolds, *Blissed Out*, S. 12–13

1

Rock ist eine Form von Kultur. Diese scheinbar so unschuldige Aussage kann Protest hervorrufen. Für einige jedenfalls hat Kultur vor allem mit ehrfurchtsvollem Wissen und mit der Weitergabe eines feingeistigen und künstlerischen Kulturguts aus der Vergangenheit zu tun. In ihren Augen ist Rock ein barbarischer Eindringling, der den Untergang der westlichen Bildung vorantreibt. Andere wiederum sehen in der Rockmusik eine anspruchslose Freizeitbeschäftigung. Wer anfängt, von Kultur zu reden, ist ein Spielverderber.

Die Idee von Kultur ist dennoch ein spannendes Thema. Man muß ja nicht gleich an Museen und staubige Bibliotheken denken. Kultur ist nur in zweiter Linie das Ergebnis eines Bildungsprozesses, bei dem man die Produkte — zu Recht — mit Respekt behandelt. In erster Linie geht es um den Prozeß selbst, in dem sich eine menschliche Gemeinschaft zum Ausdruck bringt und als solche überhaupt erst entwirft. Menschen werden als unfertige Wesen geboren und landen in einer fremden Welt. Als Einzelne oder als Gemeinschaft bauen sie an ihrer Existenz. Sie erkunden die Natur und arbeiten mit ihr. Sie gehen miteinander Beziehungen ein und erleben alles Mögliche. Nichts ist selbstverständlich, nichts steht für alle Zeit fest. Generationen lang setzt man das Vergangene ruhig fort, bis man plötzlich auf neue Herausforderungen stößt. Wenn man darauf nicht reagieren dürfte, wäre das kein Leben mehr. Denn hätte man noch ein Leben, wenn man untätig sein müßte?

Die Welt wird gesellschaftspolitisch und wirtschaftlich nur bewohnbar, wenn Wirtschaft und Politik — mit all ihren Kräften — in einem kulturellen Prozeß zusammenfließen, durch den eine Gemeinschaft ihrem Wissen, ihren Unsicherheiten, Erwartungen und Sehnsüchten Gestalt verleiht und auch ihr eigenes Gesicht erhält. Kultur ist ein dynamisches und kreatives Unternehmen. Dieser Prozeß kommt immer wieder neu in Gang. Auch in unserer Zeit. Jede Gemeinschaft findet Wege, das, was sie bewegt oder lähmt, was sie fasziniert und was ihr Angst macht, zum Ausdruck zu bringen. In den Werken, die sie hervorbringt, erkennt sie sich selbst. Diese Werke aber erhalten nur innerhalb des Unternehmens insgesamt eine Bedeutung, bei dem Versuch nämlich, mit den Herausforderungen des Lebens fertig zu werden. Michel de Certeau entdeckt im Herzen einer jeden Kultur ein „unberechenbares Risiko"[1]: das Wagnis des Lebens selbst, leidenschaftlich, schwindelerregend und nicht mit falschen Sicherheiten zu vertrösten.

Kultur ist eine komplexe Größe. Was man „die westliche Kultur" nennt, besteht eigentlich aus einer Vielzahl von Einflüssen und Strömungen, die kein homogenes Ganzes bilden. Ginge man wie ein Geologe vor, könnte man die verschiedenen Schichten freilegen, die von den kulturellen Aktivitäten der zurückliegenden Jahrhunderte aufeinandergestapelt wurden. Nicht jede Schicht besitzt dieselbe Nachwirkung. Allgemein üblich ist die Unterscheidung zwischen „Volkskultur" und „hoher" Kultur. Wenn der Bildungsgrad und die sozialen Klassen das Hauptkriterium für die Definition von Kultur sind, fällt die „hohe Kultur" mit der der Elite zusammen. Man wird von „klassischer Kultur" sprechen, wenn man an die Vertrautheit mit den großen Meisterwerken der Vergangenheit denkt, und von „humanistischer Kultur", wenn man eine Reihe von Werten vor Augen hat, die ihre Spuren in der westlichen Tradition hinterlassen haben. Ihnen steht die „Massenkultur" gegenüber, die von Vertretern der hohen Kultur vorschnell negativ umschrieben wird (Mangel an Bildung und gutem Geschmack, kein Zugang zu den höheren Werten). Eine solche Einteilung kann — in den Händen der privilegierten sozialen Klasse — ein Instrument werden, mit dem man seine eigene soziale Stellung verteidigt, indem man seine Definition von Kultur vorschreibt und den Zugang hierzu strengen Vorschriften unterwirft. Schule und kulturelle Einrichtungen können solch eine Funktion haben. Es steht außer Frage, daß jede kulturelle Hierarchie auch die Widerspiegelung einer sozialen Hierarchie ist.[2]

Es scheint zum Menschen und zu menschlichen Gruppen zu

---

[1] Michel de Certeau, La culture au pluriel, S. 222.
[2] Vgl. z.B. Robert Walser, „Highbrow, Lowbrow, Voodoo Aesthetics", in: Andrew Ross, *Microphone Fiends*, S. 235–249. Auch John Shepherd, *Music as Social Text*, und Sartre, „Plaidoyer pour les intellectuels", in: *Situations philosophiques*, S. 219–281.

gehören, daß man nach Mitteln sucht, sich von anderen abzugrenzen. In seiner Jugend hat Damon Albarn, heute Sänger der erfolgreichen britischen Gruppe Blur, nur klassische Musik gehört, einfach weil er nicht wie jeder andere sein wollte. Dieses Beispiel zeigt, daß unser musikalischer Geschmack unter anderem mit der Position zu tun hat, die wir in unserer sozialen Umgebung innehaben wollen, und daß er nicht unbedingt auf dem ästhetischen Wert der Musik als solchem beruht (falls es den überhaupt gibt) oder auf der Kraft einer persönlichen musikalischen Erfahrung.

Die Art, wie Kunst gesellschaftlich benutzt wird, entspricht nicht direkt dem „kulturellen Impuls", aus dem heraus Kultur entsteht und den man als einen Drang beschreiben kann, dem Dasein Gestalt zu verleihen, Umstände zu verarbeiten, Chancen zu entdecken, sich zu entfalten und Ansätze für neues Leben zu entwickeln. Die großen Themen der Kunst sind Liebe und Haß, Geburt und Tod. Nicht zufällig hat die mittelalterliche Kunst von der Lebensgeschichte Jesu vor allem zwei Ereignisse behalten: Betlehem (Geburt/Liebe) und Golgatha (Gewalt/Tod). Um die Herausforderungen und die Qualen des Daseins auszudrükken, suchen Künstler — je nach dem jeweiligen Kontext und den zur Verfügung stehenden Mitteln — nach der geeigneten Sprache. Stil und Formgebung dienen dem Inhalt, nicht umgekehrt. „Die alten Meister hätten ganz anders gemalt, wenn sie heute gelebt hätten", wußte Matisse. Vielleicht hätte van Gogh, wäre er hundert Jahre später geboren worden, in einer Punk-Band gesungen.

Weil Rock von Künstlern gespielt wird, die zumeist keine akademische Ausbildung genossen haben und von denen einige aus den unteren Schichten kommen, weil diese Musik außerdem von den Medien massenhaft verbreitet wird, wird sie durchweg als ein Element der Massenkultur angesehen. Philippe Teillet schrieb einmal, als er versuchte, eine Definition für Rock zu finden, daß diese Musik eigentlich nirgends einzuordnen sei: weder bei der Elitekultur, deren normativen „Kunst"-Begriff sie ablehne, noch bei der Massenkultur, von der sie sich als alternative und subversive Bewegung absetze.[3] Rock will mehr sein als leich-

---

[3] „Une politique du rock?", in: Patrick Mignon, *Rock. De l'histoire au mythe*, S. 220.

te Musik oder Entspannungsmusik, obwohl er das natürlich auch ist. Hier stoßen wir auf eine der Widersprüchlichkeiten von Rockkultur: Oberflächlich betrachtet ist sie ein Massenphänomen, im Kern aber eine subversive Kraft.

2

Wie legt man fest, was Rock ist? Ob eine Gruppe dazu zu rechnen ist, hängt teilweise davon ab, was und wieviel man in die Musik investiert, sowohl seitens der Spieler als auch der Zuhörer. Im niederländischen Sprachgebiet verwendet man oftmals den Begriff „Popmusik". Im Englischen macht man einen Unterschied zwischen Pop und Rock. Pop legt den Akzent auf das Vokalische und das Melodiöse. Hat man einen guten Popsong einmal gehört, dann bleibt er im Ohr. Bei Rock dagegen liegt der Akzent auf der instrumentellen Expressivität. Wenn man nur auf die formalen Eigenschaften der Musik achtet, könnte man Pop und Rock als die zwei Pole ansehen, zwischen denen sich die meisten Gruppen bewegen. Bei dieser Unterscheidung spielen jedoch auch andere Elemente mit, die eher mit Lebenseinstellung und Lebensstil zu tun haben. Rock ist „frei von der Leber weg", zieht Ehrlichkeit der Eleganz vor, den Instinkt den Kompromissen. Pop ist mondän, glatt, gefällig.

Rock trifft den Körper und das Herz des Zuhörers.[4] Die Musik ruft nicht nur physische Reaktionen wach (mitsingen, in die Hände klatschen, tanzen...). Sie spricht die Gefühle an und appelliert an den Verstand (es wird Information vermittelt, ein Song erinnert an etwas, man entwickelt eine eigene Perzeption...). Die Beziehung zur Musik kann natürlich sehr persönlich sein. Musik, die man ruhig und allein anhört, dringt bis in die Intimität des Daseins vor. Gleichzeitig gibt Rock auch den Anlaß für soziale Kontakte. Man tauscht Platten aus, besucht gemeinsam mit Freunden Konzerte, Gruppen halten Pressekonferenzen ab usw. Die Musik ist für sich schon ein vollwertiges kulturelles Ereignis, wird aber manchmal innerhalb anderer kultureller Ausdrucksformen eingesetzt (Fernsehen, Film, Video...). Dabei kann sie im Mittelpunkt stehen oder nur eine zweitrangige Rolle spielen. In einigen Installationen des Videokünstlers Nam June Paik tragen Musik wie Bild gleichrangig zu dem beabsichtigten Resultat bei. Rock kann übrigens als Hin-

---

[4] Vgl. James Lull, „Listeners' Communicative Uses of Popular Music", in: James Lull, *Popular Music and Communication*, S. 141–143.

tergrundmusik auch verschiedene Aktivitäten des Alltags begleiten (klönen, einkaufen, studieren, Auto fahren, Sport treiben...).

Rock kann man auf vielerlei Art hören. In seiner Typologie des Zuhörers unterscheidet Tibor Kneif acht Kategorien.[5] Da gibt es die „*Texthörer*", die vor allem auf die *Worte* achten. Solche Art von Zuhörern findet man in politisch oder sozial engagierten Gruppen. Für sie liegt der Inhalt einer Nummer in den „*lyrics*", nicht in der Musik. Dann gibt es den *Ressentiment-Hörer,* der die Musik benutzt, um Frustrationen und Haßgefühle abzureagieren oder um seiner Umgebung auf die Nerven zu gehen. Weiter nennt Kneif den *zerstreuten Hörer,* der einem Stück nie konzentriert lauschen wird, der aber doch Hintergrundmusik für das eigene Wohlbefinden braucht. Die Klänge bilden eine zarte Hülle, die einer schwachen Persönlichkeit Selbstvertrauen und Ruhe schenken. Dahingegen wird „*der Motoriker*" die wahrgenommenen Klänge unmittelbar in physische Bewegungen umsetzen, ohne sie über den Verstand laufen zu lassen. Dieser Typ geht gern auf Konzerte, gleichgültig welche Gruppen auftreten, einfach, um sich zum Rhythmus der Musik auszuleben. Eine andere Kategorie schwimmt auf den *Stimmungen,* die die Songs zustande bringen. Die Reaktion auf die Musik ist rein emotional. Der sechste Typ ist der *Fan,* der alles über eine bestimmte Gruppe oder eine Strömung weiß. Sein Interesse gilt den Persönlichkeiten der Stars und ihren Erlebnissen. Er sammelt Platten, Poster, Zeitungsartikel und illegale Aufnahmen von Konzerten *(bootlegs).* Der *informierte Rockhörer* besitzt nicht das enzyklopädische Wissen des Fans und den fachspezifischen Jargon des Musikwissenschaftlers, ist aber auf dem laufenden, weiß, was los ist, und ist auch zu einem eigenen Urteil in der Lage. Er liest die Musikzeitschriften, geht gelegentlich zu einem Konzert, vergleicht seine persönlichen Eindrücke mit den Rezensionen, die er gelesen hat, und legt sich eine Plattensammlung an. Sein Interesse ist nicht spezialisiert, und in seiner Beurteilung ist er tolerant. Das Sektierertum des Fans ist ihm unbekannt. Musik ist für ihn mehr als ein zufälliges Hobby, sie wird ihm zu einem Teil seines Lebens. Sein Interesse ist nicht an ein bestimmtes Alter gebun-

---

[5] Tibor Kneif, *Rockmusik,* S. 17–27.

den. Dieses bleibt, auch wenn er schon ganz im Familien- und Berufsleben steht, noch immer lebendig. Als letzte Kategorie nennt Kneif den „Kenner", der eigentlich alles weiß. Die ganze Geschichte der Rockmusik ist ihm vertraut, er hört sofort, an welchen Stellen ein neuer Song auf welche früheren Stücke anspielt, und kann genau darlegen, mit welchen technischen Kunstgriffen eine Platte im Studio aufgenommen wurde. Kneif gesteht ein, daß dieser Typ nur selten vorkommt.

Es ist offensichtlich, daß Rock für den Fan und den informierten Liebhaber eine andere Bedeutung hat als für den Ressentiment-Hörer oder den Motoriker. Es scheint, als dominiere zur Zeit der zerstreute Typ. Für viele ist Musik, genau wie Fernsehen, eines dieser vielen normalen Dinge, mit denen man den Tag füllt. Denn Menschen *leben* nicht immer, sie beschäftigen sich. Ganz anders wird es, wenn die Musik eine ungeteilte Aufmerksamkeit erhält. Für echte Liebhaber ist es nicht gleichgültig, welche Musik gespielt wird. Bei ihnen ruft Musik eine aktive Wirkung hervor. Sie warten auf neue Platten. Gruppen auftreten zu sehen, ist ihr größtes Vergnügen.

Weil sich, pauschal gesagt, die Art der Investierung in die Musik im Lauf der Jahre grundlegend gewandelt hat, entsteht bei einigen der Eindruck, daß die Rockmusik eigentlich allmählich verschwinde. In unserer Kultur, in der „der Tod Gottes", „der Tod des Menschen" und „der Tod der Kunst" banale Gesprächsthemen geworden sind, macht der seit einigen Jahren regelmäßig wiederkehrende Ausspruch, daß Rock tot sei, kaum noch Eindruck. Trotzdem lohnt es die Mühe, sich einmal einem so scharfsinnigen Beobachter der Rockkultur wie Lawrence Grossberg zuzuwenden und dem, was er bei der Formulierung vom „Tod des Rocks" vor Augen hat.[6] Rock sei ein Genre, das nicht nur von rein musikalischen Eigenschaften bestimmt werde, sondern ebenso auch von dem Kontext, in dem er entstehe. Dieser Kontext sei die Nachkriegssituation, bei der sich einige Kennzeichen deutlich beschreiben ließen. *Politisch* war dies eine Zeit des Liberalismus, des Friedens und Fortschritts, *soziologisch* eine Periode, in der die Jugend zahlenmäßig zunahm *(Babyboom)* und zu einer eigenen sozialen Klasse anwuchs, ausgestattet mit ei-

---

[6] Vgl. „Is Anybody Listening? Does Anybody Care? On ‚The State of Rock'", in: Andrew Ross, *Microphone Fiends,* S. 41–58.

genen finanziellen Mitteln, großer Selbständigkeit und Mobilität. *Ideologisch* beobachtete man das Aufkommen eines postmodernen Lebensgefühls. Hiermit meint Grossberg die Frage, welche Energie in die verschiedenen Rollen und Beziehungen investiert wird. Die Verbindung zwischen Gefühlen und Gedanken, zwischen Engagement und Zweck, zwischen Sehnsucht und Wille wurde komplizierter und undurchsichtiger. Es entstand eine Kluft zwischen dem, was die Menschen für bedeutsam ansahen, und den Worten, die ihnen zur Verfügung standen, um sich über Sinn und Werte auszutauschen. Die traditionellen sinnstiftenden Geschichten klangen immer hohler, man hatte für das, was wirklich im Leben zählte, keine Worte mehr. Die Erfahrung von Entfremdung wurde allmählich das Kennzeichen einer ganzen Generation. Der vierte Aspekt des Kontextes, in dem Rock entstanden ist, betrifft einige Entwicklungen auf *kulturellem* Gebiet. Technische Erfindungen veränderten die Art und Weise, wie Musik gespielt, verbreitet und gehört wurde. Musik und Massenmedien waren eng verbunden (Radio und Fernsehen). In der Hektik des modernen Stadtlebens kamen über die *beat poets* und aus der schwarzen Kultur mythische Bilder von Marginalisierung und Rebellion in Umlauf.

Die Bedeutung von Rock kann man demnach sehr genau definieren als eine aktive und effiziente Reaktion auf diese Situation. Rock ist, erstens, eine „affektive Maschine", ein Instrument, das Gefühlen und Willenskraft Orientierung gibt und rein auf der affektiven Ebene funktioniert. Die ideologische Ebene, die in der postmodernen Situation weniger ansprach, tritt in den Hintergrund. Zweitens ist Rock ein Mittel, sich von der älteren Generation abzugrenzen: „wir" gegen „sie". Und dabei bleibt es noch nicht. Auch innerhalb des offenen Raumes der Rockkultur entstehen immer wieder neue Unterschiede zwischen den Strömungen und *Szenen*, mit ihren eigenen Symbolen und Verbindungen. Drittens wird Rock geprägt von einer Politik des *fun*. Dieses Wort läßt sich schwer übersetzen. Für Grossberg ist es etwas anderes als nur Vergnügen. *Fun* bezieht sich auf eine Lebenshaltung, die jede Form von Langeweile scheut und Bewegung, Veränderung und Energie über alles stellt. Physische Erfahrungen (Tanz, Sex, Drogen) und das äußerliche Erscheinungsbild

(Mode, Stil) werden sehr bedeutsam.[7] Viertens ist Rock ein Mittel des Ausstiegs *inmitten* des alltäglichen Lebens. Selten kann man ja der alltäglichen Routine und den Pflichten entgehen. Die Stärke von Rock liegt aber gerade darin, in den Grenzen des alltäglichen Daseins den Funken von Befreiung wachzurufen, sich *fun* zu verschaffen und den Traum von einer anderen Welt, oft sogar von einer anderen Wirklichkeit, entstehen zu lassen. Man hört einen Song, und eine unangenehme Arbeit wird erträglich.

Als Mittel, affektiv eine Struktur für sich zu finden und sich sozial zu differenzieren, als Strategie von *fun* und der Umwandlung des täglichen Daseins hatte Rock innerhalb des gegebenen Kontextes eine eigene Bedeutung. Inzwischen jedoch hat sich die Gesellschaft grundlegend gewandelt. Die neunziger Jahre sind eine Zeit ökonomischer Stagnation, von politischem Konservativismus und Fundamentalismus. Der Fortschrittsglaube ist dahin. Die *Babyboomer* haben einer neuen Generation Platz gemacht (*Generation X*, Grungers, Slackers, Rappers, Neopunk…). Die Jugendlichen bilden keine homogene Klasse mehr und entziehen sich jeder soziologischen Definition. Auch wird die Jugend nicht mehr von den Erwachsenen idealisiert — im Gegenteil. Sie wird das Opfer einer restriktiven Moral und einer repressiven Politik. Die postmoderne Erfahrung ist eine dominierende Tatsache geworden. Der Bruch zwischen Gefühlen und Sinngebung hat zu einem Klima der Ironie und Oberflächlichkeit geführt. Man bleibt distanziert bei allem, was man macht. Nichts wird noch als authentisch, nichts als ehrlich erlebt. Schließlich hat, was die kulturellen Mittel angeht, die Rolle der Industrie und der Medien (unter anderem das Phänomen MTV) enorm zugenommen. Motivierende Bilder einer aufrechten Rebellion gibt es nicht mehr.

Die Folge ist klar: Auch Rockmusik ist heutzutage nicht mehr, was sie früher einmal war. Die Industrie floriert, als Kultur aber scheint Rock tot: „Pop as culture is dead. Pop as industry is thriving" (Tony Parsons). Die Musik bedeutet nicht mehr viel. Der Unterschied zwischen eigensinnigem Rock und frivolem Pop verwischt. Die musikalische Welt ist zersplittert.

---

[7] Zu Rock und *fun* vgl. auch Lawrence Grossberg, „Rock and Roll in Search of an Audience", in: James Lull, *Popular Music and Communication*, S. 175–197.

Es gibt keinen gemeinsamen Mythos mehr, keine richtungweisende Utopie, keine imponierende Figur. Aufgrund der genannten Verschiebungen meint Grossberg, daß Rock allmählich Platz mache für eine andere Form musikalischer Kultur.

Jüngeren Umfragen zufolge taucht bei britischen Jugendlichen zwischen vierzehn und sechzehn auch die Musik auf der Liste der wichtigsten Dinge im Leben auf, nach Schule, Zuhause, Freunden, Geld, Sex, Aussehen, Arbeit, Ausgehen, Sport, Hobbies und Fußball. Der Wert einer solchen Untersuchung ist immer relativ, weil natürlich viel von der Art der Fragen abhängt. Es scheint aber, daß Jugendliche zwar mehr Musik hören, daß diese aber immer weniger für sie bedeutet. Simon Frith deutet die heutige „Postrock"-Situation aus der Entgegenstellung von zwei Generationen: den Idealisten der sechziger Jahre, die in der Musik eine Offenbarung suchten, und den materialistischen Jugendlichen von heute, die Musik schätzen, solange sie funktioniert, d. h. solange sie danach tanzen können.

Diese Betrachtungen machen deutlich, daß Rock nicht aus sich heraus existiert als ein sauber abgestecktes Feld, sondern Konsistenz nur innerhalb eines komplexen Netzwerks sozialer, politischer, ideologischer und kultureller Faktoren erhält. Das intensive Erleben von Musik ist keine universelle Größe. Bei der Nachkriegsgeneration hat es ein Zusammenspiel von besonderen Umständen gegeben. Ökonomische, politische und technologische Entwicklungen fielen mit markanten Verschiebungen im Denken und in den Sitten zusammen. Rock 'n' Roll in den fünfziger Jahren und Rock in den sechziger Jahren waren eng mit allen Komponenten dieser Entwicklung verbunden. So wurde diese Musik spontan zu der Sprache einer neuen Generation. In unserer Zeit, die (sich) lieber in Begriffen fraktaler Expansion als radikaler Veränderung denkt, kann Rock nicht mehr dieselbe Rolle spielen. Die Frage lautet dann, was von der musikalischen Erfahrung übrigbleibt, wenn sich der Kontext verändert. Die sozialen, politischen und kulturellen Funktionen der Musik bleiben nicht auf ewig dieselben. Doch damit verschwindet die Musik selbst noch nicht von der Bildfläche. Gleichwohl kann sich ein Stil entwickeln. Nach der Invasion von House, Rap, Grunge und Techno — Genres, die sich inzwischen in allen möglichen Verzweigungen und Kombinationen entfalten — erleben wir

Mitte der neunziger Jahre zum wiederholten Mal die Wiederkehr klassischer Gitarrenmusik. Die heutige Britpop-Welle und andere junge Gruppen (Blur, Oasis, Elastica, Supergrass, Ash u. a.) suchen zwar Inspiration in der Vergangenheit, jedoch mit der Absicht, auch heute noch etwas zu sagen zu haben. Gitarrenrock ist sicherlich noch nicht tot. Und das ist nicht in erster Linie eine Frage des Stils, sondern des Inhalts. Nicht überall ist die Dringlichkeit von Rock verschwunden. Unter dieser Voraussetzung soll im weiteren der Kern der musikalischen Erfahrung untersucht werden.

Höchstwahrscheinlich ist die Musik nur für eine kleine Minderheit der Ort einer wirklich tiefgreifenden Lebenserfahrung. Der Bedeutung dieser Erfahrung aber tut es keinen Abbruch, wenn sie nicht von allen mit derselben Intensität erlebt wird.

3

Man verläßt den Konzertsaal und weiß im Innern, daß nichts,
aber auch gar nichts so gut sein kann wie diese Musik. Es ist, als
wenn alle Anstrengungen der Menschheit, alle Erfindungen vom
Steinzeitalter bis zu den modernsten Technologien, als wenn
Feuer, Holz, Eisen, Strom, Beleuchtung, Lastwagen, Computer
keinen anderen Sinn gehabt hätten als den, *so etwas* möglich zu
machen. Ein Podium, Drums, ein Bass, Gitarren, und nichts ist
mehr, wie es war. Die Magie der Musik verzaubert die Welt.

Wes das Herz voll ist, des geht der Mund über. Auch begeisterte Musikfans suchen nach Worten, um ihre Erfahrung auszudrücken. Und das ist nicht einfach. Die Worte eines Songs kann
man nacherzählen. Wenn es sich aber um die Erfahrung mit der
Musik selbst handelt — verstummen dann nicht alle Worte? Was
geschieht eigentlich, wenn man von Musik *getroffen* wird? Auffällig ist, daß Fans, wenn sie vom musikalischen Geschehen
wirklich berührt sind, auf einige wesentliche, sehr menschliche Worte zurückgreifen, um etwas von ihrem Erleben mitzuteilen.

„Musik", „populäre" Musik vielleicht mehr noch als „ernste"
Musik, bringe uns zu Bewußtsein, daß wir *leben,* daß wir fühlen
und daß wir erfahren, schreibt John Shepherd.[8] Diese Bemerkung eines Musikwissenschaftlers und Soziologen stimmt ganz
und gar mit dem überein, was Sänger und Kritiker spontan erzählen. „Rock 'n' Roll drückt Lebensenergie aus, eine Energie,
die von dem Bewußtsein herrührt, daß man lebt", sagt Ian Astbury. Für ihn sind Konzerte einer der wenigen Orte, wo Menschen sich ausdrücken können, wo niemand beurteilt wird, wo
das Leben in einer Art Ritual mit emotionaler und metaphysi-
scher Dimension gefeiert wird.[9] Die Platte *Boces* von Mercury
Rev wird von dem Rockjournalisten Simon Reynolds beschrieben als eine „pantheistische Zelebration des Wunders, daß wir
leben"[10]. Die Auftritte der Gruppe, mit der eigensinnigen Flöte,

[8] John Shepherd, *Music as Social Text,* S. 90, 159, 211.
[9] The Cult, MM 23.11.1991.
[10] MM 29.05.1993.

die sich plötzlich über die chaotischen Gitarrenklänge erhebt, bestätigen diesen Eindruck.

Die Künstler fühlen während ihres Auftritts natürlich selbst das Leben ganz intensiv. „Die Woche hindurch in Wigan bin ich niemand", findet Richard Ashcroft, aber „die vierzig Minuten auf dem Podium kann ich jemand sein"[11]. Es wäre falsch, diese Erfahrung psychologisch auf ein Moment gigantischer narzißtischer Selbstbefriedigung oder Selbstliebe zurückzuführen (der Star, der die ihm zujubelnde Masse genießt und daraus sein Selbstwertgefühl entwickelt). Das Leben zu *erleben*, bedeutet, frei zu atmen in einer offenen Sphäre, die uns selbst übersteigt. „Es gibt etwas, das höher und weiter ist als wir selbst", schreibt der Kritiker Lester Bangs. Er dachte dabei an

> *„ein Gefühl von Verwunderung über das Leben und die Entdeckung, daß es irgendwo einen erlösenden Faktor gibt, den man zumindest suchen muß, bevor man eines natürlichen Todes stirbt"*[12].

Das Leben steckt voller Leben. Überflutende Gitarrenklänge wie auf *Daydream Nation* von Sonic Youth versetzen einen in diese Fülle des Lebens. Da wird Kunst, nach der alten Definition, Nachahmung der Natur. Nicht in dem Sinn, daß die Musik die Natur abbilden würde, sondern daß sie die Überfülle der Lebenskräfte wiedergibt, wie sie in jedem Blumengarten sichtbar wird, in jedem Wald, auf jedem Quadratmeter Erde. Die Hartnäckigkeit, die Dickköpfigkeit, mit der die Natur sogar noch in der Wüste, wenn irgend möglich, Blumen wachsen läßt, stecken auch in der Musik. Sartre tendierte dazu, die Schönheit eines literarischen Werkes weder in der Form noch in der Materie zu suchen, sondern in der Dichte, der Konzentration, der Fülle des Seins *(densité d'être)*.[13] Auf Rockmusik trifft dieses Kriterium unverkennbar zu.

Gerade weil einem die Augen für die Fülle des Lebens geöffnet werden, erhält man ein authentisches Gefühl von Freiheit. Denn Freiheit meint mehr als bloß die Wahl zwischen *Coca-Cola* und *Pepsi-Cola*. Freiheit erwächst aus dem Bewußtsein, daß es

---

[11] The Verve, MM 13.06.1992.
[12] Lester Bangs, *Psychotic Reactions*, S. 267.
[13] Sartre, *Qu'est-ce que la littérature?*, S. 228.

Leben gibt, auch für dich, daß man dasein darf und daß es Platz gibt für viele. In Musik, Kunst und Literatur darf man erfahren, daß „sein" und „frei sein" oder „in Freiheit sein" im wesentlichen identisch sind („In einer Sphäre der menschlichen Verhältnisse heißt zu sein, frei zu sein", schreibt George Steiner.[14]). Leben ist Freiheit, Leben ist Fülle, Leben ist Zukunft: *„What comes is better than what came before"* (The Velvet Underground, „I Found A Reason"); *„The past is yours, but the future is mine"* (The Stone Roses, „She Bangs The Drums"). Gleichzeitig ist Leben immer kommunikativ, es wirkt ansteckend. Musik, in der Leben steckt, schafft Beziehungen.

All diese Aspekte von „Leben" — Freiheit, Fülle, Dichte, Zukunft, Wunder, Solidarität — blühen üppig in der Musik der britischen Gruppe Oasis. Wenn diese Gruppe eine Botschaft hat, dann steckt diese in dem Aufruf, wach zu werden für das Wunder und den Reichtum des Lebens, für die Zukunftsmöglichkeiten, die sich (wenn man nur die Chance ergreift und etwas dafür tut) darin bergen.

> *„I don't know what it is that makes me feel alive*
> *I don't know how to wake the things that sleep inside*
> *[...]*
> *Because we need each other. We believe in one another*
> *And I know, we're gonna uncover, we're sleeping in our soul."*
> „Acquiesce"

Immer wieder liest man aufregende Konzertberichte in der Presse. „Keine andere Gruppe gibt den unbändigen Lebensdrang derart perfekt wieder", schreibt Richard Smith.[15] Nach dem Auftritt der Gruppe in Irvine Beach im Juli 1995 gestand Taylor Parkes, daß ihm dieses Konzert seit langer Zeit zum ersten Mal wieder einmal das Gefühl vermittelt habe,

> *„als wenn es etwas gäbe, das wirklich wichtig sei, als wenn das Leben die Mühe lohnte, als wenn wirklich einer den anderen liebte. Als wenn es irgendwo, wenn man nur lang genug danach suchte, etwas Gutes in der Welt gäbe."*[16]

---

[14] George Steiner, *Von realer Gegenwart*, S. 203.
[15] MM 14.10.1995.
[16] MM 22.07.1995.

„Als wenn … als wenn", der Autor kann es anscheinend noch nicht wirklich glauben. Postmoderne Rockkritiker sind eher zynisch (eine subtile Form der Selbstverteidigung). Die Musik macht das Wunder möglich, daß in diesem zynischen Blick doch wieder ein Licht zu scheinen beginnt.

Der Höhepunkt der Konzerte ist für viele der Song „Live Forever". „*You and I gonna live forever*", singt Liam Gallagher. In ihrem Jahresbericht Ende 1994 schreiben die Journalisten von *Melody Maker*:

> „*Unsterblichkeit ist eine der Aureolen von Jugend. Man weiß zwar, daß man eines Tages sterben wird, und doch weiß man, daß dies niemals geschehen wird. Du doch nicht. Niemals. Nicht wenn man sich so wie jetzt fühlt.*"

David Bennun schrieb in seinem Konzertbericht, daß der Song „Live Forever" ihn glauben mache, daß es ihn nicht nur eine, sondern drei oder vier Ewigkeiten lang am Leben erhalten werde.[17] Man stirbt nur, weil man denkt, daß man sterblich ist, dachte der französische Autor Antonin Artaud. „Live forever" überzeugt einen im Gegenteil davon, daß das Unmögliche möglich wird und das „Leben" nicht sterben kann.

Die überwältigende Lebenserfahrung (oder das „Erlebnis des Lebens"), die sich aufgrund von Musik und durch sie vermittelt, erweckt den Eindruck, als komme man mit einer Wirklichkeit in Berührung, die wirklicher noch als die alltägliche Realität sei. In einem Buch über Joy Division behaupten Mark Johnson und Paul Morley, daß Kunst, aus der Sicht der Rockmusik, keine Imitation der Realität, sondern noch realer als die Realität sei.[18] Überraschenderweise ist festzustellen, daß man bei Versuchen, die Wirkung von bildender Kunst und mystischen Erfahrungen zu beschreiben, auf gleichartige Formulierungen zurückgreift. So gesteht der deutsche Maler Georg Baselitz, daß Zypressen von van Gogh und Vollard oder Madame Cézanne auf Portraits ihres Mannes sicherlich außerhalb der Bilder existiert haben, er finde jedoch, daß das Kunstwerk eher die Wirklichkeit sei, als sie es selbst waren, das Kunstwerk nämlich bestätige diese Bäume und

[17] MM 06. 03. 1995.
[18] *An Ideal for Living. An History of Joy Division*, London, Bobcat Books, 1986, S. 18.

diese Menschen in ihrem Dasein.[19] Michel Hulin wiederum schreibt in einer Studie zur „wilden Mystik" (mystische Erfahrungen außerhalb des traditionellen religiösen Rahmens), wie sich bei solchen Erfahrungen eine Welt öffnet, die als farbiger, reichhaltiger und heller als das gewöhnliche Leben, kurz als „eine realere Welt"[20], erfahren wird.

> *„Es ist nicht auf dieser Seite der Welt, nicht mit dieser oder jener Geste der Welt, nicht mit einer Geste dieser Welt hier überhaupt möglich, daß ich sage, daß ich will und daß ich zeigen könnte, was ich denke."*
> Antonin Artaud

George Steiner sieht in jeder künstlerischen Schöpfungstat ein Absolutheitsmoment, den Traum vom Sprung aus dem Nichts, die Sehnsucht danach, eine neue Formgebung zu erfinden, die die bekannte Welt völlig hinter sich läßt.[21] Auch im Rock steckt dieser Drang. „Leave Them All Behind" heißt einer der stärksten Songs von Ride. Wegen dieses Absolutheitsmoments klingen jeder gute Song und jedes erfolgreiche Konzert so, als wenn Rock gerade erst geboren worden wäre.

Das Erleben von Freiheit, Fülle, Neuheit, kurz von Leben, erlebt man als etwas Heilsames. Es knüpft an eine oft unausgesprochene Sehnsucht nach Erlösung von der Banalität des täglichen Trotts an. Der Titel des Gemäldes von Chagall „N'importe où hors du monde" bedeutet wahrscheinlich beides: sowohl die Sehnsucht des Künstlers nach einer realeren Wirklichkeit als auch den Anbruch dieser Wirklichkeit jetzt — durch die Kunst —, als wenn „der Käfig des Lebens" (Lester Bangs) aufgehe und der Vogel in die Freiheit hinausflöge. „Rock and Roll" von Lou Reed (The Velvet Underground) ist ein schönes Beispiel für einen Song, in dem der Glaube an die heilsame, befreiende Kraft von Rock zum Ausdruck kommt (*„You know her life was saved by rock & roll..."*).

Wie intensiv diese Erfahrung von Leben in der Musik ist, hängt vielleicht zum Teil von der Art ab, wie der Zuhörer mit der Unvollkommenheit des Mensch-Seins umgeht.

[19] *Le Monde,* 21.08.1994.
[20] Michel Hulin, *La mystique sauvage,* S. 12.
[21] Vgl. George Steiner, *Von realer Gegenwart,* S. 264.

„Forget your perfect offering
There is a crack in everything
That's how the light gets in. "
Leonard Cohen, „Anthem"

Musik knüpft an Gefühle von Entwurzelung und Orientierungs-
losigkeit, von Gebrochenheit und Nicht-Vollendung an. Wer
sich auf dieser Welt nicht zu Hause fühlt, sich nirgendwo niederläßt, sondern ständig ein Pilger ist, der wird Trost in einem Song
finden. Künstler verdrängen das Bewußtsein von Sterblichkeit
nicht. *„Right now we're dying. One day dying will turn into
death"*, so William Reich, der von sich sagt, daß er mit dem Tod
vor Augen lebe.[22] *Pornography* von The Cure ist von einem ähnlichen Todesbewußtsein durchdrungen:

„Sing out loud
We all die"
„Siamese Twins"

„Over and over
We die one after the other
Over and over
We die after the other after the other…"
„One Hundred Years"

Musik bringt Leben in ein sterbliches Dasein. Sie kann einem dabei helfen, gerade durch das klare Bewußtsein der eigenen End-
lichkeit, nicht als ein toter Mensch mitten im Leben zu stehen.[23]
    Das plötzliche, von der Musik bewirkte Erleben der Fülle des
Lebens, die auch einem selbst geschenkt ist, trifft genau den
Nerv der Existenz eines jeden von uns, der sich unausgesprochen
oder durchaus bewußt mit Sterblichkeit und Gebrochenheit, mit
Unzulänglichkeiten, mit den unausweichlichen Mängeln der
menschlichen Existenz herumschlägt. Auf diesem Hintergrund
wird deutlich, warum *sex, drugs and rock 'n' roll* in einem Atem
genannt werden. Handelt es sich hierbei doch um drei Wege, mit

[22] The Jesus And Mary Chain, MM 16. 07. 1994.
[23] *„The Noise, supremely, can help you not to be the dead man in life. [...] Refreshes
you with a bracing awareness of your own finitude"*, Paul Morley, *An Ideal For
Living*, op. cit. S. 62.

denen man versucht, diesen Mangel auszugleichen. Durch sex, drugs und rock versucht der Mensch, sich Zugang zu einer Wirklichkeit des Anderen zu verschaffen (zum Weiblichen, zum Unbewußten, zum Unfaßbaren, zu Bildern, Klängen...). *„Give me penetration...“* (The Jesus And Mary Chain, „Penetration“). In diese Wirklichkeit möchte man eindringen, man will an ihr teilhaben, sich darin verlieren, darin aufgehen und einswerden mit diesem Anderen, das von irgendwoher winkt. Wenn Rocksänger wie Bobby Gillespie (Primal Scream), Jason Pierce (Spiritualized) und so viele andere von der heilsamen Wirkung der Musik sprechen, dann hat das mit diesem Ereignis von Eindringen, Teilnahme und Transzendierung zu tun. In der Musik geschieht das durch das Wunder des Gehörs. Das Ohr macht es möglich, daß die andere Wirklichkeit der Musik in unserem Inneren Wohnung bezieht und daß man für seinen Teil ein Bewohner des musikalischen Raumes wird. Diese Bewegung zwischen Innen und Außen, der Annäherung des heilsamen Zusammenklangs ist nie ein für allemal zu besitzen, ist niemals abgeschlossen.

„Getting close
Still it seems so far away
Moving close
Those things still seem so far away“
The Jesus And Mary Chain, „These Days“

4

Rock heißt JA und NEIN, ist ein lautes, vielgestaltiges, wollüstiges JA zu dem Lebensstrom, der sich durch die musikalischen Schwingungen einen Weg bis in unser Innerstes bahnt, ist ein feuriges und nicht zu unterdrückendes NEIN zu „dem System, das das Leben würgt" (eine Formulierung des Malers Bram van Velde). Rock ist eine gnadenlose Zurückweisung von allem, was farblos und ohne Leben ist. Besser als Bob Dylan kann man es nicht sagen: „Her sin is her lifelessness" („Desolation Row"). In diesem Sinne gehört Rebellion zum Kern von Rock. Oberflächlich betrachtet kann diese Auflehnung viele Formen annehmen und sich in verschiedene Richtungen entwickeln. Die Empfindung von „Leben" in der Musik kann den Rockfan sensibel für tote Zustände im üblichen Alltag machen. Sänger führen vielleicht ein bisweilen chaotisches Leben, sie empfinden aber die Welt um sich herum als noch größere Unordnung:

> „The planet's more fucked up
> Than I'll ever be"
> The Jesus And Mary Chain, „Sundown"

Der Typ von Mensch, gegen den Rock protestiert, wurde schon von Sartre in La Nausée ins Visier genommen. Die Hauptperson dieses Romans wendet sich heftig gegen „les Salauds", die Dreckskerle, mit ihrer selbstsicheren Haltung, ihrem satten selbstzufriedenen Blick und ihrer fetten Fratze. Diese Leute tun so, als hätten sie Recht auf alles, auf Leben, Arbeit, Reichtum, eine gute Stellung, auf Anerkennung, Unsterblichkeit. Sie leben, als wären ihre eigenen Ideen selbstverständlich. Sartre siedelt seine Figuren in einem bürgerlichen Milieu an, die Krankheit jedoch, an der sie leiden, kommt vermutlich in allen sozialen Kreisen vor. Ihr Leiden ist der bereits genannte Mangel an Leben (lifelessness), das So-Tun-Als-Ob, die Angst vor dem Wagnis des Lebens, das Festfahren in Konformismus und Verdrängung, Ausflüchten und Selbstbetrug. „Du lebst dem Namen nach und bist doch tot" (Offenbarung 3,1).

Gegen Kritiker, die sein existentialistisches Werk reichlich nihilistisch fanden, hat sich Sartre zur Wehr gesetzt: „Ich bin immer aufbauend gewesen", schrieb er in *Carnets de la drôle de guerre,* „und *La Nausée* und *Le Mur* haben von mir nur ein falsches Bild vermittelt, weil ich mich gezwungen sah, erst einmal niederzureißen"[24]. Es gibt keinen Weg zum Leben, der nicht an der Pforte des Todes vorbeikäme. Das gesamte Œuvre von The Jesus And Mary Chain scheint sich um diese Tatsache zu drehen. Genuß und Verbot, Geben und Nehmen, Herrschaft und Ohnmacht, Verwirrung und Erleichterung, Sonne und Regen — zwischen diesen Polen vibriert ihre Musik, die jubelt vor Dunkelheit und vor Erlösung aufschreit: *„You were my sunny day rain/You were the clouds in the sky [...] That's why I'm happy when it rains"* („Happy When It Rains"); *„I wanna die come see paradise"* („Reverence"); *„Destruction sets us free/From this forbidden tree"* („Shimmer"). Eine systematische Einführung in das Mysterium von Tag und Nacht, Tod und Leben sollte man von einer Rockgruppe nicht erwarten. Künstler gehen mitten in dieses Mysterium hinein, setzen sich mit ihm auseinander, suchen die Konfrontation mit dunklen, tödlichen Kräften, aus einer unersättlichen Sehnsucht nach echtem Leben heraus.

William und Jim Reid von The Jesus And Mary Chain haben immer die Konfrontation geschätzt (der Name der Gruppe sagt ja bereits genug). So ließen sie 1994 die Präsentation ihrer neuen Platte *Stoned And Dethroned* in einer Transvestitenbar stattfinden, vielleicht einfach, um die feinen Herren der Plattenfirma zu ärgern, so die Vermutung des Rockkritikers Dele Fadele. Es sei dort die Hölle gewesen, schreibt er, das ganze Pack der Musikindustrie. Und es sei noch schlimmer geworden, als einem klar wurde, daß man selbst nicht viel besser war. Das aber war gerade der Trick von The Jesus And Mary Chain: Leute schon ein wenig früher in der Hölle zusammenzuführen, um sie dann mit Musik wieder zu heilen.[25] In diesem brillanten Stück Journalistik hat Dele Fadele den „spirit" der Gruppe wunderbar erfaßt. Er hat verstanden, um was es ihr geht, nämlich die gewöhnlichen Beziehungen umzustürzen, um auf diese Weise das Bewußtsein

---

[24] Zitiert von Jacques Deguy in seiner Studie *La Nausée, de Jean-Paul Sartre,* Paris, Gallimard, 1993 (coll. Foliothèque), S. 194.
[25] NME 27.08.1994.

zu vermitteln, daß „das Pack" nicht immer dort zu finden ist, wo es die bürgerliche Moral für gewöhnlich sieht.

Der äußerliche Schein wird zerstört. Soziale Stellungen werden durcheinandergebracht. Nachdem sie fünf Jahre nicht mehr in der Musikszene waren, schlugen The Stone Roses der etablierten britischen Musikpresse (einem mächtigen Arm des Rock-Establishment) ein Schnippchen, indem sie *The Big Issue,* einem Wochenblatt, das von Obdachlosen auf der Straße verkauft wird und mit dem diese sich ein wenig Geld verdienen, ein erstes und vorläufig exklusives Interview zugestanden. „Ich bin genau wie sie, und das wissen sie", erzählte Sänger Ian Brown ein paar Monate später einem Journalisten des *New Musical Express.*[26] Shane MacGowan, ehemaliger Sänger von The Pogues, sagt das gleiche: „Ich unterscheide mich überhaupt nicht von ihnen."[27] „Fassadentum" ist bei wirklichen Künstlern nicht zu finden. Sie stoßen durch Schein und Lüge. Sie betrachten die Welt nicht mit den Augen des Erfolgs, sondern von unten her, von der anderen Seite, wo sich die Menschen in ihrem Kampf um Leben und Tod gleich sind.

In dieser Hinsicht hat Greil Marcus in seinem meisterlichen Buch *Lipstick Traces. A Secret History of the Twentieth Century* Punk zu Recht mit Dada verglichen. Das *Cabaret Voltaire* der Dadaisten — d. h. stürmische Abende, die ab Februar 1916 in Zürich stattfanden und wo die unterschiedlichsten Künstler zusammenkamen, um zu singen, zu reden, Musik zu machen, zu tanzen und Gedichte vorzutragen — wird von dem Autor beschrieben als ein Erlebnis absoluter Negation und äußerster Freiheit. Und Punk war dasselbe. In der Stimme von Johnny Rotten sei, so Marcus, noch der Nachklang dieser verborgenen Geschichte unseres Jahrhunderts zu hören, derselbe Drang nach völliger Destruktion und nach einem befreienden Neubeginn. Dada und Punk dachten nicht an Revolution im üblichen Sinn, sie kritisierten nicht einen einzelnen Aspekt der Gesellschaft (soziales Unrecht, politischen Mißbrauch...), sondern die etablierte Ordnung überhaupt, in der Überzeugung, daß keine einzige Umwälzung noch etwas Gutes aus ihr zum Vorschein zaubern könnte. Die Ablehnung war vollständig und ebenso radikal wie die Bestä-

---

[26] NME 04. 03. 1995.
[27] Zitiert von Nick Kent in *The Dark Stuff,* S. 221.

tigung einer Freiheit, die wahrscheinlich nur ein wenig in der Kakophonie der Dadaisten und auf dem Podium der Sex Pistols greifbar wurde. Der Versuch von Marcus ist so spannend, weil er wie ein Detektiv alle Verbindungsglieder dieser Geschichte von Subversivität und Bildersturm aufgespürt hat. Eines dieser Verbindungsglieder liegt in dem Situationismus, dessen Protagonist Guy Debord war. Sein Buch *La société du spectacle* von 1967 hat auch auf die Rockkultur einen großen Einfluß ausgeübt. Die Situationisten wehrten sich gegen die Tatsache, daß in der heutigen Gesellschaft viele die Wirklichkeit nicht mehr direkt, sondern nur noch vermittelt über Vorstellungen erleben. Alle Beziehungen, von Mensch zu Mensch, vom Einzelnen zum Ganzen, vom Bürger zur Politik, vom Menschen zur Natur, laufen über Bilder der Massenmedien. Wenn die Vorstellungen wichtiger als die Wirklichkeit selbst werden, dann wird die nackte Realität unwirklich. Mit dem situationistischen Protest gegen einen solchen Zustand ist der Rockprotest verwandt. Musik ist eine Eruption von Leben, keine bloße Vorstellung von Leben. Der Rockfan schaut nicht träge zu, die Musik läßt ihn hochschnellen und aufbrechen in das Abenteuer des Lebens.

Es wurde bereits gesagt, daß dieses „Leben" mehr ist als das eigene kleine Leben und realer als das gewöhnliche Leben. Sinn und Zweck ist es aber, daß zwischen beiden Polen eine Verbindung zustande kommt. Sonst bleibt die Musik ein nutzloser Traum und das tägliche Leben ein hoffnungsloser Zustand. Wer beide Bereiche auseinanderhält, wird fatalistisch. Eine solche Haltung stimmt nicht mit den Schüben von Lebenskraft überein. Wer jedoch die Musik auf das gewöhnliche Leben einwirken läßt, kann in seiner Umgebung Widerstand erfahren und auch in sich selbst Widerstand aufkommen merken. Der Einlaß von „Leben" gelingt nicht, ohne daß man Sicherheiten aufgibt. Verteidigungsmechanismen müssen entlarvt werden.

Einige Platten kann man nicht anhören, ohne daß einem Schauer über den Rücken laufen. *Nevermind* ist der Schrei von Kurt Cobain (Nirvana), *Unknown Pleasures* die Desillusionierung von Ian Curtis (Joy Division), *Definitely Maybe* die Lebenslust der Brüder Gallagher (Oasis), *Pornography* die Erkundung des Gefühlslebens von Robert Smith (The Cure). Solche Musik ist die Einladung zur Konfrontation mit dem eigenen Gefühlsleben, mit der eigenen Lebenslust (oder dem Lebensüberdruß), mit der eigenen Desillusionierung (oder unbeirrbaren Hoffnung), mit eigenem Schmerz. Jede Platte, die sich lohnt, beinhaltet einen Aufruf. Und nicht immer ist man bereit zuzuhören.

Es gibt viele Möglichkeiten, sich zu widersetzen: rational beispielsweise, indem man behauptet, daß es doch in der Rockkultur nirgendwo mehr Authentizität gäbe, daß alles nur Pose sei (eine besonders verletzende Haltung gegenüber den Künstlern); emotional, indem man sich verschließt und distanziert über Musik urteilt; sozial, indem man die Musik auf eine Frage von Mode und Trends zurückführt. Klänge können auch dadurch unschädlich gemacht werden, daß man sie Bildern unterordnet (MTV).

Der Lebensstrom, wie er so überschäumend in einem Rockkonzert anrollt, bleibt für jeden ein Angebot. Nimmt man es an? *„I think I've seen you all hesitating"* (Oasis, „Alive"). Die Leute weichen zurück. Das Leben verspricht Zukunft. Oft aber hält man lieber an der Vergangenheit fest, an den Fleischtöpfen Ägyptens, dem Land der Sklaverei. Das Leben bietet Freiheit, doch man ist durch Unfreiheiten gebunden, die man sich selbst auferlegt.

„Locked up in chains for the rest of my life
There's no one else to blame but me"
Oasis, „I will believe"

Musik bohrt Stellen an, an denen der Mensch in sich einen Kampf zwischen Freiheit und Unfreiheit erlebt, zwischen Entschlossenheit und Angst, zwischen Vertrauen und Zweifeln, Zuneigung und Distanz. Wer die Musik in sich eindringen läßt, wird in sich und um sich herum diesen Prozeß des Kampfes um Leben mit angehen müssen. Wer Widerstand leistet und sich selbst schützt, wer den Kampf leugnet, wird für den ergreifenden Vorgang von Musik für immer taub bleiben. Musik ist eine Vertonung von Leidenschaften und Affekten. Der Haß auf eine bestimmte Art von Musik oder auf das Werk einer bestimmten Gruppe kann aus einer Leugnung der inneren Kräfte heraus entstehen, die von dieser abgelehnten Musik berührt werden.

Sich zu widersetzen ist nicht die einzig mögliche negative Reaktion. Eine andere Möglichkeit ist Perversion. Die Kräfte des

Lebens können in destruktive Kräfte umgebogen werden. Wo Leben ist, entsteht immer auch so etwas wie „Gegen-Leben". Dieses „Gegen-Leben" kommt erst an zweiter Stelle. Leben und Tod sind nicht gleichermaßen ursprüngliche Urkräfte, die in der menschlichen Geschichte ihren ewigen Kampf austragen. Das Leben steht an erster Stelle, aber sobald es dem Menschen angeboten wird, steht dieser im Spannungsfeld von Annahme und Ablehnung. Der Mensch kann das Leben wachsen lassen oder es einschnüren. Was zum Leben gedacht ist, kann er zum Tod nutzen. So kann er das musikalische NEIN zu den Banalitäten des Alltags — dieses NEIN, das ein grundsätzliches JA zum Leben ist, ein NEIN, das nicht vernichten will, sondern umwandeln — in eine Kraft umlenken, die nur auf Haß und Zerstörung abzielt. Die Gewalt der Musik wird dann zu einem Instrument, das destruktive Neigungen verstärkt. Die Aggressivität kann sich gegen Mitmenschen richten, gegen die Gesellschaft oder gegen sich selbst. Denn mit der Wut gegen Mächte, die man nicht beherrschen kann, und mit dem Haß gegen Feinde, die man nicht zu schlagen wagt, richtet man sich selbst zugrunde. Man geht ein aus Ungeschicklichkeit und Ohnmacht.

Wie ist es möglich, daß das notwendige, das auf Leben ausgerichtete NEIN zu Falschheit und allem Bösen in extremen Fällen zu einem nihilistischen Nein werden kann? Wie bereits gesagt, berührt Musik eine Seite in uns, bei der der Lebensdrang mit der unvermeidlichen Unzulänglichkeit des menschlichen Daseins zu kämpfen hat (eine Unzulänglichkeit übrigens, ohne die wir als Menschen nie heranwachsen könnten). Diese Unzulänglichkeit hat mit dem zu tun, was wir nicht sind und auch (für andere) nie werden, mit dem, was wir nicht haben und auch nie (für uns selbst) besitzen werden. Freiheit wächst damit, diese Unzulänglichkeit zu akzeptieren und zu überwinden. Die Übermacht, mit der uns die Musik überspült, kann so überwältigend sein, daß es keine Unzulänglichkeit mehr gibt, entweder, indem wir plötzlich den Eindruck haben, ganz und gar im Leben aufzugehen (verschmelzende Einheit), oder indem wir das Leben an uns ziehen und in Besitz nehmen. Die Kombination von Musik und Drogen kann solch einer Illusion zuarbeiten. Es kommt unvermeidlich der Moment, wo wir zu Nüchternheit gezwungen werden, und dann entsteht Unfrieden mit uns selbst, Unfrieden mit der Welt und Unfrieden mit der Musik. Dieser Unfrieden kann die Energie der Lebensimpulse für destruktive Triebe einsetzen. Weil uns das, was uns versprochen zu sein schien, nicht unmittelbar geschenkt wird, weil uns die Kluft zwischen musikalischer Übermacht und unserer eigenen Ohnmacht schmerzt, weil wir uns selbst vorwerfen, nicht halten zu können, was uns entgleitet, nehmen wir Rache am Leben, indem wir alles Mögliche zerstören, und weil die Außenwelt sich nicht so leicht gestalten läßt, wenden wir die destruktiven Energien auch gegen uns selbst.

Vielleicht aber ist alles noch viel komplizierter. Ein Mensch beißt sich fest in etwas, das er nicht beherrscht, bis er schließlich seine eigenen Interessen vernachlässigt, ableitet oder sich völlig gehenläßt. Und dann verhält man sich — wie man es auch wendet — wie ein kleines Kind, das sein schönstes Spielzeug zerschlägt.

Aggressive und destruktive Handlungen sind oft widersprüchlich. Wenn ein Konzert sehr intensiv verlaufen ist, die Musiker sich bis zum letzten verausgabt haben und das Publikum intensiv mitgegangen ist, kann es passieren, daß Gitarristen ihre Gitarre zerstören oder Drummer ihr Schlagzeug umwerfen. Wenn diese Geste spontan ist und keine pflichtgemäße Showeinlage, auf die jeder gewartet hat, könnte das ein Zeichen für die Echtheit des musikalischen Erlebnisses sein, ein Ausdruck des Kampfes, der geführt wird, der Komplexität der Gefühle, ein Ausbruch des Lebensdrangs, der das Äußerste aus den Instrumenten preßt und sie dann aufopfert, auf daß sich das Leben ohne Vermittlung offenbare, ein Ausdruck für die Wut, weil das nicht geschieht, und Umschlagen der Raserei in eine Hingabe an das, was unfaßbar bleibt, ein Genießen der Zerstörung als Sieg über den Tod, auf daß wir überleben. Wenn das kein bloßes Getue ist, kein Showeffekt, kann der Klang des Musikinstruments, das zerstört wird, zittern wie die Stimme des Lebens, die sich dem Tod entwindet. Auch diese Erfahrung gehört nicht exklusiv zur Rockkultur. Wenn man Pascal Quignard Glauben schenken darf, findet man in einer alten chinesischen Legende aus der Zeit vor unserer Zeitrechnung folgende bemerkenswerte Erzählung: Um Po Ya in die Klangwelt der Laute einzuweihen und ihm zu vermitteln, was Musik eigentlich sei, nahm sein Lehrmeister Tch'eng Lien das kostbare Instrument seines Schülers in die Hand, hielt es ihm genau über den Kopf und ließ es dann mit den Worten auf dem Boden zerschellen: „Schau, so klingt eine Laute."[28] Man kann aber auch an den Flügel denken, den die Künstlerin Rebecca Horn umgekehrt an die Decke eines Museums aufgehängt hat und der jede Viertelstunde auseinanderfällt. Der Deckel klappt auf, die Tasten fliegen heraus, die Saiten springen auseinander, mit einem so unglaublichen Geräusch, als hätte die Endzeit begonnen und bräche ein neues Leben hervor. Diese Installation von 1990 nennt sie — bester dadaistischer Tradition folgend — *Concert for Anarchy*.

Feuer reinigt und verzehrt. In dem Musikerlebnis ist eine Glut verborgen, die aufbaut und zerstört. Zu Recht kritisiert man den Schein und baut Ungerechtigkeit ab. Die Revolte ist jedoch kein Ziel an sich. Das NEIN ist dem JA untergeordnet. Verliert man das JA aus dem Blick und wird Rock auf eine Haltung reiner Rebellion reduziert, dann landet man bei Aggressivität und Destruktivität. Das NEIN aber kann auch zu einer oberflächlichen Haltung verwässern, bei der man keine Klarheit mehr darüber hat, zu was man nein sagt. Dann hat man es zu tun mit dem berühmten Typ eines *rebel without a cause*,[29] einem Rebellen, der nicht mehr genau weiß, warum er protestiert (nicht, weil es keine Gründe dafür gäbe, sondern weil er diese verkennt oder weil er sie sucht, wo sie nicht sind). Diese Art von Protest ist unfruchtbar.

Prophetische Kräfte sind dazu da, „auszurotten und niederzureißen und zu verderben und zu zerstören, aufzubauen und zu pflanzen" (Jeremia 1,10), NEIN zu sagen zu unheilen Verhältnissen und JA zu neuen Lebenschancen. In guter Musik ist beides enthalten, Abbruch und Aufbau. Die westliche Tradition verfügt über zwei komplementäre Bilder, die diese doppelte Macht der Musik illustrieren. In der Bibel steht die berühmte Geschichte von der Eroberung Jerichos, dessen Stadtmauer beim Schall der geweihten Widderhörner einstürzt (Josua 6). Weniger bekannt ist die Figur des Amphion aus der griechischen Mytho-

---

[28] Pascal Quignard, *La leçon de musique*, Paris, Hachette, 1987, S. 105–107.
[29] Ein bekannter Ausdruck, seit James Dean 1955 in dem Film, der auch diesen Titel trug: *Rebel Without A Cause* (dt.: Jenseits von Eden), die Rolle eines rebellischen Halbstarken spielte.

logie, der bloß auf seiner magischen Laute zu spielen brauchte, um Steine in Bewegung zu versetzen, so daß sie sich zu einem Wall zusammenfügten. Rock vereint beide Kräfte, ist Jericho und Amphion gleichermaßen. Das geschieht in jedem Konzert aufs neue. Mit der Leidenschaft der Bläser von Jericho wird die alte Umgebung in Schutt und Asche gelegt, und mit der Magie des Amphion wird eine neue Umzäunung geschaffen, in der man geborgen ist und auflebt. (Auch wegen der Lautstärke ist Rock eine architektonische Musik. Die Klänge lassen einen akustischen Raum entstehen, in dem man sich bewegt).

Der Lebensprozeß des Abbruchs und Aufbaus geschieht in der Musik konkret durch die Spannung zwischen aggressiven, verrenkten, auseinanderfallenden Geräuschen einerseits und sauberen, melodiösen, harmonischen Klängen andererseits. Gitarrenlinien, der Aufbau eines Songs, alle musikalischen Elemente bilden die Materie, mit der gearbeitet wird. Musiker machen das mit Klängen, Maler mit Bildern. Auch in der Malerei dieses Jahrhunderts gibt es diese Bewegung von Abbruch eines Bildes (van Arp und Schwitters in ihrer dadaistischen Periode bis beispielsweise Arnulf Rainer) und parallel dazu von Erfindung eines neuen (figurativen oder nicht figurativen) Bildes (Picasso, Kandinsky, Bacon...). Manchmal gehen beide Tendenzen sichtbar durcheinander (wie bei Bram van Velde oder auf jüngeren abstrakten Malereien von Gerhard Richter). Das Auge sieht nacheinander, was das Ohr simultan wahrnimmt. Vielleicht ist das ein Aspekt der faszinierenden, unwiderstehlichen Stärke von Musik, daß sie auf eine derart lebendige Weise gleichzeitig das lebenerweckende JA und das notwendige NEIN zu Erstarrung und Austrocknung in einem Atemzug ausdrückt und vollzieht.

5

Kunst ist Begegnung. Ein Kunstwerk ist kein lebloses Ding, über das ich mir ein Urteil bilde (das finde ich schön, das hier gefällt mir nicht), es ist ein Gesprächspartner, der in mein Leben eindringt und sich in meinem Innersten niederläßt. Solange man mit einem Gedicht, einem Bild oder einem Musikstück keine „persönliche Beziehung" eingeht, bleibt man ausgesperrt. In einem Versuch, nachzuvollziehen, was ein Kunsterlebnis eigentlich ausmacht, hat George Steiner diese Begegnung treffend beschrieben.[30] Aufgrund von Affinitäten, gemeinsamen Erwartungen oder Empfindungen entsteht Freundschaft mit einem Kunstwerk, so wie eine Freundschaft mit einem Mitmenschen entsteht. Ein Satz aus einem Roman, ein Fragment aus einem Gedicht oder eine Melodie werden ein Stück von einem selbst und können manchmal unerwartet wieder auftauchen. Manchmal wird man sie nicht mehr los. Die Stärke des Kunstwerks ist es, daß es lebensgroß darstellt und klar zum Ausdruck bringt, was in einem selbst bereits schlummernd an Hoffnung, Trauer, Angst, Schmerz, Sehnsucht, Unfrieden und Liebe vorhanden ist. Ein Kunstwerk ist jedoch mehr als nur der Spiegel unserer Seele. Es gibt keine Begegnung ohne Widerwort. Trotz der Übereinstimmungen beinhaltet ein Kunstwerk mehr als das, was ich selbst bin, und es spricht von einem anderen Standpunkt aus, als wo ich mich befinde. Ich erkenne etwas von mir wieder und erhalte gleichzeitig etwas anderes. Gerade diese Dimension des „mehr" und „von woanders her" und „anders" wirkt bereichernd und befreiend. „Die ‚Andersheit', die in uns eintritt, macht uns anders." (Steiner)

Wo Rock intensiv erlebt wird, geschieht etwas Ähnliches. Die Musik einer Gruppe oder ein bestimmter Song treten in mein Leben und werden — um es George Steiner noch einmal nachzusprechen — ein „endgültiger" Gast, der in der „Innenstadt" meines Herzens alle Freiheiten hat. Mit dem Song trifft auch eine Stimme auf mich, und diese Stimme hat ein Gesicht. Die Leiden-

---

[30] George Steiner, *Von realer Gegenwart*, S. 236–244.

schaft, mit der Musik erlebt wird, bringt schon fast von selbst eine Beziehung zu denjenigen mit sich, die diese Musik erfinden. Rock ist ja eine lebendige Kunst, die Künstler sind Zeitgenossen, die ihr eigenes Repertoire haben, und besonders der Sänger ist durch seine Stimme fast persönlich in der Musik präsent.

Das Verhältnis von Fans einerseits und Sängern und Musikern andererseits stellt eine ganz besondere Form der menschlichen Beziehung dar. Nur selten findet zwischen beiden ein direkter Kontakt statt. Die Beziehung ist um so intensiver, je mehr man in die Personen, die weit entfernt sind, investiert. Es gibt dann viel Raum für Träumereien und Fantasien. Ein Fan ist jemand, der mit einer bestimmten Gruppe eine ganze Geschichte mitmacht. Er wird nie den Moment vergessen, als die Gruppe in sein Leben trat und wie das geschah. Er reist viele Kilometer, um Konzerte zu besuchen, und legt sich eine Sammlung seltener Platten zu.

Das Wichtigste bei dieser Beziehung ist der Prozeß der Identifikation. Es gibt verschiedene Berührungspunkte, die sich für eine Identifikation anbieten: das äußere Erscheinungsbild der Sänger und Musiker *(look)*, die Haltung, die sie durch ihr Verhalten zum Ausdruck bringen *(attitude)*, der Inhalt, der sich in der Musik selbst wie auch in den gesungenen Worten äußert. Ganz bedeutsam ist dabei die Stimme (das fing schon bei Bob Dylan an). Alle diese Aspekte können eine Rolle spielen. Es zählen Namen und Gesichter. In diesem Punkt unterscheidet sich Rock deutlich von Tanzmusik. Die bleibt meist anonym, es kommt nur auf die Funktion an, man sucht nach keiner Botschaft, und die Persönlichkeit der Künstler ist zweitrangig (auch wenn es bisweilen Technogruppen gibt, die sehr wohl einen Namen und ein Gesicht haben und so die maschinellen, synthetischen Klänge vermenschlichen, wie Underworld).

Indem der Fan sich mit einer Gruppe identifiziert und viel in diese Beziehung investiert, erhält er das Gefühl, daß er wirklich zu der Gruppe und zu dem Flair, das von ihr ausgeht, dazugehört. Die meisten Gruppen lassen spontan Kreise von Fans entstehen, die alles daran setzen, an so vielen Konzerten wie nur möglich teilzunehmen. Der harte Kern zeigt seine Begeisterung durch den Kauf von *Fanzines*, Zeitschriften mit oft nur geringer Auflage, die sich einer Gruppe oder einer lokalen Szene oder aber einer ganz bestimmten Strömung widmen und zumeist ganz auf der Arbeit von Ehrenamtlichen basieren. Es kommt sogar vor, daß sozial engagierte Gruppen ihre Fans zu der ein oder anderen Form von Engagement bewegen. So haben etwa Fans von U2 in verschiedenen Ländern Aktionen zugunsten von *Greenpeace* und *Amnesty International* durchgeführt.

In vielen Fällen sind die Sänger und Musiker ihrerseits sehr dankbar für die Treue ihrer Fans. Auf sie können sie zählen, nicht aber auf das wechselhafte Interesse der Presse. In der Beziehung zwischen Fans und Künstlern gibt es ein einfaches, zutiefst menschliches Faktum. Menschen brauchen gegenseitige Anerkennung. Wir existieren nicht wirklich, wenn wir nicht für jemand anderen existieren. So wie die Götter in alten Erzählungen einen himmlischen Hofstaat brauchten, der ihren Ruhm schauen sollte, so brauchen Menschen Zeugen ihrer eigenen, tapferen und mühevollen Lebensgeschichte um sich. Fans sind Zeugen dieses Einsatzes, der Entwicklung, der Motivation, der Handlungen „ihrer" Gruppe. Sie selbst wiederum werden durch die Musik, die sie von der Gruppe erhalten, in ihrem eigenen Dasein bestätigt.

Diese Beziehung kennt vielerlei Schattierungen — bis hin zu extremen Formen. Der Philosoph Kolakowski hat darauf hingewiesen, daß es in der Struktur des menschlichen Begehrens liege, das Objekt der Begierde zu vergöttern. Je höher dieses Objekt erhoben werde, desto wertvoller werde auch der eigene Einsatz und die Opferbereitschaft.[31] Dieser Mechanismus trifft zweifellos auch auf die Rockkultur zu. Sänger und Musiker werden zu Idolen, für die man alles zu tun imstande ist. Während der Auftritte von Morrissey, dem ehemaligen Sänger von The Smiths und heute Solokünstler, stellen Fans alles Mögliche an, um auf das Podium zu gelangen und den Mann nur irgendwie zu berühren. „Ich sah Gott auf die Erde niederkommen", „Morrissey ist mein Leben, Morrissey ist mein Tod", schreiben sie in ihren Fan-Zeitschriften. Als der Sänger 1994 in einer Londoner Einkaufsstraße eine Autogrammstunde gab, hatten an die zwanzig Fans die ganze Nacht auf der Treppe vor dem Geschäft zugebracht, um sich die Chance nur ja nicht entgehen zu lassen. Anschlie-

---

[31] Leszek Kolakowski, *Chrétiens sans Église. La conscience religieuse et le lien confessionel au XVIIe siècle,* Paris, Gallimard, 1969, S. 606–607.

ßend erzählte ein 41jähriger, daß er im Moment der Begegnung so gerührt gewesen sei, daß er kein Wort mehr herausbringen konnte. Morrissey aber habe nur seine Hand gegriffen und ihn beruhigt: „It's all right, everything's o. k." Der Sänger bekam zahlreiche Geschenke, Blumen, Bücher, Briefe. Nach diesem Ereignis gingen die Fans mit Reliquien weg, einem Weinglas und allem, was auch nur eben von Morrissey berührt worden war. Gleiche Szenen haben sich ein Jahr später bei einer Autogrammstunde desselben Mannes in Paris abgespielt. Man könnte so ein Verhalten, das ein enormes emotionales Defizit verrät, belächeln. Man kann andererseits aber auch froh darüber sein, daß Leute, die nicht das Glück haben, die nötige Bestätigung in ihren persönlichen Beziehungen zu erhalten, über die Musik Licht und Wärme vermittelt bekommen.

Und doch können Gruppen nie das geben, was einige Fans von ihnen erwarten. Die Magie der Musik wird mit der Persönlichkeit der Sänger oder Musiker gleichgesetzt, als wenn sie die Ursache der bezaubernden Macht wären. Dieser Irrtum führt zu einer Verschiebung des Interesses. Sänger und Musiker werden auf einmal wichtiger als die Musik. Ihnen wird schamanische Kraft zugeschrieben. Man sieht sie als die Inkarnation positiver und negativer Leidenschaften an, die sie beherrschen können. Nochmals: dies ist nur möglich, weil die Musik eine überwältigende Ausstrahlungskraft hat. Im Prinzip sind die Künstler den musikalischen Kräften ebenso unterworfen wie die Fans. Tatsächlich aber werden sie vorschnell als Halbgötter betrachtet, privilegierte Mittelsmänner, die Zugang zu der höheren, geheimnisvollen Welt der Klänge verschaffen können.

Wenn die Verehrung einer Gruppe kollektive Dimensionen annimmt, kommen die Sänger und Musiker in eine gefährliche Lage. Ob sie das nun wollen oder nicht, sie fungieren als Führer einer Masse. Man nimmt ihr Leben in Beschlag. Sie gehören nicht mehr sich selbst, sondern dem Publikum. Man erwartet von ihnen, daß sie sich ganz und gar verschenken. Man fordert Zeichen der Zuneigung. In dieser Beziehung schwingen sehr ambivalente Gefühle mit. René Girard hat in *La violence et le sacré* (1972) beschrieben, inwiefern Sündenböcke in den verschiedensten religiösen und kulturellen Verhältnissen Figuren sind, auf die man sowohl positive wie negative Gefühle projiziert. Der

Kampf zwischen aufbauenden und zerstörerischen Kräften, der zum Aufflackern von blinder Gewalt in der Gesellschaft führen kann, muß dann sozusagen in dem persönlichen Schicksal des Sündenbocks ausgetragen werden. Zunächst wird er von der Gemeinschaft vergöttert und verehrt und mit allerlei Privilegien ausgestattet, danach aber gequält und getötet. Seine Aufopferung stiftet wieder Frieden und Einheit in der Gemeinschaft.

Es kann sein, daß Girard diesem Mechanismus des Sündenbocks bei der Entstehung von Religionen und Kulturen eine zu große Rolle zuschreibt, dieser Mechanismus ist — zumindest in der Rockkultur — jedoch sicherlich aktuell.

„Sometimes they worship you
Sometimes they tear your houses down"
Neil Young, „Scenery"

Die Leser haben es der britischen Presse schon zum Vorwurf gemacht, daß sie nichts lieber tue, als Gruppen aufzubauen und zu Fall zu bringen *(„building them up and knocking them down")*. Man braucht nur an Gruppen zu denken, die seit dem Ende der achtziger Jahre ins Rampenlicht gerückt wurden: The Stone Roses, Happy Mondays, Ride, Primal Scream, Suede. Nach der Stunde des Ruhms kam die Ablehnung. Wie wird es wohl Blur und Oasis ergehen, den heutigen Lieblingen der Medien? Ihr Privatleben ist in jeder Hinsicht öffentliches Terrain geworden, aus dem die britischen Boulevardblätter gierig Kapital schlagen.

Nicht von Außenstehenden werden die Gruppen am heftigsten kritisiert, sondern von Rockjournalisten. Noch auf dem Höhepunkt des Erfolgs von The Stone Roses, Ende 1989, fällte Jon Wilde ein vernichtendes Urteil über diese Gruppe:

„Unehrlich, fantasielos, Rückschritte machend, barbarisch, anämisch, rheumatisch, an Inkontinenz leidend, kastriert."[32]

Auch Kurt Cobain und Courtney Love wurden in Presseartikeln tief verletzt. Über dieses Paar erschienen in den Musikblättern endlose Klatschgeschichten und sogenannte humoristische Anek-

[32] MM 09. 12. 1989.

doten. Als wenn dies nicht zwei Menschen mit echten Gefühlen wären, sondern irgendwelche fiktiven Comicfiguren. Mit ruhigem Gewissen spielen die Wortführer der tonangebenden Blätter diese Art von Veröffentlichungen herunter, indem sie darauf hinweisen, daß die Stars sich solch ein Publikum schließlich selbst gesucht hätten.

Derartige Artikel können aber in der Presse erscheinen, weil sie an die ambivalenten Gefühle anknüpfen, die auch im Publikum vorhanden sind. Was soll man von dem Autor Andrew Spackman halten, der kaum ein Jahr nach dem Selbstmord von Kurt Cobain einen Artikel mit dem wenig taktvollen Titel „Kurt Cobain ist tot" geschrieben hat? In der Beziehung zwischen Gruppen und ihrem Publikum kann es etwas sehr Aufrichtiges und ganz Menschliches geben. Oft aber spielen auch viel weniger lautere Gefühle und Leidenschaften eine Rolle. Man nimmt das Leben der anderen in Beschlag, will sie hoch in den Lüften fliegen und dann abstürzen sehen. Man gönnt ihnen ihren Ruhm für einen Augenblick und genießt dann mit Schadenfreude ihren Absturz. Man wünscht ihnen Erfolg, um ihnen dann später diesen Erfolg zum Vorwurf zu machen.

Opfer stiften Gemeinschaft. Sie knüpfen an Schuldgefühle an, kanalisieren Gewalt, berühren implizite oder explizite Glaubensüberzeugungen und Fantasien (unter anderem den Gedanken der Auserwählung) und konfrontieren mit dem Tod aus der Perspektive heraus, den Tod überwunden zu haben.[33] Wo werden derartige Dimensionen des kollektiven Lebens sonst noch in der heutigen Gesellschaft angesprochen und erlebt? Offensichtlich ist die Rockkultur ein Ort, an dem Basiskonflikte menschlichen Zusammenseins ausgelebt werden, vielleicht gerade deshalb so effektiv, weil diese Mechanismen im allgemeinen nicht erkannt oder geleugnet werden.

Der Opfergedanke ist vielen Sängern durchaus bewußt. „Rock and roll you crucified me", klagt Shane MacGowan („The Church Of The Holy Spook"). Ein ähnliches Gefühl hat Bob Mould, der ehemalige Sänger von Hüsker Dü und danach von Sugar, auf Beaster ausgedrückt, einem enormen Brocken aufgeregter Gitarrenmusik ohne eine einzige Sekunde des Atemholens:

---

[33] Guy Rosolato, *Pour une psychanalyse exploratrice dans la culture*, S. 294–297.

„Here's your Jesus Christ
I'm your Jesus Christ I know...
Bleeding to death again (my bleeding heart)"
„JC Auto"

Bob Mould legt hier den Finger auf die Wunde: Man begegnet
dem Sänger als einem Messias und verlangt von ihm Opfer. Ein
entsprechender Gedanke wird von Eddie Vedder in einem Interview geäußert, in dem er darauf hinweist, daß nicht eigentlich
der Erfolg für Rockstars ein Problem darstellt, sondern

„das, was geschieht, wenn eine Reihe von diesen Leuten denkt,
daß man ihr Leben verändern oder ihr Leben retten könnte"[34].

Auf diese Weise entstehen unmenschliche Erwartungen. Sänger
und Musiker beginnen mit einer Gruppe, weil sie gern Musik
machen. Und gerade *in dieser Musik* möchten sie ihren Gefühlen
Ausdruck geben, nicht in den Medien. Doch plötzlich stehen sie
im Mittelpunkt des Interesses und unter gewaltigem Druck. Je
größer die Verehrung der Fans, um so weniger kommen sie sich
selbst wertvoll vor. In ihre Songs packen sie reale Dinge des
Lebens, doch die Medien machen aus ihrem Tun und Lassen ein
gigantisches Spektakel — ein Karussell von *Entertainment*.
   Eddie Vedder sieht wohl auch ein, daß er — gerade wegen
seiner Sensibilität — gute Songs schreiben kann, die die Massen
ansprechen. Seine persönliche Verletzbarkeit ermöglicht es ihm,
das auszudrücken, was auch andere empfinden, aber nicht zum
Ausdruck bringen können.[35] Hier kann man noch einen Schritt
weiter gehen: Genau wegen dieser Verletzbarkeit, wegen der Un-
fähigkeit, sich zu schützen und cool durchs Leben zu gehen, werden einige Sänger zu Idolen gemacht. Fragile Persönlichkeiten
werden zu Stars. In ihnen findet das Publikum die allgemein
menschliche Schwäche wieder, die sonst überspielt wird. Der
Ruhm des Stars erscheint wie ein Sieg über diese Schwäche, der
Tod des Stars wie eine Rache am eigenen Versagen im Kampf um
diesen Sieg. In dem Prozeß der Verehrung erwartet man Heil
von einem Mitmenschen, der seine Schwäche und Konflikte
überwunden und verarbeitet zu haben scheint (so wie in allen

---

[34] Pearl Jam, NME 21. 05. 1994.
[35] NME 14. 01. 1995.

Kulturen Heiler und Schamanen ihre heilenden Gaben erst dann erhalten, nachdem sie in ihrem Leben den Schmerz einer physischen oder mentalen Krankheit überwunden haben; in unserer Kultur wird keiner ein Psychoanalytiker, der nicht selbst erst einmal auf der Couch gelegen hat). In dem anschließenden Prozeß der Verfolgung und Folterung des Idols wird eigentlich das Leben selbst bestraft für seine Unvollkommenheit, der man — individuell oder kollektiv — nicht entkommen kann. Man genießt den Untergang eines anderen in der Meinung, daß man sich selbst, der man nicht so hoch aufgestiegen ist, wenigstens auf derselben Sprosse halten wird. Man fühlt sich erleichtert, weil es einen selbst nicht getroffen hat.

In einem offenen Brief hat Sinéad O'Connor die Weltpresse beschuldigt, sie durch die Veröffentlichung von Unwahrheiten über sie ermordet zu haben:

> *„You are killing me each time you print distortions of the truth. You are actually killing me. Do you realise that I nearly died because of you?"*[36]

Hier scheint es sich vielleicht nur um die überspannte Reaktion einer sowieso labilen Persönlichkeit zu handeln. Aber gerade dies, ihre psychischen Probleme, die Verletzungen in einer schwierigen Jugend, der Ausbruch von Wut über das Chaos gesellschaftlicher Zustände, das scharfe Empfinden von Ungerechtigkeit, das unerwachsene Nachdenken über die Ursachen dieser Ungerechtigkeit, provozierende Handlungen wie das Zerreißen eines Papstfotos während einer Fernsehsendung im Oktober 1992 — alle diese Elemente zusammen geben den besten Nährboden für ein kollektives Abreagieren von Aggression und ein kollektives Leugnen eigener Traumata und eigener Ohnmacht ab. Die Presse verteidigt sich. Wenn Künstler wie Billy Corgan (Smashing Pumpkins), Evan Dando (The Lemonheads) oder Kurt Cobain (damals noch am Leben) Schwierigkeiten mit ihrem Status als Idol hätten, treffe die Presse keine Schuld, behauptet Steve Sutherland,[37] die Ursache dafür liege bei ihnen selbst. Schließlich lebten sie noch mit den Idealen von Punks, die Erfolg

[36] MM 29.07.1995.
[37] NME 02.11.1993.

als Verrat und Reichtum als Schande abtun. Sie befinden sich in der unmöglichen Position von „established anti-establishmentarians", sie haben sich mit Leib und Seele gegen das System etablierter Macht geworfen, werden aber gerade darum von und in dem System in dieser Rolle bestätigt. Mit anderen Worten: Sie erhalten implizit einen Platz innerhalb des Systems, weil es Sündenböcke braucht.

Inzwischen darf man von Kurt Cobain behaupten, daß er mit Schuldgefühlen gelebt hat:

„Everything is my fault
I'll take all the blame"
„All Apologies"

Er litt an einem Minderwertigkeitskomplex. Der Multimillionär sah sich selbst immer als Penner. Auch hier wieder dasselbe Phänomen — gibt es eine bessere Ausgangsbasis für den kollektiven Mythos als einen steinreichen Punkrocker, der unter Angst- und Schuldgefühlen leidet? Heißt das aber, daß dann jede Schuld nur bei ihm zu suchen wäre?

Ehrlicher wirkt die Betrachtung von Hervé Muller von vor zwanzig Jahren über Jim Morrison (The Doors), der Anfang Juli 1971 unter ungeklärten Umständen tot in Paris aufgefunden wurde. Morrison, der die Grenzen der Wirklichkeit verschieben wollte und Konzerte als eine Form kollektiven Exorzismus' erlebte, wurde wie ein dionysischer Halbgott behandelt. Auf dem Höhepunkt seines Ruhmes schrieb ein Fan:

„Man weiß, wenn man ihn sieht, daß er Gott ist. Wenn er sich anbietet, am Kreuz für uns zu sterben, ist das o.k., denn er ist Christus."[38]

Am Ende seines Lebens konnte er den Status eines Superstars nicht länger ertragen und flüchtete nach Paris, um ein neues Leben zu beginnen. Das aber gelang ihm nicht.

„Das Showgeschäft bringt einen um. Rock und seine Kultur erzeugen Opfer, und in gewisser Hinsicht sind wir alle für den Tod von Jim Morrison verantwortlich; wir haben zu sehr vergessen,

---

[38] Kris Weintraub in *Crawdaddy*, Sommer 1968, nach Jerry Hopkins & Danny Sugerman, *No One Here Gets Out Alive*, London, Plexus, 1991, S. 178.

daß er auch bloß ein Mensch war, während wir aus ihm ein öffentliches Idol gemacht haben."[39]

Als Ian Curtis am 18. Mai 1980 Selbstmord beging, dachten die Fans: Er hat sein Leben für uns gegeben. Doch wer ihn näher kannte, hielt diese Ansicht für unsinnig. Man kann für seine Verzweiflungstat vielmehr verschiedene Motive auflisten, die auf den ersten Blick wenig mit Selbstaufopferung zu tun haben: eine komplexe Persönlichkeit, eine frühe Besessenheit vom Tod, emotionale Unreife, wegen der er seine Ehe und seine Vaterschaft (er hatte eine kleine Tochter) kaum bewältigen konnte, epileptische Anfälle, die ihn in seinem Berufsleben als Sänger einer erfolgreichen Rockgruppe sehr unsicher sein ließen. Diese und andere Motive, die zu dem Selbstmordgedanken haben führen können, bilden den persönlichen Hintergrund, für den die öffentliche Meinung kaum Interesse zeigte.[40] Sänger, die zu Idolen erhoben werden, gehören nicht mehr sich selbst. Sie werden zu lebendigen Figuren eines ungeschriebenen Mythos.

Rock ist nicht das einzige Feld, auf dem die uralten Strukturen eines Opfers in unserer heutigen Zeit noch außerordentlich wirksam sind. Als der Rennfahrer Ayrton Senna am 1. Mai 1994 auf der Rennstrecke bei Imola verunglückte, trauerte man um den Halbgott. In São Paulo gingen Hunderttausende auf die Straße, um den stofflichen Überresten des Nationalhelden die letzte Ehre zu erweisen. Auch in der Formel I werden Grenzen verschoben und der Tod herausgefordert. Senna stand über allen anderen, irgendwo anders, weil er mehr gewagt und sein Leben aufs Spiel gesetzt hat. Auf seine fast unmenschlichen Fähigkeiten hat die Masse ihre eigenen Träume projiziert. Sein Tod erzeugte Trauer, weil es ihm mißglückt war, aber auch ein allgemeines Gefühl der Erleichterung, weil er zu weit gegangen war.[41] In der Welt des Sports lassen sich vielleicht noch viele andere Spuren eines solchen Opfermechanismus nachweisen. In der Rockkultur liegen sie zum Greifen nahe.

Als The Jesus And Mary Chain 1992 den Song „Reverence"

---

[39] *Best,* Juni 1972.
[40] Deborah Curtis, die Witwe von Ian, schrieb nach vielen Jahren ihre Sichtweise der Tatsachen in *Touching from a Distance. Ian Curtis and Joy Division* auf. London, Faber and Faber, 1995.
[41] Nach einem Kommentar des Psychiaters Eric Piel in *Libération,* 6. Mai 1994.

herausbrachte, hielten Rechtgläubige das für ein Sakrileg! Im Kontext der Rockkultur hat dieser Song jedoch eine ausgesprochen kathartische Kraft.

„I wanna die like Jesus Christ
I wanna die on a bed of spikes [...]
I wanna die just like J. F. K.
I wanna die on a sunny day."

Außer einer Prise Humor und einer Anspielung auf den endlosen Strom von Biographien und Verfilmungen des Kennedy-Dramas klingt in diesem Song der Schrei nach einem gesunden Tod wider, anders als etwa der von Elvis Presley, Jimi Hendrix, Jim Morrison und so vielen anderen. Nicht im Dunkel von Verzweiflung und Überspanntheit will man einmal sterben, nicht als ein Rockstar, nicht als ein Idol. In der hellen Sonne möchte man sterben, zur Not (wie J. C. und J. F. K.) als ein Opfer der Gewalt anderer. Und wieder taucht der Schimmer eines Opfers auf, allerdings in der Glut peitschender Klänge, die jede Tragik übersteigt. Es scheint vielleicht paradox, aber man kann auf einem Konzert von The Jesus And Mary Chain aus vollem Halse mit den Brüdern Reid *„I wanna die / I wanna die / I wanna die"* wiederholen und das als befreiendes und lebensbejahendes Ereignis erleben — genau wie das Mitsingen des bereits erwähnten Songs von Oasis, „Live forever".

„Rock 'n' Roll is about life, not death. Let's celebrate, not disintegrate", schrieb Steve Sutherland nach dem Selbstmord von Kurt Cobain.[42] Es ist aber auch das Verdienst der Rockkultur, daß sie Raum schafft, in dem man von Schmerz und Tod sprechen kann, während unsere Gesellschaft meistens versucht, diese Realitäten des menschlichen Daseins zu verbergen. Richey Edwards, der Gitarrist von Manic Street Preachers, war ein intelligenter Junge und hatte einen Hochschulabschluß in der Tasche. Er litt an chronischer Depression und Anorexie, praktizierte Selbstverletzungen und konnte öffentlich über seinen Aufenthalt in einer psychiatrischen Abteilung reden. Sein ehrlicher Protest gegen eine korrupte Gesellschaft lebte er aus Ohnmacht an seinem eigenen Körper aus. Richey war bei vielen beliebt, weil es ihm ge-

---

[42] NME 07. 05. 1994.

lang, in den Worten der Songs und in Zeitungsinterviews genau diese Gefühle von Schmerz, Ohnmacht, Zorn und Selbstzweifel auszudrücken, für die man selbst keine Lösung wußte.

Im Lauf des Februars 1995, also noch nicht einmal ein Jahr nach dem Selbstmord von Kurt Cobain, brachte er die Rockgemeinschaft durcheinander, indem er plötzlich spurlos verschwunden war. Erneut kam es zu einer Reihe von Zuneigungsbekundungen. In diesem Fall spielte die Presse, besonders *Melody Maker*, eine ausgesprochen positive Rolle. Denn die Leser erhielten die Gelegenheit, in Briefen ihr Mitgefühl zum Ausdruck zu bringen. Ihr Schmerz wurde dieses Mal nicht bagatellisiert. Wenn eine Rockgruppe jemanden mit ihren Songs tief in seinem Innern an wunden Punkten trifft, kann der Tod eines Sängers oder Musikers als ein schmerzlicher Verlust erlebt werden. „Wenn es weh tut, ist es real genug", schrieb der Kritiker Andrew Mueller,[43] der einige Wochen später auch eröffnete, daß er selbst wegen Depression behandelt worden war. Wiederholt wehrte er sich gegen Kommentatoren, die Selbstmord bei Jugendlichen auf das schlechte Vorbild von Rockstars zurückführten und Rock als ein Medium ansahen, das unter der Jugend eine Kultur der Verzweiflung propagiere. Man begeht keinen Selbstmord, um einem Idol nachzueifern. Doch Jugendliche, die es sowieso schon schwierig genug haben, die aus verschiedenen Gründen die Härte der Gesellschaft nicht ertragen können und sich letztendlich mit Selbstmordgedanken tragen, lassen sich von Rockstars faszinieren, die ausdrücken und verkörpern, was auch in ihnen selbst lebendig ist. Manchmal wirkt das heilsam, aber nicht immer.

Die vielen Vorbilder, die hier herangezogen wurden, können den Eindruck erwecken, daß Rock eine morbide Angelegenheit sei. Man kann Verständnis für den Verfasser eines anonymen Leserbriefs aufbringen, der mit Nachdruck sagte: „Ich liebe die Musik, die Konzerte, die Festivals, aber ich hasse es, bei irgend etwas mitzumachen, das Leid, Schmerz und Tod verursacht."[44] Aber die Macht der Musik, zumindest, wenn sie mehr als Frivolität und seliges Vergessen ist, hat mit dem Kampf um Leben und Tod zu tun. Die Lehre, die aus der Rockgeschichte gezogen

[43] MM 04.03.1994.
[44] MM 18.03.1995.

werden kann, ist die alte Weisheit, daß es kein Leben gibt, das menschlich wird, ohne die bewußte Konfrontation mit dem Tod. Und das meint etwas anderes als eine unreife oder fanatische Verherrlichung des Todes.

Keime des Lebens brauchen Raum zum Atmen. Sowohl die intensiv erlebte Beziehung eines Fans zu seinem musikalischen Helden als auch die kollektive Begeisterung auf Konzerten können sich zu Erfahrungen entfalten, die Leben wecken, wenn nur Distanz gewahrt bleibt: die Distanz zwischen Realität und Mythos, zwischen Privatpersonen und ihrem öffentlichen Auftritt, zwischen realen Möglichkeiten und Träumen. Bis auf Solisten treten Rocksänger und Musiker nicht unter ihrem eigenen Namen auf. Ihre persönlichen Angelegenheiten werden hinter die Identität der Gruppe zurückgestellt. Jede Gruppe trägt einen Namen wie ein Schauspieler eine Maske. Für die Stars, aber auch für eine gesunde Beziehung der Fans zu den Gruppen ist der Unterschied zwischen Privatsphäre der Künstler und dem Bild, das sie nach außen tragen, von elementarer Bedeutung. Fans von The Cure, die schwarze Kleidung tragen, ihre Haare zu einem Urwald wachsen lassen und sich wie Robert Smith schminken — und das nicht einfach aus Spaß an Verkleidung, sondern aus einem todernsten, fanatischen Identifikationsdrang heraus —, folgen im Grunde der vielseitigen, spielerischen und eigenwilligen Persönlichkeit ihres Idols überhaupt nicht. Vermutlich wäre Robert Smith der erste, der ihnen einen Rat gäbe, wie er sich in dem Titel eines Songs von Sonic Youth, „Kill your idols", verbirgt. Dies ist natürlich nicht wörtlich, sondern nur symbolisch gemeint. Man braucht keine Leute umzubringen, die Bilder jedoch, die man sich von ihnen macht, die müssen zerbrochen werden.

> „Please stop loving me
> Please stop loving me
> I am none of these things
> I am none of these things"
> The Cure, „End"

Die Botschaft dieses Songs und vieler Äußerungen von Sängern ist deutlich: Hört auf mit dem Starkult, kommt von den Mythen los, respektiert die Künstler als Menschen, wandelt die krankhafte Abhängigkeit in eine gesunde Anhänglichkeit, die das Geheimnis des Menschenlebens würdigt.

„Sagt nicht, daß ihr mich kennt. Denn ich kenne mich selbst nicht einmal."
Eddie Vedder[45]

„Ich habe jahrelang versucht, das Puzzle [des Selbstmords von Ian Curtis] zu lösen, und wenn mir das nicht gelingt, dann könnt ihr das schon gar nicht."
Peter Hook, der mit Ian Curtis bei Joy Division zusammen war[46]

Bildende Künstler leben häufig zurückgezogen und schweigen sich in Interviews zu ihrem Privatleben meist aus. Kunstkritiker schreiben über Ausstellungen, nicht über Personen. Wer einen Bacon bewundert, fragt sich nicht unbedingt, welchen Lebensstil der Maler hat, was er politisch denkt und was seine Hobbys sind. Die geschlossene Welt, in der sich Rockstars bewegen, bietet einen günstigen Nährboden für neugierige Journalisten. Der gesunde Abstand, ohne den eine fruchtbare Begegnung mit Kunst und Künstler nicht möglich ist, gerät dann in Gefahr. Viele der völlig verkehrten Interpretationen der Handlungen und des Schicksals von The Stone Roses gehen darauf zurück. 1989 gelang es dieser Gruppe, mit einer einzigen Platte den Zeitgeist perfekt wiederzugeben. Die Vier wurden bejubelt und verehrt. Das sollte aber nicht lange so bleiben. Die Gruppe brach den Vertrag mit der Plattenfirma, verwickelte sich in einen monatelangen Prozeß, einzelne Gruppenmitglieder heirateten, bekamen Kinder, und erst nach fünf Jahren kam die nächste Platte mit dem provozierenden Titel *Second Coming* (der englische Ausdruck für die Wiederkunft des Messias). Für die Fans und die Journalisten war die Zwischenzeit zu lang geworden. Als endlich einige Konzerte angekündigt wurden, die dann jedoch aus verschiedenen Gründen nicht stattfinden konnten, und der Gitarrist John Squire (von einigen als der beste Gitarrist seiner Generation angesehen) zu allem Unglück auch noch mit seinem Mountainbike

[45] MM 30.04.1994.
[46] MM 03.06.1995.

einen Auffahrunfall machte und sich das Schlüsselbein brach, wurde die Gruppe verdächtigt, den Fans gegenüber untreu und gleichgültig geworden zu sein. Doch The Stone Roses legten selbst die Prioritäten fest. Sie lehnten es ab, sich den Gebräuchen der Medien zu beugen. Sie verspürten kein Bedürfnis, ihr Privatleben vor den Journalisten auszubreiten. Ihre Hartnäckigkeit in der Verteidigung ihres Privatlebens und der Wahl eigener Prioritäten wurde von der Presse als Arroganz bezeichnet. Zum Glück siegte die Musik. Nach einer Reihe sehr negativer Artikel über die Gruppe gaben die jüngeren Konzerte endlich wieder Anlaß zu positiveren Reaktionen.

6

Rock ist eine musikalische Form, die in ihrem Entstehen und ihrer kulturellen Tragweite mit all ihren Wurzeln an die westliche Nachkriegsgesellschaft gebunden ist. Eines der Hauptkennzeichen dieser Gesellschaft ist die Macht der Ökonomie, die die ideologischen, nationalen und kulturellen Unterschiede überschattet. Für Politiker wird es immer schwieriger, die Ideale von Menschenwürde und Gerechtigkeit in konkretes Handeln umzusetzen. So wissen sie beispielsweise, daß die Besteuerung hoher Einkommen eine Kapitalflucht ins Ausland zur Folge hat. Die hohen Lohnkosten und die kostspielige soziale Sicherheit führen allmählich dazu, daß die multinationalen Konzerne ihre Niederlassungen in billigere Erdteile verlagern („delokalisieren"). Was nichts einbringt, wie anspruchsvoll es auch immer sei, hat kaum noch Chancen. Was etwas einbringt, wie geschmacklos auch immer, wird verkauft. Der Künstler Joseph Beuys hat einmal gesagt, das gesamte kapitalistische System appelliere an die niederen Instinkte des Menschen, statt kreative Impulse zu vermitteln. Auf diese Weise werde der Verdummung Vorschub geleistet.[47]

Die Verbindung zwischen lokalen und multinationalen Firmen, die Anhäufung ökonomischer und politischer Funktionen, die Verwischung zwischen privaten und öffentlichen Interessen, das fehlende Zusammengehen symbolischer Machtinstanzen mit effektiven Entscheidungszentren, diese und andere Faktoren tragen zum Fortbestand von schwerfälligen, bürokratischen, anonymen und undurchsichtigen Strukturen bei. Letztlich fühlt sich niemand mehr verantwortlich. Geht etwas schief, dann liegt der Fehler immer irgendwo anders. Michel de Certeau beschrieb die heutige Situation als eine „Tyrannei ohne Tyrann", ein „System universeller Entfremdung", in der das Profitdenken das Bewußtsein für Verantwortung ersetze. Er zitiert Max Webers Definition von Kapitalismus als ein „System von Sklaverei ohne Aufseher".[48]

---

[47] Clara Bodemann-Ritter (Hrsg.), *Joseph Beuys. Jeder Mensch ist ein Künstler*, Frankfurt am Main, Ullstein, 1992, S. 90.
[48] Michel de Certeau, *La culture au pluriel*, S. 77 und S. 153.

Freiheit ist Trumpf. Doch welche? Die Schlagworte von Selbstverwirklichung und Befriedigung werden einem zwar überall von den Medien eingehämmert, doch, so sagt der amerikanische Philosoph Richard Shusterman, der Gedanke, daß „sich aufgrund der freien persönlichen Wahl des Lebensstils ein jeder als ein einzigartiges Individuum" profilieren müßte,

> „kann die Tatsache nicht verbergen, daß nicht nur der Fächer möglicher lebbarer Lebensstile, sondern gleichzeitig auch das eigentliche Bewußtsein des Individuums und seiner Wahlmöglichkeiten scharf eingegrenzt sind und ständig von gesellschaftlichen Kräften programmiert werden, die durchweg das Vermögen, als Individuum Widerstand zu bieten und eine bestimmte Kontrolle auszuüben, weit übersteigen"[49].

Bei jeder Anzeige geht es um weit mehr als nur die Bekanntmachung eines bestimmten Fabrikats. Alle Plakate und Fernsehspots nähren den Mythos eines zeitgemäßen Lebens, auf das Kinder von klein an abgerichtet werden. Wer zeitgemäß ist, gehört dazu.

Von Beginn an ist der Rock mit den Praktiken des kapitalistischen Marktes verwoben gewesen. Dem Rock 'n' Roll schwebte keine ökonomische Revolution vor. Die rauhen, aufgedrehten, unbekümmerten Songs waren eher ein Symptom der damaligen Verschiebungen des sittlichen Bewußtseins (Nachlassen des Arbeitsethos, die Inflation der Freizeit, die Wertschätzung von Sex, Genuß und Jung-Sein). Die moralischen Bedenken gegen den Lebensstil, der von der neuen Musik ausging, schoben die Industriebonzen beiseite, sobald sie zu ahnen begannen, daß sich hier ein riesiger, noch völlig unerschlossener Markt auftat. Der Durchbruch des Rock 'n' Roll ist eine Erfolgsgeschichte von Kapitalisten. Alan Freed, der Radio-DJ, dem es vermutlich zu verdanken ist, daß der Name dieses neuen Genre, das hier und da bereits in Umlauf war, Mitte der fünfziger Jahre allgemein Eingang fand — sein Programm „Alan Freed's Rock And Roll Show" war besonders populär —, wurde ein mächtiger Mann. Als Belohnung für das Abspielen von Platten im Radio erhielt er von den Plattenfirmen Schmiergeld. 1960 kam es zu einem Pro-

---

[49] Richard Shusterman, *Pragmatist Aesthetics*, S. 257.

zeß, der noch einem anderen Ausdruck Bekanntheit verschaffte: „payola" (Bestechung von Diskjockeys). Bis heute ist es üblich, daß Plattenfirmen „pluggers" bezahlen, deren Auftrag darin besteht, dafür zu sorgen, daß in den führenden Programmen im Radio neue CDs gespielt werden.

Gegen Ende der siebziger Jahre entstanden aus dem Idealismus der Punks heraus lokale, unabhängige, sogenannte alternative Plattenfirmen. Deren Absicht war es, den Produktionsprozeß selbst in der Hand zu behalten. Waren die Platten in einer kleinen Fabrik gepreßt, übernahm man selbst den Rest: das Entwerfen der Hülle, das Einpacken, Versenden und den Verkauf. Wer jedoch von der Musik leben muß, verdient auf diese Weise nicht genug. Die Bekanntmachung und Verbreitung der Platten verlangt größere Mittel. Erfolgreiche unabhängige Label geraten nach einiger Zeit in die Hände multinationaler Unternehmen, der sogenannten „majors". Die anderen verschwinden.

Die Musikindustrie ist ein wichtiger ökonomischer Sektor geworden. 1993 wurde sie für die Wirtschaft Großbritanniens genauso wichtig wie die Stahlindustrie und erbrachte der britischen Zahlungsbilanz einen Nettobetrag von 571 Millionen Pfund (umgerechnet ungefähr 138 Millionen DM).[50] Der größte Teil der Einkünfte stammt jedoch nicht aus dem Export der CDs, sondern von Autorenrechten und Auftritten im Ausland. Es ist nicht schwierig, eben auf die Schnelle eine Reihe von schwindelerregenden Zahlen aufzulisten. Der Bruttogewinn der Welttournee von Pink Floyd von 1994 wird auf ungefähr 300 Millionen DM geschätzt. Das Vermögen von Paul McCartney (The Beatles) wurde 1994 von der Zeitschrift *Business Age* auf 482 Millionen Pfund geschätzt, das von Phil Collins auf 135 Millionen Pfund, das von Mick Jagger (The Rolling Stones) auf 79 Millionen Pfund, das der vier Mitglieder von U2 zusammen auf 259 Millionen Pfund (ohne dabei die 42,5 Millionen Pfund ihres Managers hinzuzuzählen). Das Magazin *Forbes* bezifferte den Gewinn der Beatles in den Jahren 1994–1995 insgesamt auf 130 Millionen Dollar, von den Stones auf 121 Millionen Dollar, The Eagles auf 95 Millionen Dollar, Pink Floyd 70 Millionen Dollar, Michael Jackson 67 Millionen Dollar (Filmregisseur Steven Spiel-

---

[50] Nach *De Standaard*, 18. 02. 1995.

berg verdiente in dieser Zeit 285 Millionen Dollar; in der Sport-welt dagegen wird weniger verdient: Der amerikanische Basket-ballspieler und bestbezahlte Sportler Michael Jordan kassierte „nur" 44 Millionen Dollar, Formel-I-Fahrer Michael Schumacher 15 Millionen Dollar und der Tennisspieler André Agassi 16 Millionen Dollar).[51] Mit Musik kann man also ziemlich viel Geld machen. Doch die meisten Gruppen fangen mit billigen Instru-menten an, fahren einen Gebrauchtwagen und geben sich mit Pizza und zweitrangigen Unterkünften zufrieden. Nur ganz we-nige werden jemals zu dem durchlauchten Kreis des internatio-nalen Jetset vordringen.

Aber es gelingt auch nicht alles, was die Industrie unter-nimmt. So wurde zum Beispiel *Woodstock II* ein finanzieller Flop für die Plattengesellschaft Polygram, die damals 50 Millionen DM investiert hatte. Das Interesse für die Veranstaltung selbst und das Live-Album sowie die anschließende Dokumentation blieb weit hinter den Erwartungen zurück. Das Publikum ließ sich nicht an der Nase herumführen; das legendäre Festival von 1969, auf dem damals vierhunderttausend Vertreter der Hippie-generation in aller Freiheit in die höheren Sphären von *peace, music and love* aufstiegen, konnte durch kein einziges Revival einfach wiederbelebt werden. In den meisten Fällen aber kann die Industrie mehr davon profitieren. Sie schreckt vor nichts zurück. Alle Mittel des Verkaufs sind ihr recht. Gruppen, denen man etwas zutraut, erhalten jegliche logistische Unterstützung: Pressemitteilungen, Anzeigen, Tourneen in alle Weltteile. Grup-pen, die sich nicht unmittelbar rentieren, werden fallengelassen. Sie müssen sich dann mit weniger Zuschüssen für ihre Auftritte im Ausland und weniger Publizität abfinden. Wenn sie vertrag-lich für mehrere Jahre (zumeist für eine bestimmte Anzahl von Platten) an eine Plattenfirma gebunden sind, haben sie häufig kei-ne andere Chance, als auf einem Nebengleis dahinzuvegetieren.

Wie anderswo auch, fehlt es der Presse im Musiksektor an gu-tem Geschmack. Die Fans von Nirvana waren geschockt, als *Vir-gin,* eine englische Kette von Plattengeschäften, kurz nach dem Selbstmord von Kurt Cobain in der Londoner U-Bahn und in der Presse eine Reklamekampagne unter dem Motto startete: „I

---

[51] Nach *De Standaard,* 12. 09. 1995 und 05. 12. 1995.

hate myself and I want to buy". Kurt hatte nämlich der Platte, die schließlich „In Utero" heißen sollte, während der Aufnahmen den ominösen Arbeitstitel *„I hate myself and I want to die"* gegeben. Genauso ärgerlich ist die Benutzung von Rock-Songs für verschiedene Produkte in Anzeigen im Radio und Fernsehen. Zu Recht rief der Einsatz von „Atmosphere" von Joy Division in einer Anzeige der *First Direct Bank* empörte Reaktionen hervor. Tommy Udo nannte dies das Werk von Beelzebub, eine verfehlte Verbindung zwischen einem Symbol des Großkapitals und der Musik von ausgerechnet Ian Curtis, einem Sänger, der sich so persönlich die Ungerechtigkeit der Gesellschaft hatte angelegen sein lassen. „Wehrt euch gegen die Lügen", rief er den Lesern zu, „schlagt zurück".[52]

Die Verflechtung von Rockkultur mit dem herrschenden ökonomischen System bleibt nicht ohne Einfluß auf die Haltung des Publikums, auf die Ausstrahlung des Kunstwerks und auf die Autorität des Künstlers. Kritiker der Massenkultur fürchten, daß die Kommerzialisierung der Kulturprodukte das Publikum in eine Haltung von Passivität, Folgsamkeit und Bequemlichkeit führe. Man lasse sich von Mode und Medien manipulieren und gebe sich mit einer oberflächlichen und kurzzeitigen Befriedigung zufrieden, statt langfristig Energie aufzubringen, um sich ein vielseitiges und dauerhaftes kulturelles Gepäck zu erwerben. In gewisser Hinsicht trifft diese Kritik zu. Dennoch ist sie gefährlich, weil sie den Eindruck erweckt, als wenn es in der klassischen, humanistischen Elitekultur nicht ähnliche Probleme gäbe. Das aber ist doch sehr die Frage. Jede gesellschaftliche, ideologische und auch kulturelle Bewegung wird von nur einem kleinen Kern aktiver Begeisterter getragen. Um dieses Zentrum herum bewegen sich eine Reihe von Kreisen mit abnehmender Intensität und einem zunehmenden Grad an Passivität und Folgsamkeit. So auch innerhalb der Rockkultur. Die Kommerzialisierung verhindert nicht, daß sich ein harter Kern von Musikfans aktiv und intensiv mit der Musik beschäftigt. Und der Prozentsatz der Anwesenden, die eine wirklich persönliche Beziehung zu der Musik erleben, wird bei einem Rockkonzert vermutlich nicht geringer sein als bei einem klassischen Konzert.

[52] NME 01.04.1995.

Das ökonomische System reduziert Musik auf eine Ware. Darin liegt eine wirkliche Gefahr. Die bürgerliche Ideologie der „autonomen Kunst" hielt Kunst aus dem Leben heraus, indem sie die Werke in Museen isolierte und auf das Problem formaler Fragen zurückschraubte. Auf diese Weise wurde Kunst unschädlich gemacht. Auf den konkreten Verlauf des sozialen Lebens hatte sie keinen Einfluß mehr.[53] Rock aber ist ein Kulturprodukt, das mitten im Leben steht. Diese Musik ist keine Form autonomer, sondern funktionaler Kunst. Sie ist als anregendes und entspannendes Mittel mit dem Alltag verbunden. Gerade dieser funktionale Aspekt aber hat auch seinen Nachteil: Rock kann so allgegenwärtig werden, daß nichts mehr von ihm ausgeht. Übermäßiger Konsum macht die Musik unfruchtbar, impotent. Die größte Gefahr der Massenproduktion von Platten liegt nicht darin, daß sie notgedrungen standardisierte Produkte von mittelmäßiger Qualität hervorbringt, sondern daß sie die subversive und geistige Kraft der Musik neutralisiert. Qualität meint nicht Exklusivität, Quantität heißt nicht immer auch Verlust an Qualität. Auch vor dem Zeitalter der „technischen Reproduzierbarkeit eines Kunstwerks" (ein bekannter Ausdruck Walter Benjamins) traf man in der klassischen Malerei zum Beispiel neben einer kleinen Zahl von absolut genialen Meistern auch eine Reihe weniger überzeugender Werke an. Einige Rockplatten, von denen Millionen Exemplare verkauft werden, besitzen unverkennbaren Tiefgang. Wer mit mehr als nur zerstreuter Aufmerksamkeit hinhört, kann durchaus ergriffen werden.

Es bleibt eine paradoxe Situation, das hat Helmut Salzinger vor einigen Jahren bereits formuliert:

> „Während die Agenten der Kulturindustrie lediglich einen Massenartikel an den Mann zu bringen glauben, vertreiben sie zugleich den Sprengstoff, mit dem die Fundamente ihres Systems unterminiert werden."[54]

Salzinger gab sich jedoch keiner Illusion hin. Nüchtern zeigte er, wie die großen Gruppen aus den sechziger Jahren mit ihren revolutionären und utopischen Idealen (sein Buch datiert ursprüng-

---

[53] Vgl. Richard Shusterman, *Pragmatist Aesthetics,* S. 257.
[54] Helmut Salzinger, *Rock Power,* S. 230.

lich von 1972) faktisch mit mehr oder weniger Gelassenheit in dem System mitmachen. Die Freiheit, die der Kapitalismus vorgaukelt, ist ein sorgfältig abgestecktes Feld.

„Rockstars sind keine befreiten Heroen, sondern Gefangene in Fesseln. Das Gerede von der Rock-Revolution wird von der Rockindustrie sorgfältig kultiviert, ist aber nur ein Versuch, diese Misere zu verbergen.“[55]

Welche Autorität aber besitzt ein rebellischer Sänger, wenn offenkundig wird, daß auch er sich dem Zwang dieses Systems nicht entziehen kann?

Auch hier trifft zu, daß die paradoxe und zweischneidige Situation der Rockkünstler nicht neu ist. In einer Reihe von Vorträgen, die unter dem Titel *„Plaidoyer pour les intellectuels“* zusammengefaßt wurden, sprach Sartre über die Widersprüche der sozialen Position des engagierten Intellektuellen. Dieser könne zwar gesellschaftskritische Arbeiten veröffentlichen und sich für die Rechte der Unterdrückten einsetzen, durch seine Erziehung, sein Einkommen, seinen Status und Arbeitsbereich sei er jedoch ein Teil der bestehenden Ordnung. Der französische Philosoph stellte sich Fragen zum Zustand der Entfremdung, die für alle zutrifft. „Jeder Mensch verfolgt seine eigenen Ziele, die das System ihm ständig *raubt*.“ Die Entfremdung trifft die Vertreter der herrschenden Klasse nicht weniger, denn ihr Einsatz steht letztlich im Dienst eines unmenschlichen Ziels: des Zuwachses an Kapital.[56] Aufgrund der zunehmenden Macht des ökonomischen Prozesses, der Rentabilität und Gewinnstreben als universelle Kriterien vorschreibt, ist die Entfremdung in der gesamten intellektuellen und kulturellen Welt, den Universitäten, in Literatur, Film, bildender Kunst, Musik — dreißig Jahre nach den Vorträgen Sartres — keinesfalls zurückgegangen.

Rocksänger und Musiker sind sich dieser Entfremdung durchaus bewußt, und einige leiden darunter. *„Businessmen, they drink my wine, plowmen dig my earth“*, sang Bob Dylan in „All Along the Watchtower“, ein Song, der von Jimi Hendrix, U2, Neil Young und vielen anderen gecovert wurde. Heftig kritisiert The

---

[55] A. a. O., S. 126.
[56] Jean-Paul Sartre, *Situations philosophiques,* S. 248.

Jesus And Mary Chain eine Industrie, die die menschlichen Werte mißachtet:

> *„Ich hasse es, wie eine lausige Marionette behandelt zu werden, deren Fäden in den Händen scheußlicher Konzerne liegen, die nicht mal wertschätzen, was wir machen."* (William)

> *„Musik und Geschäft sind Widersprüche in sich. Geschäft mag notwendig sein, ist aber mies. In einer idealen Welt würde ich einfach Songs erfinden, und die würden alle wie auf Zauberschlag auf einer Platte erscheinen. In der Musik steckt etwas sehr Reines, wenn sie mit der richtigen Einstellung gemacht ist. Sie wird durch die unglaublich schrecklich abstoßende geschäftliche Seite verdorben. Ich habe eine totale und absolute Verachtung für jede Form von Geschäft."* (Jim)[57]

Ihre Gefühle des Mißfallens an der Musikindustrie und den etablierten Medien müssen sie gelegentlich in einem Song loswerden.

> *„I won't get on my knees for you*
> *I won't be a record business whore"*
> „Write Record Release Blues"

Auf sarkastische Weise werden die Medien angegriffen:

> *„I love the BBC*
> *I love it when they're pissin' on me*
> *And I love MTV*
> *I love it when they're shittin' on me"*
> „I Hate Rock 'n' Roll"

Mit ihrem Mißbehagen stehen die Brüder Reid bei weitem nicht allein da. Robert Smith formulierte es so: „Ich werde einfach krank von den Intrigen und der Unaufrichtigkeit dieser Industrie."[58] Kurt Cobain sah ein, daß es unmöglich sei, die Macht der Geldhaie zu brechen. Sein Rat lautete: *„You should use them, rape them the way they rape you."*[59] Aus der Sicht Steve Albinis ist

---

[57] *Vox,* August 1995.
[58] The Cure, NME 24.06.1995.
[59] Interview von 1991, erst erschienen in NME 08.04.1995.

es in dreißig Jahren keiner einzigen Gruppe gelungen, dem Würgegriff des Systems lebend zu entkommen. Von Jefferson Airplane und MC5 bis Sonic Youth und Hüsker Dü sind alle gescheitert: Entweder haben sie an Schärfe und Bedeutung verloren, oder sie sind auseinandergegangen. Er selbst faßte 1987 den mutigen Entschluß, seine eigene Gruppe Big Black — auf dem Höhepunkt ihrer Kreativität und Popularität — aufzulösen. Der Erfolg erhöhte ja den Druck durch die Plattenfirmen. Weil für Albini die Geradlinigkeit seines Verhaltens zur Substanz der Musik gehörte, zog er es vor, Big Black aufzulösen. Er wurde ein renommierter Produzent und tritt nun gelegentlich mit einer anderen bescheidenen Gruppe, Shellac, auf.

Wie geht man mit so einer Situation um? Ein Song verändert nicht die Welt, aber das Herz. Von dort her kann langfristig eine bessere Welt entstehen. Es ist für die Rockkultur insgesamt von wesentlicher Bedeutung, daß die Künstler ihre Sehnsucht nach Reinheit nicht aufgeben, sondern weiter zum Ausdruck bringen. Und glücklicherweise tun sie das noch immer. Es trifft nicht zu, daß in der Rockwelt jeglicher Idealismus nur ein Anachronismus aus den sechziger Jahren ist. The Jesus And Mary Chain, The Cure, Manic Street Preachers und andere tun in den neunziger Jahren diesbezüglich ihre Meinung lauthals kund. Für Rockfans kommt es darauf an, die Spannung zwischen einer unvollkommenen Realität und einer gerechteren Zukunft auszuhalten. Wer diese Spannung nicht erträgt, verfällt in naiven Idealismus oder — was häufiger ist — in einen menschenunwürdigen Zynismus und Fatalismus.

Die Vorstellung von einer lauteren Kunst ist — genau betrachtet — ein Unding. Kunst hat ja gerade den Auftrag, den Übergang von einer unlauteren zu einer humaneren Welt vorzubereiten. Es gibt schlicht keine andere Startbahn für einen besseren Zustand als die gegenwärtige Situation. Daran muß man arbeiten, und das leistet Kunst. Auch Rockmusik. Kunst ohne Verbindung mit dem ökonomischen Apparat hat es vielleicht nie gegeben. Mittelalterliche Kathedralen waren gleichermaßen ein Symbol politischen Stolzes und wirtschaftlicher Blüte wie auch ein Zeugnis des christlichen Glaubens. Die geistige Kraft liegt genau im Transzendieren der menschlichen Triebfedern, durch die und mit denen man aufbricht. Ein spirituell sensibler Maler wie Rembrandt war kühl denkend genug, mit eigenen und fremden Arbeiten zu handeln. Das Bewußtsein von der eigenen menschlichen Schwachheit hat er in seinen Selbstporträts abgebildet und für die Ewigkeit transfiguriert.

Die Komplexität des ökonomischen Systems hat mit der der technischen Produktionsmittel enorm zugenommen. Simon Frith verwirft die marxistisch geprägte Sichtweise, nach der Rock ursprünglich eine authentische Kunstform sei, die leider in zweiter Linie von der Industrie auf eine Ware reduziert werde. Musik gibt es nirgendwo vakuumverpackt, d. h. noch rein im Zustand paradiesischer Unschuld, die dann später durch die Einmischung dubioser gesellschaftlicher Strukturen verloren ginge (das erinnert ein wenig an Rousseaus Bild vom Menschen, dem ursprünglich reinen Wesen, das später von der Gesellschaft korrumpiert wird). Rock ist das Ergebnis verschiedener ökonomischer, technischer und kultureller Faktoren und war von Anfang an mit der Entwicklung der Musiktechnologie und der Industrialisierung des Freizeitsektors verbunden. Ohne diese Faktoren gäbe es diese Musik vermutlich gar nicht.[60]

Es ist bekannt, daß Theodor W. Adorno von einem absolut reinen Kunstwerk träumte, das mit der „ungöttlichen" Realität unserer Welt nichts mehr zu tun hätte.[61] Dieser Traum ist nicht nur unrealistisch, er beinhaltet auch eine fundamentale Verkennung des Menschlichen. Noch einmal: Für eine reine Menschheit gibt es keinen anderen Geburtsort als die unreine Geschichte; die Wirkung der Kunst hat mit dem Übergang von einer ambivalenten Situation, die nach allen Seiten hin offen ist, zu einer menschlicheren, besseren, reicheren Wirklichkeit zu tun. Man protestiert zu Recht mit allem Nachdruck gegen Ausbeutung und Ungerechtigkeit. Wer jedoch die Widersprüche der ökonomischen Strukturen nicht als Ausgangspunkt akzeptiert, um von dort aus das Ideal von Reinheit zu verfolgen, akzeptiert den Ausgangspunkt seines menschlichen Daseins nicht. Die Musikindustrie basiert auf Instinkten, denen sich kein Mensch entziehen kann: dem Drang nach Anerkennung, Erfolg, Reichtum, dem

---

[60] Simon Frith, „The Industrialization of Popular Music", in: James Lull, *Popular Music and Communication*, S. 54, und „Souvenirs, souvenirs…", in: Patrick Mignon, *Rock. De l'histoire au mythe*, S. 262.

[61] Vgl. u. a. Shusterman, *Pragmatist Aesthetics*, S. 193–195.

Wettkampf um den ersten Platz. Das ganze Gerangel um die Top Ten und andere *charts* beruht darauf. Im Sommer 1995 brachte die Rivalität untereinander die beiden Gruppen Blur und Oasis dazu, an demselben Tag (14. August) eine Single herauszugeben, um zu sehen, welche der beiden die höchste Plazierung in den Charts erreichen würde. Die Musikpresse machte eine Sache allgemeinen Interesses daraus, und der Stand der Dinge wurde in der BBC zur Nachrichtenzeit bekanntgegeben. Das förderte natürlich den Verkauf auf beiden Seiten. (In diesem Wettstreit gewann Blur, aber Ende 1995 hatte Oasis insgesamt bedeutend mehr Platten verkauft.) Besonders letzteres ist ein schönes Beispiel dafür, wie sehr das System menschliche Beweggründe ausnutzt. Entscheidend jedoch ist, in welche Richtung sich Rockkünstler von diesen Beweggründen treiben lassen, ob sie nur Geld verdienen oder ob sie bessere Musik machen wollen. Der qualitative Fortschritt unseres Planeten hängt davon ab, inwiefern es gelingen wird, die Energie, die aus den niederen Impulsen hervorgeht, für weniger kurzsichtige und edlere Ziele zu nutzen. Ein Rockkünstler wird, je mehr er sich die Ambivalenz seiner Motive eingesteht, freier werden, so daß er mit seiner Musik diese Widersprüchlichkeit überwinden kann.

7

Die Medien spielen in der Rockwelt eine maßgebliche Rolle — von Anfang an. Rock 'n' Roll verbreitete sich in den fünfziger Jahren über das Radio in der ganzen Welt; später kamen andere Kommunikationsmittel hinzu. In den nachfolgenden Betrachtungen wollen wir uns auf zwei konzentrieren — die Musikpresse und das Fernsehen.

Die Fachpresse ist in der Rockkultur ein unentbehrliches Instrument. Sie bietet nützliche Information (Tourdaten, Ankündigungen und Besprechungen neuer Platten etc.), doch wichtiger noch ist, daß sie durch den Tenor der veröffentlichten Artikel, die Darstellung des Autors und die Wahl der Illustrationen wesentlich zur Gestaltung der Musikkultur überhaupt beiträgt. Die Musikpresse entwickelt den Geschmack der Leser und erweitert deren Wissen. Sie weckt das Interesse für wichtige Neuigkeiten, die sonst unbekannt blieben, und schafft eine Atmosphäre, in der diese rezipiert werden können. In dieser Hinsicht leisten Rockkritiker verdienstvolle Arbeit. Junge Fans, die ein Exemplar von *Melody Maker* oder *New Musical Express* (den zwei führenden britischen Wochenblättern) kaufen, weil Supergrass auf der Titelseite ist, entdecken darin auch Namen wie Labradford oder Garbage, von denen sie vorher wenig wußten. Das Lesen der Printmedien trägt dazu bei, sich in dem Labyrinth der Rockwelt zu orientieren. Nach einiger Zeit hat man von selbst ein wenig historische Übersicht. Auch erscheinen dort regelmäßig Betrachtungen und Diskussionen über gesellschaftliche Probleme, die direkt oder indirekt mit der Musikkultur zu tun haben. In einer Atmosphäre, die das Vergnügen nicht schmälert und in der Wertungen vermieden werden, tauscht man Standpunkte aus und gibt Informationen weiter. Schlußfolgerungen muß der Leser selbst daraus ziehen.

Die Machtposition der Presse ist offenkundig. Die Journalisten legen zum großen Teil den Tenor der Interviews, der Berichte und des Fotomaterials fest und tragen in dieser Weise entscheidend zum Image von Gruppen und Strömungen bei. Interviews sind unnatürliche Gespräche. Ein wirklicher Dialog findet dabei nie statt. Einer stellt Fragen, und der andere muß sich eine Antwort dazu einfallen lassen. Eine reine Einbahnstraße. Die persönliche Beziehung des Journalisten zu denjenigen, die er interviewt, hat Einfluß auf die Stimmung, den Verlauf und die Thematik der Unterhaltung. Was sich davon letztlich im gedruckten Text wiederfindet und in welche Geschichte das umgewandelt wird, bestimmt wiederum ganz allein der Journalist (innerhalb der allgemeinen Tendenz und der Priorität des Blattes, für das er arbeitet). Der Sänger von Blur sieht das folgendermaßen:

> *„Ein Interview ist so, als wenn sich zwei Leute von nahen Hügeln etwas zurufen wollen. Wegen des Windes und der Wolken ist das meiste davon unverständlich. Ab und zu klart der Himmel auf und kommt die Botschaft über. Die aber stammt aus einem bestimmten Kontext und ist nicht das, was wer auch immer meinte."*[62]

Das Gespräch unter derart Gehörlosen verläuft manchmal sehr schmerzlich. Als Dave Simpson The Stone Roses einmal zu der Bedeutung des Songs „Tears" befragte, stieß er auf eine Mauer des Schweigens. Trotz seiner Beharrlichkeit weigerte sich die Gruppe, ihm den Hintergrund des Songs zu beichten. Jeder erlebe doch einmal Bedrückendes, drängte der Journalist, und gelegentlich tue es gut, darüber sprechen zu können. „Ja", erwiderte ihm Ian Browns, „aber nicht in einem Musikblatt. Ich brauche solche Art von Katharsis nicht."[63]

Plattenrezensionen und Konzertberichte sind von persönlichen Vorlieben und Voreinstellungen geprägt. Journalisten, die — wie sie meinen — von einer Gruppe nicht mit der nötigen Rücksicht behandelt werden, revanchieren sich mit einer knallharten Besprechung. Regelmäßige Leser können natürlich einschätzen, was sie von bestimmten Kritikern erwarten dürfen und was nicht. Vor allem Journalisten, denen es selbst nicht gelungen ist, ihren Jugendtraum zu verwirklichen und Rockstar zu werden, profilieren sich mit einem typischen Stil und scharfem Blick. Weil Rockfans auf technische Analysen zu Recht nicht ge-

---

[62] Damon Albarn (Blur), NME 20. 07. 1991.
[63] MM 13. 05. 1995.

rade scharf sind und weil es ausgesprochen schwierig ist, die vitalisierende Dynamik der Musik in Worte zu übersetzen, ist oftmals nur indirekt von der Musik die Rede. Viele Artikel handeln von der Geschichte der Gruppen, den Kreisen, in denen sie sich bewegen, und der Atmosphäre, die von den Songs erzeugt wird. Der verwendete Wortschatz kann für Außenstehende wegen der vielen Querverweise auf Namen, Veranstaltungen und Orte innerhalb der Rockkultur recht unverständlich klingen.[64]

Wie sehr bei Berichten von einem Ereignis ein subjektives Moment mitschwingt, läßt sich hervorragend an den auseinandergehenden Reaktionen aufzeigen, die der Auftritt von Neil Young auf dem Festival in Reading Ende August 1995 hervorgerufen hat. Im *New Musical Express* bekam man von John Mulvey nur Positives zu hören. Er äußerte sich lobend über den Künstler „ohne Selbstgefälligkeit", der eine „wirkliche Leidenschaft" hören lasse und „den viszeralsten und evokativsten Rock 'n' Roll" mit Beachtung jeden Details spiele.[65] Am gleichen Tag erschien in *Melody Maker* ein Artikel von Neil Kulkarni, der den Auftritt „scheußlich" fand. Er warf Neil Young Senilität vor und eine Krankheit, die darin bestehe, daß er in seinen Songs Diffusheit mit Tiefgang verwechsle. Nie wird er Young seine „Homophobie" verzeihen (ein Begriff, der etymologisch „Angst vor Homosexualität" und im weiteren Sinn „Abneigung gegen Homosexualität" meint, oft aber auf Personen angewandt wird, die sich weigern, Homosexualität und Heterosexualität gleichzustellen). In seinem Bericht ging Kulkarni nicht auf den Inhalt des Konzerts ein. Seine negative Kritik beruhte ausschließlich auf extrinsischen Kriterien (Alter des Sängers, dessen Ansichten usw.). Dem aufmerksamen Leser des Blattes wird aufgefallen sein, daß in derselben Nummer eine gleichermaßen negative Bewertung eines Konzerts der blutjungen irischen Gruppe Ash (durchschnittliches Alter zu diesem Zeitpunkt 18 Jahre) aus der Feder desselben Autors zu lesen war. Kulkarni nahm es diesen jungen Leuten, die gerade die Schule verlassen hatten, übel, daß sie Rock auf lauter Klänge reduzierten, statt die Musik vollzustopfen mit „Po-

---

[64] Vgl. dazu weiter Catherine Chocron, „La perception du rock dans la presse quotidienne. L'exemple de *Libération*", in: Anne-Marie Gourdon, *Le rock*, S. 213–222.
[65] NME 02.09.1995.

litik, Sex, Geschichte, Philosophie, Poesie, der Wahrheit, der Antwort, dem absoluten Höhepunkt der Bildung". Es ist sehr fraglich, ob Ash, eine Gruppe, die mit viel Überzeugung und Energie spielt und noch viel Zeit besitzt, sich weiterzuentwikkeln und eine eigene Identität zu finden, sich wirklich mit mittelmäßiger und hohler Musik zufriedengibt. Wer die beiden Berichte nebeneinander hält, kann sich nur mühsam des Eindrucks erwehren, daß Kulkarni in der besagten Woche vor den Podien und an seinem Schreibtisch nicht die richtigen Drogen zu sich genommen hatte. Wiederum typisch für die Freiheit der Journalisten und deren Rivalität untereinander ist, daß Kollege Ian Watson zwei Wochen später in demselben Blatt Kulkarnis Kritik an Ash „erbärmlich" nannte.

Rockkritiker spielen manchmal mit dem Schicksal von Gruppen, als sei das ein Gesellschaftsspiel. Sogar vor Lügen schreckt man nicht zurück. In einem Artikel über Suede unterstellte John Harris, daß Rick Witter, der Sänger der zu dieser Zeit nicht so beliebten Shed Seven, zugegeben habe, ab und zu Heroin zu nehmen.[66] Eine Woche später erschien eine ganz klein abgedruckte Richtigstellung mit der Mitteilung, der Bericht von John Harris sei vom Management von Shed Seven zurückgewiesen worden.

Auch durch die Illustrationen kann die Wahrnehmung der Leser manipuliert werden. Als Ride als junge Gruppe plötzlich im Mittelpunkt des Interesses stand, fügte die Presse ihren Berichten mit Vorliebe Fotos von Mark Gardener hinzu. Die Gruppe reagierte darauf sehr erbost. Die Vier verstanden sich als feste Einheit. Zudem war die Aufgabe des Schreibens und Singens der Songs an zwei Gruppenmitglieder übertragen worden. Wenn dann nur einer von ihnen auf der Titelseite des Blattes erschien, spiegelte dies ein falsches Bild von der Gruppe wider. Die Marktforschung hatte jedoch ergeben, daß sich Blätter besser verkauften, wenn ein einzelnes attraktives Gesicht auf dem Cover erscheint. Junge Gruppen können es sich selten erlauben, gegen solche Praktiken anzugehen. Sie sind durch ihre Bekanntheit und ihre Stellung von der Presse abhängig. The Levellers aber waren dermaßen verärgert über die Art und Weise, wie sie in der Presse

66 NME 14. 01. 1995.

präsentiert wurden, daß sie 1993 im Sommer dazu übergingen, ein Interview von einem unabhängigen Journalisten führen zu lassen und dies *Melody Maker* unter der Bedingung zur Verfügung zu stellen, daß sie das ohne Änderungen übernähmen. Um auf Nummer Sicher zu gehen, wurde mit dem Wochenblatt sogar ein Vertrag abgeschlossen. Das Interview erschien am 7. August 1993. The Levellers brachten darin ihren Unmut zum Ausdruck. Sie beschuldigten die Presse, eine künstliche Realität zu schaffen, in der gewöhnliche Menschen zu Stars stilisiert würden, zu irrealen Figuren, in denen sie sich selbst kaum wiederfänden. Eine Woche später reagierte David Stubbs mit einem bissigen Artikel, in dem er die Freiheit des Journalisten verteidigte und dessen Macht relativierte. Gruppen verschwänden, weil sie bisweilen ausgelaugt und weniger interessant würden, nicht weil die Presse ihnen das Genick bräche. Stubbs hat sich jedoch nicht gefragt, in welchem Maße die Auslaugungserscheinungen einiger Gruppen auch eine Folge des gewaltigen Drucks sind, der von den Medien auf sie ausgeübt wird.

Die genannten britischen Wochenblätter werden in der ganzen Welt in den Kreisen von Rockfans, die ein Feeling für Trends haben, wie eine Bibel gelesen. Bibelleser verfügen leider selten über kritisches Wissen und Sinn für Humor. „Ich habe immer den Eindruck, die Menschen möchten, daß ihnen gesagt wird, was die Wahrheit ist", bemerkte Bob Mould.[67] Diese allgemeine Aussage trifft auf die Musikwelt sicherlich auch zu. Es werden so viele Platten herausgebracht, und es tauchen so viele Gruppen auf, daß die Leser von den Spezialisten hören wollen, was sich denn nun wirklich lohne. Dadurch kommt unvermeidlich ein Selektionsprozeß in Gang. Dabei gilt dann offensichtlich das Gesetz des Überlebenskampfes. Nur die Stärksten können überleben, dank ihres musikalischen Talents, Durchsetzungsvermögens, taktischer Kenntnis und einem Quentchen Glück.

Das System, das auf diese Weise zustande kommt, stellt fast jeden zufrieden. Sensationelle Berichte von Stars verkaufen sich gut. Davon leben die Journalisten, und damit ist der Industrie gedient. Die Suche nach neuen Trends stimuliert den Verkauf von Platten und allem, was sonst noch dazugehört (T-Shirts, Poster,

---

[67] Sugar, MM 12.06.1993.

Konzerte usw.). Der rasante Alterungsprozeß der Gruppen paßt vorzüglich zu den Bedürfnissen der Industrie nach immer neuen Produkten für den Markt. Gleichzeitig arbeitet der Selektionsprozeß der Profilierung einzelner fester Werte zu, die dem Zugriff der Zeit trotzen und so dem Sektor bei aller Launenhaftigkeit der Moden auch einige Garantie bieten. Ein nicht unwesentlicher Teil der Einkünfte der Industrie verdankt sich heutzutage noch Namen, die von der progressiven Presse nur mit Mißfallen genannt werden (Phil Collins, Sting, Dire Straits u. a.).

Es fallen aber nicht nur die Interessen von Presse und Industrie zusammen, hinzu kommen auch noch die des Publikums. Filmstars, Sportler und Rockstars sind Figuren, in denen man sich spiegelt. Fotos und Interviews erwecken den Eindruck intimer Nähe. Man lehnt sich an den Erfolg der Stars an und trauert bei ihrem Scheitern mit. Sie genießen eine Freiheit und einen Reichtum, von dem man gewöhnlich nur träumen kann. Sie strahlen eine Stärke aus, die die eigene Schwäche vergessen läßt. Sie verkörpern eine Lebenspower, die abfärbt. Den Leidenschaften, die heimlich auch in einem selbst schlummern, lassen sie stellvertretend freien Lauf. Für viele ist es egal, daß der Sänger als Mensch völlig hinter dem Mythos verschwindet, der aus der Wechselwirkung zwischen journalistischer Rhetorik und persönlichen Fantasien entsteht. Sie benötigen Bilder, um ihre eigenen Impulse zu beeinflussen und zu verarbeiten. Es handelt sich hierbei um das durch und durch menschliche Phänomen von Projektion und Identifikation. Übersetzt von den Medien und ermuntert von der Publizität, können solche Phänomene kollektive Dimensionen annehmen, und dann sind die psychischen und ökonomischen Ingredienzien vorhanden, die es möglich machen, daß unverhofft der bereits beschriebene Opfermechanismus einsetzt.

Wenn die Bedürfnisse der Presse, der Industrie und der Fans so perfekt harmonieren, bleibt dann noch etwas von der subversiven Kraft der Rockmusik übrig? Ein harter Kern der Rockmusik kann als eine Bewegung beschrieben werden, die innerhalb der Gegenwartskultur als eine „Subkultur" operiert, eine Strömung mit alternativen Auffassungen und mit einer eigenen Tradition, mit eigenen Erkennungsmerkmalen, Geschichten, Hauptrollen und Praktiken. In einem faszinierenden Artikel hat

Sarah Thornton aufgezeigt, wie sehr Subkulturen jedoch auch mit den Medien verknüpft sind.[68] Medien — die Fachpresse, aber auch die allgemeine Presse, das Radio und Fernsehen — informieren nicht nur über Subkulturen, sie tragen sogar zu deren Aufbau und Definition mit bei und unterstützen deren Verbreitung. Gerade die Berichterstattung in den Medien bietet bestimmten Verhaltensweisen Widerstand und verschafft Übertretungen auf solche Weise soziale Anerkennung. Was für einen Sinn sollten sie denn haben, wenn niemand von ihnen Kenntnis nähme und kein Mensch sie sehen würde? Der Autor lehnt die Behauptung einiger soziologischer Studien ab, die die Jugend als Opfer einer systematisch negativen Berichterstattung ansehen. Ebensowenig trifft zu, daß eine Subkultur nur subversive Kraft besitzt, bis sie von den Massenmedien erforscht und wiederverwertet wird. Subkulturelle Kreise locken bewußt entrüstete Reaktionen der öffentlichen Meinung hervor. Sie suchen die Aufmerksamkeit der Medien. Erst dann fühlen sie sich in ihrer subversiven Rolle bestätigt. Ihr Widerstand gegen die Gesellschaft wird effektiv erst durch die alarmierenden Berichte in den Zeitungen. Außerdem gibt es kaum eine bessere Publizität. Das Image der Rolling Stones als einer ungebildeten und rebellierenden Bande wurde in den sechziger Jahren bewußt aufgebaut und kommerziell ausgeschlachtet. Es ist auch bekannt, daß der Krach um die Sex Pistols Mitte der siebziger Jahre von ihrem Manager Malcolm McLaren sorgfältig inszeniert worden war.

Der Flirt mit den Medien mag für eine lokale, kleine Bewegung notwendig erscheinen, um zu vermeiden, daß sie gesellschaftlich völlig unbedeutend bleibt, die Verschränkung von Subversivität und Medien wirft im heutigen Kontext allerdings Fragen auf. Wird Widerstand so nicht auf eine Show wie jede andere reduziert, zumindest auf Entertainment? Sobald sich der Handel darum kümmert, werden die Slogans und Symbole der alternativen oder subversiven Haltung vereinnahmt, um daraus Kapital zu schlagen. Punk und Grunge haben dieses Schicksal erlitten. Die Straßenkultur wird von den teuren Modehäusern kopiert. Die symbolische Bedeutung äußerer Erscheinungsformen wie Kleidung und Frisur wird entkräftet. Sie sind dann innerhalb

<hr />

[68] „Moral Panic, the Media and British Rave Culture", in: Andrew Ross, *Microphone Fiends*, S. 176–192.

und auch außerhalb der Jugendkultur nur noch eine Frage des Geschmacks und des Konformismus statt Ausdruck für Abgrenzung und Protest. Jedes Zeichen des Widerstands wird banalisiert. In gewisser Hinsicht ist der Blick der Medien furchterregender, als es das Auge Gottes jemals gewesen ist. Nichts entgeht ihnen. Alles wird in ihr System eingepaßt, das eine nach dem anderen und — mit den heutigen synthetischen Bildern — das eine durch das andere. So scheint also der Drang, jemals diesem System zu entkommen, ein für allemal zum Scheitern verurteilt zu sein.

Film und Video sind Kunstmittel, die niveauvolle Produkte künstlerischen Ausdrucks hervorbringen können. Rock kann dabei als Thema der Bilder oder als Begleitmusik mit einbezogen werden. Seit Jahrhunderten suchen Künstler nach Formen, die akustische und visuelle Elemente miteinander verbinden. Im 18. Jahrhundert stand ganz Paris bewundernd vor dem *clavecin oculaire*, das von dem Jesuitenpater Louis-Bertrand Castel erfunden worden war. Über dem Instrument stand ein Umbau mit sechzig kleinen Fenstern mit farbigem Glas, sorgfältig hinter Gardinen verborgen. Ein kompliziertes System von Schalthebeln und Flaschenzügen sorgte dafür, daß beim Drücken der Taste ein Fenster mit der passenden Farbe sichtbar wurde — gemäß dem Prinzip einer mystischen Übereinstimmung von Klängen und Farben. In der Zeit des Stummfilms — mit einem Pianisten im Saal — machte die Wechselwirkung von Bildern und Klängen einen unvergeßlichen Eindruck auf den jungen Sartre, von dem in *Les Mots* eine fesselnde Darstellung zu lesen ist. Grundsätzlich gibt es in ästhetischer Hinsicht nichts gegen die Suche nach Mitteln einzuwenden, Musik und Bild auf stimulierende Weise zu kombinieren. Innerhalb der Rockkultur jedoch stellt sich die Sache anders dar. Die Verschmelzung von Musik und Fernsehen nach Art von MTV *(Music Television)* ist in gewisser Hinsicht widernatürlich.

Die intrinsische musikalische Dynamik von Rock wird von einem Impuls angetrieben, der darauf abzielt, die gängigen Konturen zu durchbrechen und zu übersteigen. Die Mobilität, die Nervosität, die Zwanghaftigkeit des modernen Stadtlebens, die Reklame und andere visuelle Elemente eingeschlossen, in denen man sich wiedererkennt, werden in heftigen, pulsierenden Stößen von der Musik als Stimuli wieder aufgegriffen, aber ihrer materiellen Form entkleidet. Jede Musik ist eine Form (wortwörtlicher) Entsagung. Rock zerpulvert Bilder. Nicht zufällig verläuft die Entwicklung der Rockkultur parallel zum Aufkommen des Fernsehens. In gewisser Weise macht das Fernsehen so etwas wie Rock zu einem notwendigen Gegengift. (Das fing schon bei Elvis Presley an. Nach einer kurzen Zeit der musikalischen Intensität und gesellschaftlichen Exzentrik machte das Fernsehen ihn zum Star und fügte ihn ein in die Massenkultur; Rock 'n' Roll war leichtfüßig und bot sich dafür an; doch der Grundimpuls verlor sich; die Zeit war dann auch bald reif für etwas anderes — Rock als Gegenkultur.)

Videofernsehen ist der Versuch, Musik an die Kandare zu nehmen. Schaut man auf die Bilder, dann verhindert das unvermeidlich, daß man physisch und mental in die Musik investiert. Wenn die visuellen Elemente darüber hinaus an primäre Instinkte wie Sex, Macht und Selbstentfaltung appellieren, geht die gegenläufige Kraft von Rock verloren. Man hegt narzißtische Gefühle, dazu querliegende Kräfte werden gedämpft. Videobilder leben von Konsens und Kontinuität, beruhen auf Konvergenz und Kontingenz. Klänge dagegen sind aus auf Diskontinuität und Differenz, bewirken Katharsis und Transzendenz.

Der Regisseur Wim Wenders bedauert die Koppelung von Musik und Videobildern. Die eigene Fantasie beim Anhören eines Songs werde durch sie in Ketten gelegt. Automatisch werde der Song mit den Bildern des Videos assoziiert. Genau darin aber liegt, wie er meint, die Verarmung. Nicht nur die Wahrnehmung der Musik, auch die Wahrnehmung der Bilder verflache. „Bilder werden immer verfügbarer, wir aber werden immer weniger von ihnen berührt."[69] Zu jeder Single gehört inzwischen ein Videoclip. Von Künstlern, die in erster Linie Musiker sind, d. h. Leuten, für die Musik die Sprache ist, in der sie sich am besten ausdrücken können, wird jetzt erwartet, daß sie an der Herstellung der Videos, die etwas von ihrem musikalischen Werk wachrufen sollen, mitarbeiten. Es ist schwer, sich dagegen aufzulehnen, weil das heutige System so funktioniert, daß Videos ein fast unentbehrliches Werbemittel geworden sind. Und doch hat zum Bei-

[69] *Inrockuptibles,* November–Dezember 1991.

spiel Pearl Jam sich gegen diesen Zwang gewehrt und sich geweigert, für die aus *Vitalogy* genommenen Singles Videoclips mitzubringen. Auch ihre vorherige Platte mußte ohne Videos auskommen. Berechnungen der Industrie zufolge wäre der Verkauf des Albums *Vs*, von dem ohne Clip mehr als 5 Millionen Exemplare verkauft wurden, mit einem Clip bei MTV doppelt so hoch gewesen. Pearl Jam ist übrigens auch die Gruppe, die es mit *Ticketmaster* aufnahm, der Agentur, die in den Vereinigten Staaten so etwas wie eine Monopolstellung bei der Organisation großer Konzerte erlangt hat und auf diese Weise die Eintrittsgelder in die Höhe treibt. Weil ihm bewußt ist, was ein gelungenes Konzert im Leben eines Fans bedeuten kann, möchte der Sänger Eddie Vedder niemanden von einer solchen Erfahrung ausschließen. Aus diesem Grund sucht Pearl Jam nach Möglichkeiten, das Eintrittsgeld so niedrig wie möglich zu halten.

Simon Reynolds nähert sich dem Phänomen MTV im Zusammenhang mit einer Reihe anderer Entwicklungen unter der Frage, wie man mit der Musik umgehe. Früher hat man eine Grammophonplatte respektvoll vom Anfang bis zum Ende gehört, man hat mitgelebt und sie allmählich mit ihren Höhe- und Tiefpunkten schätzen gelernt. Man wuchs langsam hinein. Durch den programmierbaren CD-Player hat sich alles verändert. Man wählt einzelne Nummern, die einen direkt ansprechen, der Rest wird übersprungen. Die Folge davon ist „eine Verminderung des ästhetischen Reichtums: man benutzt Musik lieber, als sich ihr zu überlassen". MTV hat eine ähnliche Wirkung. Hier werden Clips aneinandergeschaltet, gelegentlich unterbrochen von ein wenig Gerede und Nachrichten — das alles in einer künstlich aufgepeitschten Stimmung. Das geduldige, konzentrierte Anhören von Musik ist unmöglich geworden. Hinzu kommt noch etwas Schlimmeres:

„MTV macht aus den Musikvideos einen Ersatz für das Leben. MTV ist ein Spektakel, in dem vollen dystopischen Sinn des Wortes, wie die Situationisten ihn benutzen. Es verlangt Passivität, es beruhigt: Man sitzt auf seinem Hintern und glotzt. Seine hyperaktive Bildsprache sprudelt dermaßen vor jugendlicher Vitalität, daß es die Lebendigkeit des eigenen Lebens klaut. In diesem Sinn ist MTV Anti-Rock, oder wenigstens Anti-Rock in der Bedeu-

tung, *die die Gegenkultur und der Punk den Worten geben (Rock als Triebfeder, Ansporn, als Stimulans, JETZT zu leben).*"[70]

In demselben Artikel bedauert Reynolds die Manipulation der Jugendkultur durch Inserenten, die sich ungeniert der Symbole der früheren Rock- und Jugendkultur bedienen (politisches Bewußtsein, Idealismus, Provokativität, die Kunst des Genusses und des Vergnügens) und die eine Mentalität propagieren, die Jugendlichkeit und Konsumverhalten gleichsetzt. *„Counterculture has become over-the-counter-culture, and political agency is reduced to a T-shirt-slogan."* Der Autor betont die Absurdität des Slogans, mit dem MTV im Lauf des Jahres 1993 eine Werbekampagne für sich startete. *„The music revolution will be televised"* — ein Schlagwort, in dem eine Verdrehung des Titels einer Platte von 1975, *The Revolution Will Not Be Televised,* des sozial engagierten amerikanischen Autors und Sängers Gil Scott-Heron steckt. Revolution bedeutet, selbst zu denken und selbst zu handeln. Für Reynolds ist das Fernsehen „die Antithese von Revolution".

Hundert Jahre vor der Punkexplosion verfolgte Nietzsche einen Gedanken, auf den er mehrmals zurückkam, daß wir nämlich einer Zeit angehörten, deren Kultur Gefahr laufe, an den Mitteln der Kultur zugrundezugehen.[71] Nach Meinung dieses Philosophen brachten die Mittel der modernen Kultur, so wie er diese in der zweiten Hälfte des 19. Jahrhunderts aufkommen sah, eine Mentalität der Mittelmäßigkeit, Bequemlichkeit und der Gleichgültigkeit mit sich. Er fürchtete sogar, daß der schlapp gewordene, ausgelaugte westliche Mensch früher oder später in einen Zustand des Barbarischen zurückfallen müsse, um die Grundherausforderungen des Lebens und die Grundwerte des Daseins wieder neu zu entdecken. Wie Nietzsches Meinung dazu auch war, der Satz, den er niederschrieb, erhält heute vielleicht noch eine neue Aktualität, wenn man das Wort „Mittel" in der heutigen Bedeutung von „Medien" interpretiert. Radio, Fernsehen, CD-Player, Video sind Mittel der Kultur, mit denen man auf kreative und aktivierende Weise umgehen kann. Die Art, wie innovative Möglichkeiten von der Schwerkraft des Systems neutralisiert werden, birgt jedoch eine ernsthafte Gefahr in

[70] MM 16. 10. 1993.
[71] Vgl. Friedrich Nietzsche, *Menschliches, Allzumenschliches,* I, S. 520.

sich. Die neuen Mittel der Kultur können womöglich zu Instrumenten der Infantilisierung und Sterilisierung, zu neuen Formen der Knechtung ausarten. Die schönsten Erfindungen des Menschen können ihm einen bösen Streich spielen.

8

Rock mag die Allgemeinheit gelegentlich ein wenig ärgern, aber welchen Politiker stört das schon? Jugendliche provozieren gern, das war schon immer so. Die gesellschaftliche Ordnung kommt dadurch nicht gleich in Gefahr. Mitte der siebziger Jahre liefen Punks mit Hakenkreuzen herum. Sie wollten jeden schockieren — vom Bürger bis zum Hippie. Der bereits erwähnte McLaren, Manager der Sex Pistols, war selbst jüdischer Herkunft. Antisemitismus kann man ihm also schwerlich vorwerfen. Es ging ihm nur darum, Aufmerksamkeit zu erregen und zu provozieren. Und das ist ihm auch geglückt.

1995 hatte Robert Smith bei einem Konzert (Torhout-Wechter) auf die Verstärker von The Cure über das Friedenszeichen die Worte „CHIRAC DIE" gepinselt. In der französischen Zeitung *Libération* rief die Gruppe zum Protest gegen die Pläne des neuen Präsidenten auf, die Atomversuche wieder aufzunehmen. Die Handlungsweise von The Cure hatte möglicherweise auch mit der Tatsache zu tun, daß ein Auftritt der Gruppe — der am Abend der alljährlichen *Fête de la musique* auf einem der großen Pariser Plätze hätte stattfinden müssen — in letzter Sekunde (aus Sicherheitsgründen?) abgesagt werden mußte. Ob diese Information stimmt, habe ich nicht klären können. Wie auch immer, solche Bekundungen politischen Mißfallens bringen nicht viel. Wer von den Tausend und Abertausend Anwesenden auf dem großen flämischen Doppelfest hat diese Äußerung denn mitbekommen? Wer hat sie verstanden? Wer hat daraus Schlußfolgerungen gezogen?

Auch Songs können eine politische Botschaft enthalten, die aber die meisten nicht beachten. So kritisiert Mudhoney in dem Song „F.D.K." („Fearless Doctor Killers") fundamentalistische Christen, die Angriffe gegen Abtreibungskliniken starten. Das menschliche Leben sei diesen Leuten — wie sie sagen — heilig und unantastbar, sei aber ein Mensch erst einmal geboren, dann werde er seinem Schicksal in einer harten und unbarmherzigen Gesellschaft überlassen.

„I'm all for life 'til the bastard's born
After that he's on his own
And if he does crime, trying to survive
I'll make sure he's electrified.“[72]

Solche Worte sind ein Ausdruck von Unzufriedenheit mit einer etablierten Ordnung, die zweierlei Maß anlegt. Eine Revolution wird durch den Song direkt jedoch noch nicht ausgelöst.

Einige Songs aber sind so deutlich, daß sie bei den Behörden Reaktionen auslösen. In den USA erleben Rapgruppen das regelmäßig. So löste Ice-T mit dem Song „Cop Killer" (1992) bei den Polizisten Wut aus. Einen vergleichbaren Proteststurm verursachte unlängst die französische Rapgruppe Ministère Amer mit der provozierenden Nummer „Sacrifice de poulets". Der französische Innenminister Jean-Louis Debré leitete wegen des Aufrufs zum Mord an Polizeibeamten rechtliche Schritte ein. In England verursachte die Single „(I Want to) Kill Somebody" von der politisch bewußten Band S*M*A*S*H böse Reaktionen seitens der Tories. In diesem Song werden nämlich Premierminister Major, Margaret Thatcher und andere bekannte Vertreter der Partei ins Visier genommen. Solche Songs lassen bei Politikern den Ruf nach Zensur aufkommen und bei Plattenfirmen den Ruf nach Selbstzensur, um politische Einmischung zu verhindern. Man kann über die Aggressivität einiger Texte nur den Kopf schütteln. Aber die Songs sind auch nicht einfach aus der Luft gegriffen. Ihre Aggressivität entspricht exakt der strukturellen Gewalt, unter der die unteren Schichten leiden. In den schwarzen Ghettos ist aus Protest gegen Diskriminierung und Armut eine eigene Kultur entstanden: Hiphop — mit den besonderen Ausdrucksformen visueller Zeichen (Graffiti), Musik (Rap) und Tanz (Breakdance). Hiphop spielt sich auf der Straße ab. Der öffentliche Raum wird von vielen frustrierten und oft auch erniedrigten Jugendlichen, von denen ein Großteil bereits mit Polizei und Gefängnis in Kontakt gekommen ist, als ein Podium benutzt, auf dem sie untereinander und vor zufällig vorbeikommenden Passanten ein neues Selbstwertgefühl entwickeln.[73] Die

---

[72] Zitiert nach MM 08.04.1995.
[73] Tricia Rose, „A Style Nobody Can Deal With. Politics, Style and the Post-industrial City in Hip Hop", in: Andrew Ross, *Microphone Fiends*, S. 71–88.

bereits erwähnte englische Gruppe S*M*A*S*H verteidigte sich gegen die Kritik der Tories, indem sie darauf verwies, wie heruntergekommen die soziale und medizinische Versorgung in Großbritannien sei, wo übrigens nach den Zahlen, die Anfang 1995 von einem britischen Forschungszentrum veröffentlicht wurden, neun Millionen Erwachsene weniger als 294 Franc (ca. 14 DM) in der Stunde verdienen, d. h. weniger als den Lohn, den die Europäische Kommission als Minimum für ein menschenwürdiges Leben angegeben hat. Diesen Kontext muß man sich vor Augen führen, wenn man die Revolte der Sänger und Musiker verstehen will.

Man kann auch anders argumentieren. In einer Welt, in der Krieg, Unterernährung, religiöser Fanatismus, Folter, Völkermord, strukturelle Ungerechtigkeit, Ausbeutung der Dritten Welt, Expansion der Vierten Welt, das Aufkommen einer Gesellschaft zweier Geschwindigkeiten, sexueller Mißbrauch von Frauen und Jugendlichen, Korruption, Egoismus, Haß, Angst, Manipulation durch die ökonomischen Mächte, kollektive Betäubung durch Fernsehen und Beruhigungsmittel usw. gang und gäbe sind: scheint es da nicht ein wenig weltfremd, sich mit etwas so Nichtigem wie Rockmusik zu beschäftigen? Diese Frage wurde zumindest von einem anonymen Leser von *Melody Maker* gestellt, der es bedauerte, daß das Interesse der britischen Jugend in einer Zeit so gravierender Probleme nicht weiter reiche als nur bis zu der Sorge um einen verschwundenen Sänger (i. c. Richey Edwards von den Manic Street Preachers, von dem bereits die Rede war).[74]

Doch muß man nicht auch hier das Ganze umdrehen? „Die tödliche Realität, die unmenschliche Realität. Unsere Auflehnung. Ohnmacht. Scheitern. Tod. — Deshalb male ich diese Bilder", schrieb Gerhard Richter im November 1988 in sein Tagebuch. „Hoffnung zu erschaffen bzw. zu entdecken", notierte er am 23. Juli 1989.[75] Rocksänger könnten genau dasselbe sagen. Vielleicht liegt dieses Suchen nach Hoffnung und Zukunft im Wesen von Kunst, ist es ihren Fasern eingewoben. Man hört manchmal Stimmen, daß Rock, zumindest in den sechziger Jah-

[74] MM 06. 05. 1995.
[75] Hans-Ulrich Obrist (Hg.), *Gerhard Richter. Text. Schriften und Interviews*, Frankfurt a. M., Insel 1993, S. 165 und 167.

ren, von Idealismus und Utopie gelebt, dies aber inzwischen gegen postmoderne Nüchternheit und Skepsis eingetauscht habe. Doch projiziert der, der so denkt, nicht seine eigenen Gefühle auf die Jugendkultur? Die Hoffnung auf eine bessere Welt ist nicht vollständig versiegt, auch wenn man sich heute vielleicht mehr der Unmöglichkeit bewußt ist, die Zeit voranzudrehen. In einem belgischen Magazin, das sich House widmet, konnte man vor kurzem Folgendes lesen:

„Die House-Generation träumt von einer weniger scheinheiligen und oberflächlichen Welt, in der die Begriffe Liebe, Friede und Gewaltlosigkeit nicht nur schön klingende, hohle Worte sind, sondern mehr Kraft besitzen und praktisch umgesetzt werden. In erster Linie aber will die Housebewegung in dieser verfluchten Gesellschaft, in der die Qualität des Daseins von dem Interesse abhängt, das Banken und Versicherungen ihm beimessen, Werte wie Leben, Freude und Ehrlichkeit wiederbeleben. Was will sie jetzt genau? Einfach, daß die Ideale von Demokratie, Kommunikation und Freiheit, von denen fortwährend die Rede ist, auch tatsächlich praktiziert werden."[76]

Dieselbe Sehnsucht nach einer menschlicheren Gesellschaft trifft man auch bei Rocksängern an. Nach Mark Gardener sähe die Welt ohne Sport und ohne Musik traurig aus, auch wenn man damit die Dinge noch nicht verändert. Man brauche Musik, um über die negativen, deprimierenden Seiten des Lebens hinwegzukommen. Der Sänger ruft Erinnerungen an einen Auftritt der Gruppe im ehemaligen Jugoslawien wach, als der Niedergang bereits eingesetzt hatte. In einer solchen Situation merke man erst, was ein Konzert bedeuten könne.[77]

Das Nein und das Ja, von dem Rock durchdrungen ist, bezieht sich hierauf. Wenn Gerhard Richter eine abstrakte Komposition malt, trägt er erst einige Schichten Farbe auf, um sie sogleich hart anzugehen und zu zerstören. In diesem Vernichtungsprozeß fängt das aufbauende Werk an. Diesen ersten Schritt braucht er. Es ist seine Art, sich von der Dummheit und Be-

---

[76] *Out Soon,* nach Conny Vercaigne, in: „The musical reality of a postmodern generation. Over house en jongerencultuur", *Communicatie. Tijdschrift voor Massamedia en Cultuur 24* (1995), Nr. 3, S. 48. Auch in Conny Vercaigne, *Megadancings en housemuziek,* Leuven, Davidsfonds, 1996, S. 84.
[77] NME 06. 03. 1993.

schränktheit der Gesellschaft abzusetzen. Eine gleichartige Dynamik steckt in der Art, wie Rock entsteht. Primär sind es laute und aggressive Klänge, die mit der Unverschämtheit, mit dem Wahnsinn der „etablierten Unordnung" (ein Ausdruck von Oosterhuis oder Schillebeeckx, ich weiß es nicht mehr) abrechnen. In dem chaotischen Abbruch entsteht jedoch der tragende Rhythmus, auf dem die Gitarren eine wiedererkennbare, heilsame Melodie aufbauen können. Was für einzelne Songs zutrifft, gilt auch für die Entwicklung des Werks vieler Gruppen. Sie fangen mit wilder, schneller Musik an — eine Art instinktiver Ausbruch, der Teufel austreibt und Traumata herausläßt, um ihre Musik danach allmählich in eine klassischere, melodiöse und verfeinerte Form zu gießen.

Die politische Bedeutung dieser Dynamik, bei der Großreinemachen und tiefe Schönheit zusammenfallen, ist deutlich geworden, als Neil Young während des Golfkriegs auftrat. Abend für Abend brachte das Publikum viele Fragen und Gefühle in bezug auf dieses Ereignis mit in den Konzertsaal. Der Sänger vermittelte eine Katharsis, indem er die schrillsten Klänge aus seiner Gitarre lockte und Lieder von Hoffnung und Liebe anstimmte. Bei der Live-Aufnahme *Weld* ist die Glut der Musik noch immer nicht ausgelöscht. Politisch waren diese Konzerte wichtig als eine implizite Bestätigung der Grenzen jeder militärischen Strategie. Auch in einem als gerechtfertigt angesehenen Krieg verliert man seine Menschenwürde, wenn man nicht dabei schreit, wenn man nicht erkennt, daß der Einsatz von Gewalt auch als Gegengewalt immer eine Art von Scheitern ist.

Die heutige Jugendkultur ist — allgemein gesagt — keine alternative Bewegung, die sich außerhalb der Gesellschaft ansiedelt, um von einer exzentrischen Position aus eine neue Gesellschaft zu gründen. Sie versucht von innen heraus zu wirken, mit den Mitteln, die ihr zur Verfügung stehen. Sie profitiert von den bestehenden Widersprüchen, treibt sie bis zum äußersten, „um unvorhersehbare Möglichkeiten für die Zukunft zu schaffen" — so George Lipsitz.[78] Und doch kann man die musikalische Geschäftigkeit innerhalb der Jugendkultur und der heutigen Kultur im allgemeinen in gewisser Hinsicht als eine radikale politische

---

[78] „We Know What Time It Is. Race, Class and Youth Culture in the Nineties", in: Andrew Ross, *Microphone Fiends,* S. 25.

Praxis ansehen. Dabei sollte man sich vor Augen führen, daß es um die Musik selbst geht und nicht um die gesungenen Worte oder eventuelle Aktionen. John Savage, der Autor von *England's Dreaming,* einer Geschichte des Punk, sagt, daß politisch engagierte Gruppen oft nicht erkennen, daß es eine Politik der Klänge gibt, die ebenso wichtig ist wie explizit politische Texte.[79] Diese These wird von der Erfahrung von Velvet Underground bestätigt, einer Gruppe, die sich — selbst auf dem Höhepunkt von *flower power* — von den Idealen der Hippies distanzierte, danach aber einen Riesenerfolg in den Ostblockländern hatte. Anläßlich eines Auftritts in Prag, in Anwesenheit von Vaclav Havel, erzählte Sterling Morrison, der vor kurzem (1995) gestorbene Gitarrist der Gruppe: „In den sechziger Jahren hatte Velvet Underground keine einzige politische Botschaft. Wir taten nicht so, als glaubten wir, daß die Dinge besser werden würden. Diese Haltung hat man uns vorgeworfen. Ironischerweise hat sie aber den verärgerten Leuten der ehemaligen Tschechoslowakei und anderen Ländern Osteuropas Halt gegeben."[80]

Nach Meinung von Simon Reynolds bleiben „die Widersprüche des politischen Rock in einem Kontext der Entspannung ungelöst"[81]. Die Slogans, mit denen engagierte Gruppen ankommen, sind meist zu simpel und sehr kurzsichtig. Sie unterschätzen die Komplexität der heutigen Welt. Eigentlich scheitern solche Gruppen nach zwei Seiten hin. Einerseits klingen ihre Schlagworte, politisch gesehen, dürftig und ineffizient. Hinzu kommt, daß es den Medien gelingt, jede Haltung des Protests, wie extrem auch immer, in Unterhaltung umzuwandeln. Diese Gruppen singen von Revolution, aber in einem Umfeld, das diesem Wort jede Bedeutung nimmt.[82] Andererseits wird, ästhetisch gesehen, Musik im politischen Rock nur als Mittel genutzt, eine politische Botschaft zu verkünden. Die ästhetische Seite wird dabei vernachlässigt. So steht man nach Reynolds vor dem Paradox, daß die (musikalisch gesehen) interessantesten Gruppen scheinbar nichts zu sagen haben und daß die politisch engagierte Musik oft nicht viel wert ist. Auf die Fusion von erneuernder

[79] MM 26.03.1994.
[80] *Le Monde,* 16.06.1993.
[81] MM 28.08.1993.
[82] MM 19.06.1993.

Form und provozierendem Inhalt hat man anscheinend noch zu warten. Aber am Rande gesagt: Russische Rockgruppen sehen sich jetzt, da das Moment expliziten Protests gegen das kommunistische Regime wegen der veränderten politischen Zustände weggefallen ist, gezwungen, sich auf die ästhetische Dimension der Musik zu konzentrieren und sich auf die implizit politische Bedeutung von (nur auf den ersten Blick) apolitischen Klängen zu besinnen.

Es sei noch mit Nachdruck auf eine beiläufige Bemerkung von Simon Reynolds hingewiesen: *„all music is political — even Slowdive — in that it involves choices and values"*[83]. Mark Gardener sagt es noch schärfer: *„the very act of being in a band is political in a sense"*[84]. Sein Leben der Musik zu widmen, ist eine politische Geste. Sie zeugt davon, daß der eigentliche Zusammenhalt der menschlichen Gesellschaft nicht in den Zahlen des Bruttosozialprodukts oder dem System sozialer Sicherheit zu suchen ist, sondern in erster Linie in den Herzen der Menschen liegt. Ist Rock wirklich ein Ereignis von Freiheit und Lebensfülle, dann hat die Musik politische Bedeutung, in der radikalen Frage nämlich nach dem, was die Menschen eigentlich in der „polis" verbindet.

Wenn meine Bilder richtig verstanden würden, dachte Barnett Newman, würde das das Ende der heutigen politischen Strukturen sowohl von Staatskapitalismus wie auch von Totalitarismus bedeuten. Als Tat der Freiheit ist das Kunstwerk auch ein Aufruf zu Freiheit. Und so hat auch der scheinbar „unpolitische Rock" (wenn man nur die Worte im Blick hat) eine politische Bedeutung. Musik ist ein ästhetisches Mittel, ein Reich von Freiheit und Liebe näherrücken zu lassen. Von ihr geht eine Inspiration aus, die auch zu politischer Kreativität für eine Gesellschaft anspornt, in der jeder einzeln und alle miteinander in Freiheit und Liebe leben können. Die Welt läßt sich nicht einfach so verändern. Die wirkliche Revolution beginnt im Herzen. Rock verändert etwas in der Welt, indem er die Leute anders im Leben stehen läßt, indem er ihren Glauben an sich selbst, ihren Glauben an andere, ihren Glauben an die Lebenskräfte in ihnen und um sie herum weckt. „An Menschen zu glauben, ist der eigentlich

[83] MM 28.08.1993.
[84] Ride, MM 16.03.1991.

revolutionärste Elan, ist die Revolution als geistige Haltung. An Menschen zu glauben, ist die Revolution, die jeder Revolution vorausgeht" (Huub Oosterhuis).[85] An Musik zu glauben, an Menschen zu glauben — Musik hat diese inspirierende Funktion. Eine Politik ohne Inspiration wird richtungslos und korrupt.

Es geschieht immer wieder, daß die implizite politische Dimension der Musik sich unter dem Druck akuter Zustände in öffentlichem Engagement ausdrückt. 1971 brach in Pakistan ein Bürgerkrieg aus, nachdem sich der östliche Teil (Bangladesch) für unabhängig erklärt hatte. Eine Million Flüchtlinge starben an Krankheit und Unterernährung. Ex-Beatle George Harrison organisierte innerhalb von fünf Wochen das *Konzert für Bangladesch*. Dieses Ereignis, das in New York stattfand, ging in die Geschichte ein als das erste groß angelegte Benefiz-Konzert. Die eingespielte Summe betrug acht Millionen Pfund. Künstler und Plattenfirmen verzichteten auf ihre Tantiemen, der britische und der amerikanische Staat jedoch verlangten eine Million Steuern. Verärgert bezahlte George Harrison diese Summe aus eigener Tasche.

Jeder wird sich noch an die Initiative erinnern, die Bob Geldof ins Leben rief, als er äthiopische Kinder im Fernsehen hatte verhungern sehen. Auch *Live Aid* wurde ein finanzieller Erfolg, wodurch viele Projekte kurz- oder langfristig unterstützt werden konnten. Das brachte Geldof den Titel *doctor honoris causa* der Universität in Gent ein. Doch nicht überall hieß man seine Aktion gut. Zynische Kommentatoren äußerten scharfe Kritik. Es scheint, als wenn einige Intellektuelle, die sich gern als das Gewissen der Welt profilieren, es nicht vertragen können, daß es ausgerechnet einem langhaarigen Rocksänger, der sich um sein Aussehen nicht kümmert, gelungen ist, mit seinem humanitären Projekt das öffentliche Gewissen wachzurütteln. Doch auch innerhalb der Rockwelt wurden erboste Stimmen laut. Man akzeptierte es nicht, daß ein paar verbürgerlichte und behäbige Stars, die ihre Glanzzeit längst hinter sich hatten, von der Gelegenheit Gebrauch machten, sich wieder in den Mittelpunkt des Interesses zu stellen und mit ihrer paternalistischen Haltung das Gewissen des reichen Westens zu besänftigen. Etwas von dieser Kritik ist

---

[85] *Twee of drie,* Baarn, Ambo, 1980, S. 140.

lange hängengeblieben. Regelmäßig werden noch meist kleinere Benefizkonzerte zugunsten von Obdachlosen, Behinderten, medizinischer Forschung (Aids, Krebs etc.) oder in Gefängnissen gegeben, aber die Rockgruppen, die sich daran beteiligen, reden nicht mehr darüber. Man ist meist ein wenig verlegen, davon zu erzählen. Vermutlich ist es so auch am besten. Gute Taten müssen ja nicht gleich an die große Glocke gehängt werden. Bei größeren Initiativen jedoch ist gegenwärtig die Einschaltung der Medien unentbehrlich.

Anfang September 1995 taten sich einige der damals bekanntesten britischen Gruppen zusammen — u. a. The Stone Roses, Oasis, Blur, The Charlatans, Radiohead, Portishead —, um in wenigen Tagen *Help* aufzunehmen, eine Platte zugunsten von Kindern, die Opfer des Krieges in Bosnien geworden waren. Anläßlich dieses ehrgeizigen Unternehmens erschien in der Presse eine scharfsinnige Betrachtung des Konflikts aus der Feder von Brian Eno.[86] In nur einem Monat wurden bereits vierhundertzwanzigtausend Exemplare dieser Aufnahme verkauft, mit einem Nettogewinn von zwei Millionen Pfund. Das erbrachte Geld wurde dem Wohltätigkeitswerk *War Children* geschenkt, das das Geld in Zusammenarbeit mit anderen Organisationen für Nahrungsmittel, medizinische Versorgung und soziale Hilfen ausgab. Ein kleiner Teil der Summe floß in Musikinstrumente und CDs für Jugendclubs und lokale Radiosender. Auch dort lieben die Jugendlichen ja Musik und brauchen sie gerade in solch schwierigen Zeiten.

Auffällig ist, daß die meisten Mitwirkenden bei dieser Aktion — bis auf Manic Street Preachers — Gruppen sind, die sich sonst nicht öffentlich zu politischen Problemen äußern. Sie wollen eigentlich nichts mit Politik zu tun haben und gelten als „apolitische Gruppen". Sie wollen nicht den Eindruck erwecken, als wüßten sie es besser oder könnten eine Lösung herbeiführen. Die Situation dort durchschauen sie ebenso wenig wie andere. Aber sie waren sich bewußt, daß sofort etwas getan werden mußte. Wenn man dadurch, daß man einen Tag im Studio arbeitet, das Leben von Kindern retten kann, dann lohnt sich der Einsatz allemal. Die Tatsache, daß das Geld gerade Kindern und Ju-

---

[86] MM 09. 09. 1995.

gendlichen zugute kam, war für manche Sänger ausschlaggebend, mitzumachen. Auch gefeierte Rockstars haben schließlich Kinder zu Hause.

Das Plattencover wurde von John Squire, dem Gitarristen von The Stone Roses, entworfen, der dasselbe bereits für Platten seiner eigenen Gruppe getan hatte. Krist Novoselic (der ehemalige Bassist von Nirvana), dessen Familie aus Kroatien stammt, schrieb den Text auf dem Cover. In seinen Worten kommt deutlich zum Ausdruck, worum es letztlich geht: sein Mitleid zu bekunden mit Menschen, die sich von der westlichen Welt im Stich gelassen fühlen, seinem Nachbarn in Not, einem Menschen wie wir, die Hand zu geben:

> „*Passion manifesting through art and expression is what will save us when the saga of mankind is assessed. [...] We must assert our humanly good natures as simply and eloquently as a handshake to a neighbour, for starters. We must aline ourselves with the victims of this tragedy as fellow human beings and demand that all the perpetuators of war crimes be brought to justice.*"
> Kris Novoselic

Gerade in einer Zeit der Krise, politischen Sackgasse und mörderischen Gewalt können Musik und Kunst eine erneute Bestätigung des Humanen beinhalten, zu dem wir aufgerufen sind. Wenn dieses Menschliche von allen Seiten bedroht ist, wenn es zusammenschrumpft und verkümmert, sind künstlerische Ausdrucksformen unentbehrlich. Musik steht über ideologischen, religiösen und ethnischen Unterschieden, transzendiert, was gespalten ist. So kann Musik, kann Kunst die Welt vor der Verzweiflung retten. *Help* ist ein Zeichen der Hoffnung. Wenn man die Platte hört und in der Presse Berichte von der Atmosphäre liest, in der sie zustande kam, dann liegt die Herzlichkeit der heutigen Generation von Rocksängern in der Luft. „Good vibes", Wärme, Liebe, bilden den Grundton der besten Musik.

9

Rock verbindet man mit dem Begriff der Jugend. Seit dem Rock
'n' Roll der fünfziger Jahre übersetzt die Musikkultur jedesmal
wieder neu das Lebensgefühl, die Leidenschaften und Sorgen der
Jugendlichen in Klang und Bild. Mitte der neunziger Jahre steht
das Trio Supergrass voll in dieser Tradition. Ihre Musik drückt
mit Elan und Charme das Gefühl von Aufregung aus, das typisch für ein Alter ist, das sich auf der Suche nach neuen Erfahrungen und Abenteuern befindet.

> „*Are we like you?*
> *I can't be sure,*
> *Of the scene, as she turns,*
> *We are strange in our world.*
> *But we are young, we run green,*
> *Keep our teeth, nice and clean,*
> *See our friends, see the sights, feel alright.*"
> „Alright"

Beweglichkeit, Ungebundenheit, Launenhaftigkeit, Unreife, die
Notwendigkeit, Ventile zu finden, Ausbrüche an Energie, ge-
folgt von Erschöpfungszuständen, Lust am Experimentieren,
ohne daß daraus ein unmittelbarer Einfluß auf das Leben erfolgte
— dies alles sind Aspekte des Jung-Seins, die man mühelos in den
Klängen und Bildern der Rockkultur wiederfindet. Michael Herr
schreibt dazu:

> „*Die Kombination von Jugend, Schönheit und Tod hat immer*
> *die wärmste Musik und den erotischsten Grundstrom zustande*
> *gebracht.*"[87]

An solche Betrachtungen kann man anknüpfen und Rock als ein
eminent wichtiges Symptom einer nicht-erwachsenen, narzißtischen Kultur betrachten. Jugendlichkeit wird von den Medien in
der kollektiven Umsetzung ins Bild tatsächlich als Wert kulti-

---

[87] Michel Herr im Vorwort der zweiten französischsprachigen Ausgabe von
Guy Pellaert, *Rock Dreams*, Paris, Albin Michel, 1982.

viert. Unsere Gesellschaft, die das Jung-Sein verherrlicht, krankt jedoch — so wird gesagt — an einem typisch jugendlichen Unvermögen, zur passenden Zeit Verantwortung zu übernehmen und ein historisches Bewußtsein von Zeit zu entwickeln. In einer narzißtischen Kultur wollen die Leute gern selbständig scheinen, haben aber gleichzeitig ständig das Bedürfnis nach Bewunderung und Bestätigung durch die Außenwelt. Weil sie nicht in der Lage sind, ihr Leben selbst zu organisieren, machen sich viele von sozialen Hilfeleistungen abhängig.[88] Rock feiert junge Helden und sprüht vor jugendlicher Energie. Die Musik scheint ganz auf das Maß einer narzißtischen Kultur zugeschnitten. Der Einsatz von Rocksongs in der Werbung ergibt sich daher fast selbstverständlich.

Dieses Bild kann jedoch in die Irre führen. Jugend im Rock und Jugendlichkeit in der Reklame sind nicht dasselbe. Rock zielt auf Veränderung ab, Reklame auf Fixierung. Rock geht es um die Erweiterung der Erfahrung, Reklame um deren Wiederholung. Rock ist zukunftsorientiert, Reklame bindet an Obsessionen. Kurz: Reklame *tut* jung, Rock *ist* jung. Die Jugendkultur, wie sie von Marketingstrategien definiert und von den Medien lanciert wird, fällt so gut wie überhaupt nicht mit der Rockkultur zusammen. „I f--in' hate youth culture. I always have done" (William Reid).[89]

Weil Jung-Sein im Rock ein innerer Impuls und keine äußerliche Hülle ist, hat sie wenig mit Alter, dafür aber alles mit geistiger Haltung zu tun. „Ich war vor zehn oder fünfzehn Jahren etwas älter als heute"[90], sagt Neil Young, der sich seines Alters im übrigen durchaus bewußt ist. Ein paar Monate vor seinem fünfzigsten Geburtstag schrieb er in einem Song:

> „*People my age*
> *They don't do the things I do*
> *They go somewhere while I run away with you*"
> „I'm The Ocean"

Erwachsene wissen, was sie tun und wohin sie gehen. Der Rock-

[88] Vgl. Christopher Lasch, *The Culture of Narcissism,* New York, Warner Books, 1979.
[89] The Jesus And Mary Chain, NME 17. 06. 1995.
[90] *Q Magazine,* September 1995.

sänger weiß das nicht. Er bewegt sich auf ungebahnten Wegen auf eine unbewiesene Zukunft hin. Er teilt das Los eines Künstlers. Kunst überwindet die Zeit nicht, weil sie ewige Schönheit ausstrahlt, sondern weil sie Herzen verjüngt. „Ich hoffe, daß wir, wie alt wir auch werden, einmal jung sterben" (Matisse, mit achtzig).

In diesem Punkt kann die Dialektik Hegels vielleicht erhellend wirken. Nach diesem Philosophen verläuft jeder historische Fortschritt in drei Schritten: Jede Situation (These) bewirkt eine entgegengesetzte Reaktion (Antithese), die letztlich in einen neuen Zustand einmündet (Synthese). Ausschlaggebend ist in seiner Sicht jedoch, daß der Endzustand keine bloße Aufhebung der vorhergehenden Schritte mit sich bringt, sondern daß er deren wesentliche Beiträge in sich integriert und zur Vervollkommnung führt. Ob dieses Schema tatsächlich für alle Erscheinungen in der Geschichte zutrifft, sei einmal dahingestellt. Auf den Entwicklungsgang des individuellen Lebens eines Menschen scheint er durchaus zuzutreffen. Ein Kind lebt unbesorgt unter der Obhut seiner Eltern. Der Heranwachsende löst sich von seiner Umgebung und arbeitet am Aufbau einer eigenen Identität. Und was heißt dann erwachsen zu sein? Eine dialektische Sicht vom Gang des Lebens richtet sich gegen die pessimistische Auffassung, daß jede Jugend den Höhepunkt des Daseins darstelle, auf den nur noch physischer Verfall und psychisches Heimweh folgen könnten, aber auch gegen den Selbstbetrug, der die Illusion nährt, daß das ideale erwachsene Leben nur eine verlängerte Jugend sei. Wenn man dem dialektischen Modell folgt, ist Erwachsensein ein Alter, das zwar das Kind-Sein und das Jung-Sein hinter sich läßt, das aber das Kind-Sein (Unschuld im Heute) und das Jung-Sein (Sehnsucht nach einer freien und liebevollen Zukunft) in sich aufnimmt und fruchtbar macht.

Leider gelingt das bei vielen nicht. Unschuld und Träume gehen verloren. Die vielen Formen von Verantwortung, auf die man nicht vorbereitet war und denen man nicht gewachsen ist, Rechnungen und Erbschaftsfragen, etliche Gewohnheiten und die Schwerkraft des Lebens verleihen Erwachsenen ein angespanntes Aussehen. Man vermeidet Risiken, man richtet sich nach den Verhältnissen, man „klebt" an der Welt. Sartre beschreibt das „ernste Denken" von „ernsthaften Menschen", die alles festlegen und sich mit ihrer familiären und gesellschaftlichen Rolle identifizieren. Sie geben das Menschliche zugunsten einer mechanischen, eingerosteten Welt auf.[91] Der kleine Prinz von Antoine de Saint-Exupéry begegnet zahlreichen solcher festgefahrenen Erwachsenen. Das Buch ist denn auch Léon Werth gewidmet, „als er noch ein kleiner Junge war".

Das Kind- und das Jungsein werden oftmals durch die Schwerfälligkeit und die Einseitigkeiten des etablierten Systems abgetötet (noch einmal: *„ce système qui tue la vie"*, die bereits zitierte Formel von Bram van Velde). Wer „Geld über das Kind-Sein stellt", schrieb der wallonische Romanist und Situationist Raoul Vaneigem, werde vorzeitig alt. *„Celui qui porte dans son cœur le cadavre de son enfance n'éduquera jamais que des âmes mortes."*[92] Musik und Kunst retten die Welt, indem sie das Kind und die Jugend in uns retten. In diesem Sinne reden Rocksänger von Jungsein. Erwachsensein im Sinne von Sartres *„esprit de sérieux"* lehnen sie ab. Wenn erwachsen sein bedeute, das zu tun, wozu man keine Lust habe, dann seien sie nicht erwachsen; bedeute es aber, bewußt zu erleben, was um einen herum geschehe, dann seien sie erwachsener als viele andere, meint Robert Smith, der noch anfügt:

> *„Erwachsen zu sein heißt, zu akzeptieren, daß man so weit gekommen ist, und dann innezuhalten. Sich zu weigern, erwachsen zu werden, heißt, sich zu weigern, sich mit den Beschränkungen abzufinden. Daher glaube ich nicht, daß wir je erwachsen werden."*[93]

Roy Orbison verbindet Adoleszenz mit einer überwältigenden Intensität und einer Unschuld im Gefühlsleben. Wenn man sich das auch im späteren Alter erhalte, dann halte man seine Intentionen echt und die Songs lebendig.[94] Der Verlust der Jugendträume beim Erwachsenwerden ist ein Thema, das Noel Gallagher mehrmals behandelt. Die Musik von Oasis ist ein Protest

---

[91] *L'etre et le néant. Essai d'ontologie phénoménologique,* Gallimard, 1943, Neudruck 1987 (collection Tel), S. 641.

[92] *Avertissement aux écoliers et lycéens,* Editions Mille et une nuits, 1995, S. 16 und 35.

[93] The Cure, MM 07.03.1992.

[94] Vgl. Nick Kent, *The Dark Stuff,* S. 288–289.

gegen die inneren Kräfte (wie Geldgier) und die äußeren Mächte, die die Träume des Kindes und der Jugend wegspülen.

„The town where we're livin' has made you a man
And all of your dreams are washed away in the sand
[...]
It's funny how your dreams change as you're growing old
You don't wanna be no spaceman, you just wanted gold
All the dream stealers are lying awake
But if you wanna be a spaceman
It's still not too late."
„D'Yer Wanna Be A Spaceman?"

Sich aufgrund der Fernsehbilder erhitzter Jugendlicher auf einem Konzert ein Urteil über die Rockkultur zu bilden, ist ebenso dumm, wie irgendeine Demonstration zu verurteilen, an der man nicht teilnimmt. Verhaltensweisen, die man distanziert betrachtet, erscheinen einem merkwürdig. Wer sich selbst so bewegt, erlebt sie von innen heraus, geistig und körperlich. Auch Wissenschaftler, die Rock wohlmeinend als spezifischen Ausdruck einer Jugendkultur erforschen, riskieren es, außen vor zu bleiben. Man kann manche Strömungen soziologisch zu Recht untersuchen als die Sprache und den gemeinsamen Nenner einer genau umschriebenen Bevölkerungsgruppe (Mods, Punks, Skinheads). Dabei darf man jedoch nicht vergessen, daß Musik diese Rolle nur spielen kann, weil sie an sich interessant ist. Die soziale Funktion folgt aus der ästhetischen Funktion, nicht umgekehrt. Außerdem übersteigt jedes musikalische Genre das Umfeld, dem es entstammt. Man muß nicht als Punk herumlaufen, um die Sex Pistols oder The Clash zu schätzen. Bemerkenswert ist übrigens auch, daß Musik traditionelle Einteilungen wie Stand, Bildung, Vermögen oder Klasse überwindet. Arbeiter und Prinzen stehen im Konzertsaal nebeneinander und hören sich die Rolling Stones an.

Ein Beispiel vorschnellen soziologischen Denkens war das dumme Geschreibsel über Nirvana als der Galionsfigur der *Generation X*. Hiermit meint man die Nachfolger der *Babyboomer* (der Nachkriegsgeneration, die in den *golden sixties* groß wurde), die heutigen Jugendlichen ohne Rückgrat und ohne Ideal, in gewisser Hinsicht auch ohne Desillusionen, weil sie nie wirklich die Chance zum Träumen erhielten. Generation X ist eigentlich der Titel eines Romans von Douglas Coupland, in dem im letzten Kapitel eine Gruppe von Leuten beschrieben wird, die sich für ein alternatives Leben am Rande der Gesellschaft entschieden haben. Sie verkörpern eine Haltung, die man zu allen Zeiten antrifft. Einsiedler, Utopisten, Romantiker, Bohémiens, Hippies — sie alle suchten außerhalb der etablierten Werte nach einer unkonventionellen Lebensweise. Was im Sinne des Autors eine offene Kategorie war, wurde schnell zu einem Etikett, das der heutigen Jugend aufgrund des psychischen Mangels an Identität und des ideologischen Vakuums, in dem sie aufgewachsen sind, angeheftet wurde. Coupland selbst vermutet, daß die Idealisten aus den sechziger Jahren, die Kompromisse eingingen und daher nun mit einem schlechten Gewissen herumlaufen, faktisch ihr eigenes Scheitern auf die Jugendlichen von heute projizieren, wenn sie ihnen Apathie vorwerfen. Wie dem auch sei, der Vorteil solch eines Etiketts ist deutlich. Er vermittelt den Soziologen den Eindruck, als wenn sie endlich die komplexe Realität der Jugendkultur in den Griff bekämen, die ihnen an allen Ecken durch die Finger gleitet. Wichtiger ist es für die Marktstrategen. Medienagenturen untersuchen fortwährend die Entwicklungen im Wortschatz und den Praktiken verschiedener Zielgruppen, damit sie die Slogans ihrer Werbekampagnen auf sie abstimmen können. So hat man Werbung mit dem Unsinn „Grunge Autos" gemacht. *Generation X* ist ein Konzept, das man zur Zeit beim Austüfteln werbewirksamer Botschaften an die Jugend verwendet.

Und was hat Nirvana damit zu tun? Die Musik wird als die Stimme und der Sänger Kurt Cobain als das Gesicht der *Generation X* angesehen, und sein absurder Selbstmord lieferte den Beweis für die Hohlheit und den fehlenden Widerstand dieser Generation. Nirvana war ein Segen für die Theorie. Es stimmte alles perfekt — für die Intellektuellen, die sich Sorgen machen, und für die Händler, die verkaufen wollen. Der Erfolg von „Smells Like Teen Spirit" (via MTV) lieferte ja den besten Beweis, daß die Jugend sich noch immer manipulieren läßt.

Vermutlich treffen einige Dinge dieser Analyse sogar zu. Nirvana aber wird Unrecht getan. Man sollte die Nuancen beachten.

Zuerst einmal ist 1991, dem Jahr der Erfolgsplatte *Nevermind* von Nirvana, auch anderes entstanden mit anderem Hintergrund und einem heitereren Inhalt, wie etwa *Sceamadelica* von Primal Scream, das in England Furore machte und ebenfalls einen relevanten Aspekt der Jugendkultur symbolisiert. Andererseits muß man daran erinnern, daß Jugendliche wegen der musikalischen Kraft dieser Gruppe für Nirvana schwärmen. *Nevermind* gehört zu der besten Musik, die Anfang der neunziger Jahre gemacht wurde. Diese Platte wird wie *Sgt. Pepper's Lonely Hearts Club Band* von den Beatles und *Never Mind The Bollocks* von den Sex Pistols den unmittelbaren Kontext, in dem sie entstanden ist, überleben. Sicherlich — *Nevermind* sagt etwas über das Heute aus. Wenn Kurt Cobain in „Smells Like Teen Spirit" singt „*Here we are now, entertain us*", dann bringt er die Situation einer Jugend auf den Begriff, die sehr wohl durchschaut hat, daß die Erwachsenenwelt der Medienbonzen und harten Dollars nicht viel mehr als gewinnbringendes Vergnügen anzubieten hat. Sie fühlt sich mit Versprechungen abgespeist, infantilisiert. Der Song spiegelt nicht einfach den Zustand wider, er geißelt ein System, in dem der Mensch nur als potentieller Kunde eine Daseinsberechtigung erhält („*We're Marketed Therefore We Are*", lautet der Titel eines kritischen Stücks, das im amerikanischen Untergrund erschienen ist). Kurt fühlte sich „a denial", ein Wort, das urplötzlich in dem Song erscheint und dann endlos mit einer Raserei wiederholt wird, die weh tut. Dieses Wort spricht Bände. Worauf aber bezieht sich diese Ablehnung? Verspürt die Jugend die Weigerung in sich, noch länger mitzumachen? Oder fühlt sie sich selbst vom System in ihrem Leben abgelehnt? Mit diesem einen Wort wird ganz kurz der Schleier dessen gelüftet, was in unserer Kultur auf dem Spiel steht: die Anerkennung des Menschen *als Mensch* (nicht als Käufer oder Zuschauer), die Anerkennung der Not des heutigen Menschen, zu wirklicher Menschlichkeit geboren zu werden. Nicht zufällig enthalten die zwei wichtigsten Platten von Nirvana Verweise auf das Mysterium der Geburt: Auf dem Cover von *Nevermind* sieht man ein nacktes Baby, dem nichts außer ein Dollarschein entgegengehalten wird, und der Titel *In Utero* spricht für sich.

Der Schrei Kurt Cobains reicht weiter als die Problematik um die *Generation X*. Seine Stimme ruft aus der Tiefe unserer heutigen Kultur heraus. Sein Werk berührt — wenn man genauer hinschaut — Saiten, die in jedem Menschen, in jeder Generation anzutreffen sind. Wer also Nirvana mit Generation X gleichsetzt, greift zweimal zu kurz: Einmal, weil in der Jugendkultur mehr steckt als Nirvana, und zum anderen, weil in Nirvana mehr steckt als die Wiedergabe der Situation einer genau beschriebenen Generation.

Der Wirbel um Nirvana ist ein gutes Beispiel für die Distanz, die zwischen der ursprünglichen Absicht eines Autors (oder eines Politikers, eines religiösen Reformers usw.) und der Aufnahme seines Werks in der Gesellschaft entstehen kann. Sobald eine Intention in ein Kunstwerk oder in welches Kulturprodukt auch immer gegossen ist, beginnt dies sein eigenes Leben zu führen. Es erhält einen Platz in einem geschichtlichen Verlauf, der eine komplexe, unbeherrschbare Dynamik kennt. Man fängt etwas an, und es wird etwas anderes daraus. Oder — wie Sartre schrieb — „on fait une histoire et il s'en écrit une autre"[95]. Sartre kommt häufig auf das Beispiel von Flaubert zurück, der etwas anderes in sein literarisches Werk legte, als sein Publikum darin las. Sein Erfolg und sein Ruhm beruhten auf einem Mißverständnis. Das Werk wurde seinem Autor entwendet: „Flaubert se voit voler son œuvre"[96]. Ähnlich ist es sicher mit der Erfahrung Kurt Cobains gewesen, der mit einem solchen Mißverständnis, mit solcher Entfremdung und dem Gefühl der Verfremdung, das damit verbunden ist, schwer leben konnte.

Von Sartre kann man übrigens etwas lernen, wenn man unbedingt eine Interpretation für ein Kulturphänomen sucht. Der französische Philosoph lehnte jede Form deterministischen Denkens ab, demzufolge ein bestimmtes Umfeld fast notgedrungen eine bestimmte Art von Kulturobjekt hervorbringen müsse. Es sei nicht so, daß das Zustandekommen eines Kunstwerks von den Verhältnissen bewirkt werde, eher, daß das Publikum von einem Künstler etwas erwarte und an dessen Freiheit appelliere. Ein Werk könne man nicht schon mit den Verhältnissen erklären, in denen der Künstler lebe. Im Gegenteil. Eine kreative Tat sei der Versuch eines Menschen, die Situation, in der er sich be-

---

[95] *Vérité et existence,* Paris, Gallimard, 1989, S. 135 (Hervorhebungen vom Autor).
[96] *Questions de méthode,* S. 136.

finde, global und in voller Freiheit, zu übersteigen.[97] In dieser Hinsicht sei jedes Œuvre der Ausdruck für eine Entscheidung und eine Handlung von Freiheit. Sartre geht noch einen Schritt weiter. Es seien nicht die Verhältnisse, die ein Werk bestimmten, sondern es sei das Kunstwerk, das die Verhältnisse erst ans Licht bringe, in dem Maße, wie es diese übersteige.[98]

Rock, so folgt daraus, läßt sich nicht einfach mit den Verhältnissen erklären, sondern ist im wesentlichen ein Akt, der den Versuch beinhaltet, eine vorgegebene Situation zu übersteigen, und der diese Situation um so besser verdeutlicht, als diese tatsächlich überstiegen wird. Es ist ein Leichtes, einige Faktoren aufzuzählen, die etwas mit dem Entstehen von Musik zu tun haben, etwa technische Neuerungen, ökonomische Verhältnisse, Entwicklungen der Medien. Rock ist mit diesen Entwicklungen gewachsen und ist teilweise auch eine Widerspiegelung davon. Musik entstammt solchen Ursachen jedoch nicht als mechanische Folge, sondern aus dem Willen des Menschen, diese kontextuellen Verhältnisse zu durchbrechen. Dasselbe trifft für den persönlichen Bereich zu. Rock hat mit narzißtischen Impulsen und erlittenen Traumata zu tun. Doch darauf läßt sich Musik nicht reduzieren, davon ist sie nicht die simple Widerspiegelung. Gerade aus dem Wunsch heraus, die psychischen Konditionierungen zu verarbeiten und sich von ihnen frei zu machen, entstehen Gitarrenklänge, und diese fördern dann verschiedene Verletzlichkeiten zutage. Dasselbe Argument gilt für soziale Faktoren wie Arbeitslosigkeit, Ungerechtigkeit, das Bildungssystem, das ideologische Umfeld. Historische, soziologische und psychologische Studien erhellen vielleicht, woher Rock stammt, erklären aber nicht, warum und wie. Man singt keinen Song, weil die Welt so ist, wie sie ist, sondern weil man sich nicht in dieser Welt einsperren lassen will. Man macht nicht Musik, weil die Verhältnisse sind, wie sie sind, sondern weil man glaubt, daß mehr im Leben steckt, als die heutigen Verhältnisse zu bieten haben. Musik und Kunst retten die Welt, weil sie die Welt übersteigen und auf diese Weise der Welt zeigen, was sie ist.

In diesem Zugriff steckt eine anthropologische Option, ein bestimmtes Bild vom Menschen. Dieser ist kein bloßes Produkt

[97] Vgl. *Qu'est-ce que la littérature?*, Paris, S. 82–83.
[98] *Questions de méthode*, S. 137.

der Vergangenheit und keine Inkarnation der Gegenwart. Was menschlich ist, kann nur von der Zukunft her gedeutet werden. Denn Mensch-Sein entsteht in einer Tat der Freiheit, in dem Übergang von Natur zu Kultur, von Gegebenem zu Erworbenem, von Verhältnissen zu Sinngebung.[99] In diesem Übergang, in diesem Prozeß arbeitet der Mensch an sich und wird er erst eigentlich als Mensch geboren. Das wird nur gelingen, wenn die Einzelnen unverbraucht und wach sind, noch von Zukunft träumen — mit anderen Worten, wenn sie noch jung genug sind.

Vielleicht stoßen wir erst hier auf die Bedeutung von „Jugend" innerhalb der Rockkultur. Jugendliche sehen Lebenschancen, experimentieren mit Lebensmöglichkeiten, sind bei sich und bei anderen sensibel für Lebensimpulse und den Kampf zwischen Leben und Tod. Rock ist jung, weil die Musik aus diesen Träumen, Erkundungstouren und Gefühlen sprudelt als ein Ruf des Lebens. Wenn die „jugendliche" Musik heute so wichtig geworden ist, dann ist das vielleicht ein Hinweis darauf, daß sich zur Zeit etwas mit dem Menschwerdungsprozeß tut. „Leben heißt, in jedem Augenblick geboren zu werden. (...) Das Leben ist eine unaufhörliche Jugend."[100] Vielleicht hat die „Ablehnung" (denial) im Herzen der heutigen Kultur doch etwas mit dem Leben selbst zu tun, einem Jung-Sein, von dem die Geburt der Menschen zu voller Menschlichkeit abhängt.

---

[99] Vgl. a. a. O., S. 138.
[100] Daniel Sibony, *Le corps et sa danse*, S. 126.

10

Der harte Weg des Lebens bleibt dem Rockfan nicht erspart. Auch ihm werden naive Träume und unwahrscheinliche Ideale geraubt. Ein Schleier nach dem anderen wird gelüftet. Bleibt da noch etwas übrig? Schnell hat man die Mechanismen des Marktes durchschaut. Schwieriger schon ist es, die Widersprüche der eigenen Seele zuzugeben. Doch wer ehrlich ist, kann ihnen nicht ausweichen. Die scharfen Klänge arbeiten weiter. Aus den Luftballons entweicht die Luft. Illusionen werden vom Tisch gewischt. Der schiefe Turm von Pisa fällt letztlich um. Nirgendwo gibt es eine Ausnahme, bei niemandem, nicht einmal bei einem selbst.

„Our grasp is broken
There's nothing we can do."
Ride, „Leave Them All Behind"

Es gibt keinen Weg zurück. Gibt es dann aber noch Zukunft?

„Weißt du noch, als du von der Grundschule auf die weiter-
führende Schule gingst? Es lag nur ein Sommer dazwischen, aber
es war, als wenn man von vollkommener Unschuld in völligen
Zynismus und Lebensmüdigkeit überwechselte. Daran erinnert
mich die Musikindustrie."
William Reid[101]

Sänger und Musiker, die mit Begeisterung ihre Karriere beginnen, werden schnell desillusioniert, sobald sie die Strategien und Intrigen des Sektors von innen heraus erleben. Fans reagieren sauer, wenn sie entdecken, daß die Intentionen ihrer Helden nicht so edel sind, wie sie dachten. Geld, Erfolg, Berühmtheit spielen auch bei ihnen eine Rolle. Helden funktionieren irgendwann nicht mehr.

„Heroes, idols crept like ice"
Joy Division, „Autosuggestion"

[101] The Jesus And Mary Chain, NME 24.09.1994.

„But the heroes are gone
And all that's left is you and me."
Ride, „Nowhere"

Wie kann man weiter an eine Kultur glauben, die eine Alternative zu der langweiligen und verdorbenen Welt zu bieten scheint, wenn man durchschaut hat, daß dieselben niederen Beweggründe auch überall in der alternativen Kultur mitspielen? Werden wir nicht erlöst? Ist das sogenannte Heil, das die Musik bringen sollte, kein zusätzlicher Betrug, der noch schlimmer ist als der der banalen Welt, in der nicht so hoch angesetzt wird? Gibt es also keinen Ausweg?

Einen derartigen Prozeß der Desmaskierung und Desillusionierung hat auch Nietzsche durchgemacht. Als junger Philosoph war er ein Fan von Wagner. Unter dem Einfluß von Schopenhauer erlebte er Musik als den unmittelbaren Zugang zu dem Urgrund der Wirklichkeit, zu dem transzendenten Willen, der alles beseelt und sich — ohne Umweg über Worte und Bilder — direkt in der Klangwelt der Musik offenbart. Musik als die metaphysische Wirklichkeit selbst und nicht als deren physische Gestalt, Musik nicht als Symbol des Lebens, sondern als das Leben selbst, nicht als eine Vorstellung von der Realität, sondern als die Realität selbst. Nietzsche wäre jedoch kein Philosoph gewesen, wenn er sich auf Dauer diesem leidenschaftlichen Genuß hingegeben hätte. Nein, die Ernüchterung kam mit dem Einfluß des positivistischen Denkens, das in jener Zeit aufkam, und nachdem die persönliche Beziehung zu der Familie Wagner getrübt worden war. Nietzsche wurde der Philosoph mit dem Hammer. Alles mußte dran glauben: die Moral, die Religion, die Metaphysik, die Kunst. Es seien alles nur Illusionen, mit denen sich der Mensch selbst betrüge. Auch die Musik konnte dem nicht standhalten. Man kann sich ihre Attraktivität leicht erklären. Rhythmen, Töne, harmonische Kompositionen schmeicheln dem Ohr aufgrund physischer, mechanischer Eigenschaften. Sie sprechen nicht von einer höheren oder tieferen Wirklichkeit. Man legt Bedeutung in die Klänge, doch bei genauerem Hinsehen bedeuten sie nichts. Mit gnadenloser Feder wird die weibische, verweichlichende Musik Wagners verrissen. Die Magie ist dahin. Vor falschem Charme und romantischem Abheben wird gewarnt: „Cave musicam" — „Hütet euch vor der Musik!"[102] Die Schärfe der Kritik Nietzsches entspricht umgekehrt proportional der Begeisterung seiner vorangegangenen Bewunderung. In gewisser Hinsicht schreibt der Philosoph gegen sich selbst, gegen seine frühere Naivität, seine ehemalige Leichtgläubigkeit. Inzwischen ist er eines Besseren belehrt. Nietzsche wäre jedoch abermals kein Philosoph gewesen, wenn er sich dieses Mal an einer erklärenden, demaskierenden, entzaubernden Haltung festgeklammert hätte. Es kam eine dritte Phase. Die Antriebskraft des Lebens war stärker als alle Argumente. Der Denker begann sich zu fragen, ob nicht in der Sehnsucht nach Erklärung, nach Durchblick, nach Wahrheit eine verborgene Todessehnsucht wirksam sei, eine Mißachtung des Lebens in seinem dynamischen, launischen, unvorhersehbaren Wachsen. So entdeckte er die Notwendigkeit von Kunst wieder, den unverzichtbaren Reiz, den „großen Stimulans" des Lebens.

Nietzsche hat in seinem Verhältnis zur Kunst, insbesondere der Musik, drei Schritte vollzogen. Vermutlich kann so mancher Rockfan in diesem Lebenslauf einen Teil seiner eigenen Erfahrung wiederfinden. Zu Anfang gerät man in den Bann der Musik, doch früher oder später beginnt eine kritische Phase. Und wer nicht aufpaßt, kommt nie mehr aus ihr heraus. Ganz leicht bleibt man in Oberflächlichkeit, Gleichgültigkeit oder Zynismus stecken. Die dritte Phase ergibt sich nicht von allein. Wer die zweite Phase nicht bis auf die Knochen mitmacht, wer die Wurzeln der Illusion nicht auch in seinem eigenen Innern entdeckt, schützt sich mit der Maske der Distanz und Nüchternheit. Man genießt die Musik noch, und das reicht anscheinend. Mehr ist nicht nötig. Rock wird dadurch zu Salz, das seine Kraft verloren hat. Er funktioniert nicht mehr. Niemand wird durch ihn noch aufgerüttelt:

„Remember the sound that could wake the dead
But nobody woke up at all."
The Cure, „Just One Kiss"

---

[102] Friedrich Nietzsche, *Menschliches, Allzumenschliches*, II, Vorrede, 3.

„Seems like everybody's sterilised
A piece is missing from their lives
They're never going to be surprised."
Ride, „I Don't Know Where It Comes From"

Und doch bilden sich immer wieder Gruppen, die noch an Rock glauben. Auch ihnen ist bewußt, wie ambivalent die Schichten sind, in die die Musik ihre Wurzeln schießt. Und doch sind sie überzeugt und wissen aus Erfahrung, daß die Musik diese Fundamente übersteigt. Das sind authentische Gruppen. Das Stichwort „authentisch" aber ist heutzutage auch fragwürdig geworden. Dieser Ausdruck kann nicht mehr verwendet werden, ohne daß man sofort anfügt, was damit nicht gemeint ist. Authentizität hängt nicht von der Ehrlichkeit der Songs ab, so als wenn sie persönlich erlebte Erfahrungen zum Ausdruck bringen müßten. (Ein Song ist eine literarische Gattung. Auch Songs in der Ich-Form sind lange nicht immer autobiographisch. Der Unterschied zwischen der Ich-Figur des Songs und dem intimen Ich des Sängers wird aufgrund der Lebendigkeit des Mediums leicht vergessen.) Authentizität hat auch nichts mit der Verkündigung edler Botschaften zu tun, ebenso wenig mit Offenheit gegenüber der Presse. Gruppen verbreiten Lügen, um sich vor Neugier zu schützen, und das ist ihr gutes Recht. Authentizität hängt nicht ab von der Frage, ob eine Platte auf einem unabhängigen Label erscheint oder bei einer großen Plattenfirma (als wenn letzteres automatisch ein Signal für Kommerzialisierung und ein Zeichen von „sell out", von Ausverkauf, von Verrat an der guten Sache bedeutete). Authentizität ist nicht ohne weiteres dasselbe wie Klarheit und Echtheit der Intentionen. Künstler können etwas anfangen, ohne genau zu wissen, was sie letztlich antreibt. Sie können sich in ihren wahren Motiven täuschen. Wahrscheinlich vermischen sich bei den meisten von ihnen, wie bei jedem von uns, verschiedene Motive. Sie müssen nicht warten, bis sie sich völlig darüber im klaren sind, bevor sie eine authentische Musik ertönen lassen.

Authentizität ergibt sich aus einer Orientierung des schöpferischen Prozesses an dem, worauf es in der Musik letztlich ankommt. Nicht-authentische Gruppen halten sich in Nebenräumen auf. Sie suchen die Beilagen, nicht die Hauptmahlzeit. Authentische Sänger setzen sich gegen das Bedrohliche von vielen dieser Nebenprodukte ab. In Interviews werden regelmäßig Symptome für den Mangel an Authentizität benannt: extravagantes Verhalten, beleidigende Äußerungen, Unehrlichkeit, Scheinheiligkeit, *looks*, Lebensstil und Interviews, die wichtiger werden als die Musik, die man macht, Macho-Verhalten, ein großer Mund ohne die Bekehrung des Herzens:

> *„I don't need an attitude*
> *Rebellion is a platitude*
> *I hate verisimilitude."*
> Teenage Fanclub, „Verisimilitude" („Scheinwahrheit")

Wo aber trifft man Authentizität an? Was Wahrhaftigkeit bedeutet, wird oft mit ganz einfachen Worten ausgedrückt. Peter Hook beschreibt das Werk von Joy Division als eine Musik, die „spontan kam und voller Wärme war. Auch wenn sie ziemlich schockierend und intensiv war, steckte Menschlichkeit in ihr, weil sie echt war"[103]. Oasis wird von anderen Gruppen für authentisch gehalten, weil „sie meinen, was sie sagen", weil sie „echt" sind (so The Stone Roses), nicht gekünstelt, nicht distanziert, nicht weltfremd, und auch wegen der Stimme von Liam Gallagher, der aus den Tiefen seiner Eingeweide singt, Schmerz, Sehnsucht und Erregung hören läßt (so Bono von U2). The Stone Roses selbst legen Wert auf „positives Denken", auf die positive Kraft, die aus dem Innersten kommt und die „gut" und „verkehrt" zu unterscheiden hilft.[104] Jason Pierce spricht von einer geheimnisvollen Kraft, die man nicht zeigen könne, von einem „merkwürdigen Gefühl", bei dem „alles andere einfach unwichtig werde und verblasse"[105]. Beliebt ist das Wort „soul", das einen Hinweis auf die Qualität und die Intensität der inneren Begeisterung liefert. Wenn man ihn fragt, was ihn zu der Zusammenarbeit mit den (viel jüngeren) Musikern von Pearl Jam gebracht habe, antwortet Neil Young frei heraus: „Soul"[106]. Seele ist für ihn kein pietistischer Begriff. Die Krisen in seinem eigenen Leben haben ihn einsehen lassen, daß einem das seelische Le-

---

[103] MM 03.06.1996.
[104] Vgl. Nick Kent, *The Dark Stuff*, S. 239–240.
[105] Spiritualized, NME 23.10.1993.
[106] *Q Magazine*, September 1995.

ben eintrocknet und man auch keine Musik mehr machen kann, wenn man die Verletzungen leugnet und den Schmerz in seinem Herzen nicht zuläßt. Ride, Teenage Fanclub, Primal Scream haben sich selbst als *soul bands* beschrieben und wollen damit zum Ausdruck bringen, daß die Musik direkt aus dem Herzen kommt. Die Verwendung des Wortes „soul" in der Rockkultur kommt aus dem Blues, wo es an „Lauterkeit, Aufrichtigkeit und einfach ehrliche Anstrengung" denken läßt (Ch. Keil).[107]

Authentizität hat also sicherlich mit Engagement zu tun, mit Tradition, mit Mystik, wenn man letzteres so versteht, daß die Spieler, die sich der Musik überantworten, eine Kraft erleben, die sie als Individuen und als Gruppe übersteigt. Im Rock steckt eine Antriebskraft, die aus dem Herzen und doch nicht aus einem selbst fließt, die man zwar ausspielt, über die man aber doch keine Macht hat. Nicht nur Rocksänger, auch Journalisten suchen nach Worten, um die authentischen von den nicht-authentischen Produktionen unterscheiden zu können. In einem Artikel über Gene stellt Everett True einem „Machwerk" unwahrhaftiger Musik die Eigenschaften glaubwürdiger Gruppen gegenüber: „Reinheit" und ein „instinktives Verstehen und Lieben der Musik, die sie schaffen", auch wenn diese vom Stil her nicht originell ist.[108] In einem Artikel über Smashing Pumpkins ist Dele Fadele deutlicher: „Der gefährlichste Aspekt von Rock 'n' Roll war es immer, dem mythischen Lebensstil, der auf den abschüssigen Pfad der Vernichtung führt, zu erliegen"[109]. Man überlasse sich dabei der Illusion, daß ein draufgängerisches, unbesonnenes Leben Einsichten vermittelte, die dem normalen Menschen nicht vergönnt seien. Alkohol, Drogen und höllischer Lärm würden dieser Meinung nach zu den Hauptbestandteilen von Rock gehören. Doch man riskiere damit, den Weg der Selbstvernichtung einzuschlagen. Dele Fadele trifft die grundsätzliche Unterscheidung zwischen „bad noise" und „good noise". Positive Musik gebe die Innerlichkeit wieder und den Reichtum der Gefühle, erkunde, was Liebe sei, bringe etwas zum Ausdruck, das universal

---

[107] Ch. Keil, *Urban Blues,* Chicago, The University of Chicago Press, 1991, S. 160, nach David Coppens, „News about the blues: de vlaamse bluesliefhebber", in: *Communicatie. Tijdschrift voor Massamedia en Cultuur* 24 (1995), Nr. 3, S. 69.

[108] MM 25. 02. 1995.

[109] NME 12. 09. 1992.

und gut sei. Den Journalisten beschäftigt der Unterschied zwischen Gut und Böse. Gegenüber den Agitatoren der fundamentalistischen Bewegungen, die Rock als Teufelswerk abtun, verteidigt er die These, daß es auch gute Musik gebe. „Was wirklich böse ist, das ist das Schauspiel der Regierungen, die die Ungleichheit unter den Menschen fördern, die sich nur um die Wohlhabenden, die Gebildeten und Guternährten kümmern und alle anderen niederhalten." Auch ungerechte Kriege seien ein Beispiel für das wirklich Böse. „Der beste Rock unternimmt den Versuch, die Gesellschaft zu verbessern", meint er.[110] Dele Fadele steht mit diesen Ansichten auf einer Linie mit dem vielleicht bekanntesten unter den Rockkritikern, dem leider frühzeitig verstorbenen Lester Bangs. Bangs war in seiner Verurteilung egozentrischer Musik, die er „I-Rock" (Ich-Rock; Ego-Rock) nannte, radikal. Auch er traf die Unterscheidung zwischen schlechter Musik, dem prunkvollen, röhrenden Wirbel hedonistischer und selbstsüchtiger Superstars, und guter Musik, die in einem positiven Sinne „selbstbestätigend" und „lebensbejahend" sei. Bangs sah in jeder wahren Kunst „eine Tat der Liebe zu der menschlichen Rasse insgesamt". MC5, Patti Smith, The Beatles, The Clash sind Beispiele für Gruppen, die er für „rechtschaffen" (righteous) hielt. Mit Rechtschaffenheit meinte er: sich im Kampf der Mächte des Guten gegen die Macht des Todes auf die Seite der Engel zu stellen. Rechtschaffene Musik vermittle immer Hoffnung.[111]

Wer rechtschaffen ist, hilft anderen bei der Entdeckung der eigenen Möglichkeiten, statt immer nur zu klagen, was für ein Mist alles sei. Rebellion ist sinnlos, wenn man nicht gleichzeitig aufbaut. Anders gesagt: Ein Nein ohne ein Ja ist eine armselige Haltung. Auch bei Nietzsche findet sich ein solcher Gedanke. In der dritten Phase seiner Entwicklung traf er die Unterscheidung zwischen guter und schlechter Kunst. Schlechte („romantische") Kunst beinhalte eine Leugnung des Lebensprozesses. Dagegen stecke in guter Kunst gleichzeitig „Vernichtung" und „Zukunft", mit anderen Worten, Nein und Ja. Auch Nietzsche hat deutlich gesehen, daß eine rein negative Haltung, die alles niederreißt, nichts Gutes zustande bringt. So eine Haltung kann aus Miß-

---

[110] NME 14. 11. 1992.
[111] Lester Bangs, *Psychotic Reactions...*, S. 71, 234, 168, 226.

fallen, aus Haß, aus Rachsucht hervorgehen, weil man sich vernachlässigt fühlt. Man will eine Welt zerstören, die einen nicht befriedigt. Das Basiskriterium, das Nietzsche später in Sachen Kunst angelegt hat, war: „Ist hier der Hunger oder der Überfluß schöpferisch geworden?"[112] Kunst, die nur aus Mangel hervorgehe, tauge nicht. Wer aus dem Überfluß des Lebens schöpfe, werde fruchtbar. Und doch werde auch er Schmerz fühlen — einmal, weil ihm der Überfluß des Lebens gelegentlich zu mächtig werde, dann aber auch, weil ihn der Glanz des Lebens die Banalität vieler Zustände schärfer empfinden lasse.

Über dieses Unterscheidungskriterium lohnt es nachzudenken. „Ist die Kunst eine Folge des Ungenügens am Wirklichen? Oder ein Ausdruck der Dankbarkeit über genossenes Glück?"[113] Man sollte kein starres Schema daraus machen und einzelne Kunstwerke auch nicht danach beurteilen, ob sie diesem Kriterium entsprechen oder nicht. Ein Mensch kann Zeiten von Dunkelheit und Ärger erleben, in denen das Leben karg ist und Glück unerreichbar scheint. Ein Künstler, der in einer solchen Situation arbeitet, wird lauthals schreiend oder erschöpft ein Nein hören lassen. Die Aufrichtigkeit dieses Neins wird sich aus dem Gesamt seines Werks ergeben. Daran wird man ablesen können, ob sich jemand an dem Nein festklammert, sich darin einrichtet und sich damit identifiziert, was krankhaft oder bösartig sein kann. Oder man wird das Gegenteil feststellen, daß dieses Nein angesichts des Elends und drohenden Todes manchmal der einzig mögliche Schrei ist, wenn das Versprechen eines Lebens in Überfülle und Glück, das einst in der Geschichte der Menschheit ausgesprochen wurde und dessen Buchstaben das Sonnenlicht in die Haut eines jeden Neugeborenen brennt, seine Erfüllung endlos hinausschiebt. Auch in diesem Schrei könnte — um es mit Nietzsche zu sagen — eine Form des „Leidens an der Überfülle des Lebens" stecken. Vielleicht war das Leiden von Richey Edwards von den Manic Street Preachers so eines. Eine Platte, die aus aufrechtem Schmerz hervorgeht, ist etwas ganz anderes als Protest, der nicht mehr ist als der Ausdruck einer kindlichen Frustration und egoistischen Mißbehagens. Ian Brown von The Stone Roses hat scharf beobachtet, daß Feindseligkeit

---

112 Friedrich Nietzsche, *Die fröhliche Wissenschaft,* V 370.
113 Friedrich Nietzsche, K. S. A. XII, S. 119.

und Verbitterung einen Menschen schwach machen. Man solle sich dagegen einmal Nelson Mandela ansehen, sagt er. Dieser Mann habe siebenundzwanzig Jahre im Gefängnis gesessen, unvorstellbar, als wer er dort herausgekommen sei — als ein Diener des Friedens.[114]

Das Zusammengehen von Ja und Nein ist stilistisch sehr deutlich in der Musik von The Jesus And Mary Chain wahrzunehmen. Deren erste Platte, *Psychocandy*, läßt melodiöse Lieder fast völlig im Meer lauter, schriller Feedbacks ertrinken. Leicht hätte man hier den Lärm zum Stil erheben können. Im Lauf ihrer Entwicklung sind die Brüder Reid aber wahre Meister in der Beherrschung raffinierter Studiotechniken bei der Bearbeitung von Gitarrenklängen geworden. Bis heute benutzen sie aggressive, extreme Klänge, doch merkwürdigerweise hat man nie den Eindruck, daß auf ihren zum Bersten vollen Platten ein Quentchen *Lärm* zu viel ist. Lärm um des Lärmes willen gibt es bei ihnen nicht. Jeder Klang hat seine Funktion, als Ausdruck von Genuß, Schmerz, Wut oder Humor. The Jesus And Mary Chain, eine Gruppe, die wegen ihrer gewaltigen Klangwelt bekannt ist, hat zugleich die zärtlichsten Songs geschrieben, die man sich vorstellen kann (wie „About You" oder „Feeling Lucky"). Dieselben Sänger, die die Zeilen

„I've always got the blues
[...] I see the gloom and doom in every room"

erfunden haben („Why'd You Want Me"), haben auch dies verfaßt:

„These days I feel immune
To all the sadness and the gloom
If things fall into place
Get on to the right side of grace."
„These days"

Daß sie sich auch mit so einem tröstlichen Lied vorwagen, ist ein Zeichen von Rechtschaffenheit, von Authentizität ihres ganzen Œuvres.

Was für eine Gruppe zutrifft, gilt auch für die Geschichte des

[114] NME 04. 03. 1995.

Rocks insgesamt. Wenn Gruppen nur wilde, aggressive Glocken läuten ließen, dann könnte man sich fragen, ob die Rockkultur, wie einige befürchten, nicht doch ein Instrument des Abbruchs und ein Symptom des Niedergangs sei. Die Wirklichkeit ist anders. Abbruch und Aufbau, Kritik und Jubel, Trostlosigkeit und Trost, Nein und Ja wechseln einander ab und ergänzen sich. Im Grunde gehören sie zusammen. Zu den stärksten Songs in der Rockkultur gehören viele Liebeslieder („Another Girl, Another Planet" von The Only Ones, „There Is A Light That Never Goes Out" von The Smiths, „Lovesong" von The Cure, „Slide Away" von Oasis, „Ten Storey Love Song" von The Stone Roses etc.). Doch Liebe ist neben Verliebtheit auch ein Feld von Streit und Desillusionierung. Die Ohnmacht, das Klagen, der Schmerz um das Ausbleiben von Liebe werden besungen. Die besten Songs von den Buzzcocks handeln von erträumter Liebe („Fiction Romance") und von verbotener und unerreichbarer Liebe („Ever Fallen In Love [With Someone You Shouldn't Have]?"). In „I Believe" zählt Pete Shelley eine ganze Reihe von Glaubensartikeln auf (Erbsünde, Unbefleckte Empfängnis, ewige Wahrheit etc.), um danach festzustellen, daß es in unserer Welt keine Liebe mehr gebe. Die endlose, verbissene, verbitterte Wiederholung von *„There is no love in this world anymore"* erinnert unvermeidlich an das Hohelied der Liebe von Paulus: „Und wenn ich allen Glauben habe, so daß ich Berge zu versetzen vermöchte, habe aber die Liebe nicht, so bin ich nichts" (1 Korinther 13,2).

Warum wird diese Musik, die eine feurige Sehnsucht nach Liebe, nach wahrer Menschlichkeit zum Ausdruck bringt, fortwährend durch so viel Oberflächlichkeit und Mißbrauch entkräftet? Warum wird Rock, einer der stärksten Kanäle, über die der heutige Mensch verfügt, um Lebensbejahung, Gemeinschaft, Freude, Begeisterung, Leidenschaft, Ärger, Wut, Sehnsucht nach Reinheit, Echtheit und Liebe auszudrücken, warum wird dieses Mittel, das zudem ausgesprochen gut zu der Verwirrung und Unausgereiftheit unserer Zeit paßt, auf allen Seiten ausgebeutet, trivialisiert und entfremdet? Wahrscheinlich, weil diese Musik nirgend anders entstehen konnte als in dieser Unausgereiftheit und dieser Verwirrung, gerade um dabei zu helfen, die Ambivalenz der herrschenden Systeme und der zeitgenössischen Mythen zu verarbeiten und zu übersteigen. Vielleicht gehört es darum auch zur Pflicht eines Intellektuellen, wie Shusterman zu Recht betont, über die zeitgenössischen Kulturformen nachzudenken, um zu verhindern, daß wertvolle Mittel durch den Schleier des Alltags und unter dem „unmenschlichen Druck des ökonomischen Profits" entkräftet und vergewaltigt werden. Es gehe nicht darum, mit neutralem Blick einfach nur zu erforschen. Ziel sei es, den Lebensprozeß zu erhellen und mit in den Kampf zu ziehen, damit das wahrhaft Menschliche in der Gesellschaft und in der Geschichte entdeckt und gefördert werde.[115]

Rock ist wie ein spielerischer Windhauch, der zwischen entgegengesetzten Polen weht — zwischen der Intimität der eigenen Erfahrung und der Ausgelassenheit von Massenversammlungen, zwischen nach außen gerichteter kollektiver Fantasie und nach innen gerichteten, nicht auszudrückenden Träumen, zwischen der Berechenbarkeit des Marketing und der Unberechenbarkeit des Lebens, zwischen lauten Klängen und stillen Emotionen, zwischen Konformismus und Provokation, oberflächlichem Protest und radikaler Bekehrung, zwischen Hintergrundgeräusch und Eingriff, der das Leben verändert, zwischen Mythen und Realität, zwischen Eros und Agape, dem Ich und dem Anderen, Unmittelbarkeit und Vermittlungen, Englisch und der Muttersprache, zwischen Aussichtslosigkeit und Hoffnung, Unheil und Heil, Zwanghaftigkeit und Freiheit, zwischen *rock* und *roll*. Diese Spannungen werden durchlebt, gerade daraus schöpft die Musik ihre Überzeugungskraft. Und hinzu kommt noch etwas. Wie Steiner angemerkt hat (auch wenn er dabei an das klassische Repertoire gedacht hat, trifft das für Rock ebenso zu), schwingt in der Musik neben dem Allermenschlichsten (dem Körperlichen, dem Triebhaften, den Begierden, Herz, Seele, Geist) gleichzeitig auch ein Hinweis auf das „Nicht-Menschliche" mit. In ihr stecken „dämonische oder tröstende, aufregende oder traurige" Kräfte — in großer Musik beides zugleich —, die auf eine Quelle und eine Bestimmung verweisen, die außerhalb der Reichweite des Menschen liegen.[116]

Tiere leben von allein. Menschen müssen das erst lernen. Kunst gibt dabei Hilfestellung. In der Kunst des 20. Jahrhunderts

[115] Richard Shusterman, *Pragmatist Aesthetics*, S. 167, 177, VIII, 45.
[116] George Steiner, *Von realer Gegenwart*, S. 284.

hat sich eine vielgestaltige Tradition entwickelt, die darauf aus ist, ein schärferes Bewußtsein der Wirklichkeit zu erlangen, indem man mit verschiedenen Formen der Verlangsamung des Lebensprozesses arbeitet (von der *Ursonate* von Kurt Schwitters angefangen bis zu den Seh-, Tast-, Hör- oder Fühlübungen von Joseph Beuys oder Rebecca Horn, bei den Minimalisten, auch in der nichtfigurativen Malerei). Rock macht das meist andersherum, indem er die Lebensenergie beschleunigt, antreibt, aufpeitscht. Kunst und Musik sind in unserem Jahrhundert die Mittel geworden, mit deren Hilfe die Menschen zu einem intensiveren, wahreren, menschlicheren Leben geboren werden. Der Umgang mit Kunst und Musik ist in dieser Zeit eine Möglichkeit, aufzustehen und zu existieren, zu wachsen und fruchtbar zu werden, das Leben zu feiern und Leben weiterzuschenken.

„Ein schlechter Roman ist einer, der zu gefallen versucht, indem er schmeichelt, während ein guter anspruchsvoll und ein Glaubensakt ist" (Sartre).[117] Hier liegt der entscheidende Punkt. Literatur, Kunst, Musik bleiben ohne Glauben kraftlos. Unglaube grassiert auch in der Rockkultur.

> *„Es gibt nichts, an das man glauben könnte. [...] Ich denke, daß ich da völlig realistisch bin. [...] Nicht nur was die Liebe angeht und kleine Abenteuer, sondern all das andere, an das ich dachte. Wie Musik, ich dachte, daß das etwas sei, aber sie ist nichts. Wirf einen Blick auf die Industrie, schau dir die Egos an, sieh dir die Arschlöcher an. Ich dachte, daß Drogen etwas wären, aber das stimmt auch nicht."*
> Kim Deal[118]

Dem stehen zum Glück andere Stimmen gegenüber. Seine Rezensionen von *Help*, der bereits genannten Platte zugunsten bosnischer Kinder, beschloß Steve Sutherland mit dem Aufruf:

> *„Bringt Veränderung. Ändert die Geschichte. Fühlt die Kraft. Und vergeßt niemals, daß ihr etwas verändert habt. Nutzt dieses Gefühl immer wieder. Dies ist erst der Anfang."*[119]

---

117 Jean-Paul Sartre, *Qu'est-ce que la littérature?*, S. 70.
118 The Breeders, MM 09.07.1994.
119 NME 16.09.1995.

Solche Worte sind ein Zeugnis des Glaubens an den Menschen, den Anderen, sich selbst, die Geschichte, die Zukunft. Auf diesen Glauben kommt es an. Die Vitalität der Rockkultur, die Feurigkeit der Fans, die Entwicklung der Musik hängen davon ab. Oder wie es vor Jahren bereits von einem damals übrigens ziemlich desillusionierten Robert Smith (The Cure) am Ende eines Songs, der ihm noch immer sehr am Herzen liegt, ausgedrückt wurde:

„*There's nothing left but faith.*"
„Faith"

II
KULTUR

„*Something's going on, don't let it die*
Something's going on, accept it, don't deny
Something's going on, don't let it die
[...]
Do you wanna give
Do you wanna live
[...]
Do you wanna change
[...]
Don't let them tell you, you'll never change the game"

Ride, „Don't Let It Die"

1

Rock spricht an als eine Sprache dieser Zeit. Die Musik entspricht einem Lebensgefühl, das aus tiefgreifenden Verschiebungen in der westlichen Kultur hervorgegangen ist. Um diese Verschiebungen zu verstehen, bietet *Le temps des tribus* des französischen Soziologen Michel Maffesoli einen interessanten Ausgangspunkt.

Maffesoli stellt das Weltbild und das Lebensgefühl des heutigen postmodernen Menschen dem Weltbild seines Vorgängers,
des modernen Menschen, gegenüber. Die Moderne war das Zeitalter der Rationalität. Sowohl die Sicht von Gesellschaft als auch
ihrer Organisation beruhte auf dem Prinzip der Vernünftigkeit.
Geschichte wurde als ein Fortschrittsprozeß angesehen, dessen
Gesetzmäßigkeit aufgedeckt und dessen eigentliches Ziel angegeben werden konnten. Starke ökonomische und politische
Strukturen erlegten dem sozialen Leben ihre Gesetze auf und
wurden von klaren ideologischen Doktrinen legitimiert. Jedes
Individuum erhielt eine Identität und Verantwortung zugeteilt,
abhängig von dem gesellschaftlichen Zukunftsprojekt. Die Gesellschaft sah wie ein hierarchisches Ganzes aus. Das separate,
selbständige Individuum war mit seiner autonomen Freiheit vertraglich mit dem allem übergeordneten Staat verbunden. Allgemeine Rechte und Pflichten wurden festgelegt, Unterschiede untereinander vernachlässigt. Man dachte vorwiegend rationalistisch: Alles mußte analysiert und nach dem Ursachenprinzip
erklärt und bewiesen werden. Doch aus diesem Prinzip allein
schon erwuchsen eine Reihe von Problemen. Das stark betonte
individuelle Bewußtsein konnte, als Folge der eingreifenden ideologischen und ökonomischen Strukturierung der Gesellschaft,
Gefühle der Entfremdung erleben. Das theoretische, kritische
Denken, das zu einer rationalistischen Philosophie gehört, wurde auf eine einseitig instrumentelle Methode verkürzt, die nur
auf Nützlichkeitserwägungen achtete, mit Sinnfragen aber
schwer umgehen konnte. So hat die Moderne allmählich zur
„Entzauberung der Wirklichkeit" (Max Weber) geführt.

Nach Meinung von Maffesoli befinden wir uns heute in einer

neuen Phase. Zentral sei nun die Wahrnehmung von Gesellschaft als einem organischen Ganzen, dessen Zusammenhang sich weniger aus rationalen Überlegungen als vielmehr aus instinktiven Prozessen ergebe. Das Ideal eines durch und durch rationalen Wissens sei ersetzt worden durch ein vitalistisches Denken, das von einer globalen, holistischen Methode gekennzeichnet sei. Man höre nicht mehr auf die Argumentation der Vernunft, sondern lausche eher dem Pulsschlag des Lebens. Man wolle durchlebtes Wissen. Inhalt und Richtung der Geschichte verschwömmen. Großangelegte Perspektiven gebe es nicht mehr. Ideologien funktionierten nicht mehr. Man lebe im Hier und Jetzt und erfinde neue Riten, die den Lebensdrang und den Tod beschwören sollten. Der Mensch erlebe sich nicht mehr als vereinzeltes Individuum mit klarem moralischem Auftrag, das den übergeordneten Organen und Strukturen unterworfen sei. Er erlebe sich selbst spontan als jemand, der an einem Gruppengeschehen teilnehme, das auf affektiven Beziehungen beruhe. Nach Maffesoli liegt hier gerade das Typische unserer Zeit: Der Individualismus ist einer kollektiven Lebensweise in zahlreichen lokalen, oft kleinen „Stämmen" (tribus) gewichen, an denen man eher informell, aufgrund von Affinitäten teilnehme. Während das Bewußtsein von der eigenen Individualität zurückgehe, erhalte nun das kollektive, organische Unbewußte, das dem rationalen und selbstbewußten Denken vorausgehe, die Oberhand. In dieser Stammesverwandtschaft suche man Nähe und Wärme, und auf der Basis von Gefühlen versuche man, gemeinsam Lebensmöglichkeiten zu erkunden. Das Projekt der Moderne mit seinen starken Strukturen, der rationalen Verantwortung und universalisierenden Tendenzen habe in einer multikulturellen Gesellschaft keine Chance mehr, in der zahlreiche, sehr unterschiedliche Gruppen neben- und durcheinander bestünden und die den gefühlsmäßigen Impulsen des Augenblicks Gestalt geben wollten, während man weder über eine strenge Definition der Gegenwart noch über eine klare Sicht von Zukunft mehr verfüge.

Viele der Kennzeichen, die nach Maffesoli für unsere Zeit typisch sind, findet man in der Rockkultur wieder: Veränderlichkeit, Flexibilität, Instinkt, tobende Massen, die Lebendigkeit lokaler Gruppen, das Aufgehen im Hier und Jetzt, die Logik der Leidenschaften vor dem Verstand, eine Solidarität, die auf „Feeling" beruht und nicht auf ideologischen Programmen, die Abkehr von hierarchischen und übergeordneten Instanzen.

Man wirft der heutigen Gesellschaft oft Narzißmus und Individualismus vor. Dieser Vorwurf wird jedoch von Maffesoli — nicht zu Unrecht — zurückgewiesen. In der sogenannten Krise des ideologischen Überbaus und in der politischen Gleichgültigkeit der jüngeren Generation sieht er kein Zeichen für gesellschaftlichen Verfall, sondern einen Beweis dafür, daß sich die Gesellschaft heute nach neuen Formen von „Sozialität" entwickle. Das Phänomen der „Stämme" zeige, daß der Mensch nicht in seine eigene kleine Welt flüchte, sondern sich mit einer Gruppe identifiziere, deren kollektiver Körper substantieller werde als das individuelle Ich.

Faszinierend ist die religiöse Dimension, die der Autor (u. a. durch den Einfluß von Durkheim und Troeltsch) im kollektiven Leben sieht. Während die westliche Tradition Gott als ein transzendentes und übermächtiges Wesen aufgefaßt habe, das abgehoben von der irdischen Realität sei, werde das Göttliche heutzutage im kollektiven Leben selbst als eine Art „immanente Transzendenz" erfahren. Der Einzelne gehe auf in dem größeren Ganzen der Gemeinschaft, die seine Individualität übersteige und mit der er sich auf eine spontane, intuitive, „mystische" Weise verbunden fühle. Er gerate in den Bann einer untergründigen, geheimnisvollen Kraft, die der Gesellschaft innewohne und sie zusammenhalte. Gerade wegen dieser faszinierenden Kraft werde die Gemeinschaft als eine göttliche Realität erlebt.

Dieses kollektive Leben sei ein emotionales und verbindendes Geschehen, das sich in Mythen ausdrücke. Der Mensch der Gegenwart partizipiere an der mythischen Wirklichkeit, er brauche wieder Helden und Götter, in denen er sich spiegele und durch die er sich mit seinen Schicksalsgefährten verbunden fühle. An die Stelle des einen Gottes seien eine Reihe „körperlicher Idole" getreten. Beeinflußt von Nietzsche nennt Maffesoli diese Form von Religiosität dionysisch. Das scheint tatsächlich der treffende Ausdruck zu sein, wenn man die Beobachtungen von Jean-Pierre Vernant hinzuzieht. Nach Auffassung dieses bedeutenden Fachmanns des griechischen Altertums führte der Kult des Dionysos ein neues Element in das religiöse Empfinden der Griechen ein. Die bürgerliche Religion hatte eine stabile und genau umschriebene Götterwelt vor Augen, mit Zeus an der Spitze, der auch Garant für die politische Ordnung war. Diese etablierte Ordnung wurde von Dionysos durcheinandergebracht, dem Gott, der den befremdenden, unfaßbaren und verwirrenden Aspekt des Sakralen verkörpert und verschiedene Elemente auf sich vereint, ohne daß er auf eines von ihnen zu reduzieren wäre. Widersprüche zwischen Wirklichkeit und Fiktion, Männlichem und Weiblichem, Irdischem und Himmlischem, Natürlichem und Übernatürlichem, zwischen dem Gebildeten und dem Barbarischen, zwischen Jung und Alt werden in ihm aufgeweicht. Das Dionysische wird in Erfahrungen der Trunkenheit und des Rausches als eine Kraft erlebt, die enthemmt und verstört, die den gewöhnlichen Gang der Dinge umstürzt, die mit Aussehen und Masken spielt. Es ist eine Gewalt, die einen überwältigt, die einen nicht dem irdischen Leben entzieht, einem aber vermittelt oder von einem erzwingt, anders zu werden, als man gewöhnlich ist.[120]

Solche Kennzeichen einer dionysischen Religion lassen sich leicht wiederfinden in der heutigen Gesellschaft, so wie Maffesoli sie schildert. Man entdeckt sie auch mühelos in der Rockkultur. Und doch ist es nicht hinreichend, unsere Zeit und Gesellschaft auf diese Weise zu beschreiben. Es stellen sich nämlich einige Fragen. Ausgelassene Feste, ekstatische Erlebnisse, begeisterte Massen — das sind Phänomene, die wir kennen. Doch der Name des Dionysos wird selten erwähnt. Wo stecken die Mythen unserer Zeit? Was sind „körperliche Idole", von denen Maffesoli spricht? Es trifft zu, daß das emotionale, auf Beziehungen ausgerichtete Leben heutzutage im Vordergrund steht. Die Leute fühlen sich in den verschiedenen Gruppen miteinander verwandt. Doch wird dieses kollektive Leben wirklich als etwas Sakrales erlebt? Warum verdrängt man das Verstandesmäßige, Programmatische, Weltanschauliche? Es ist Maffesoli nicht entgangen, daß die gegenwärtige Zeit auch von einer Heuchelei gekennzeichnet ist. Der postmoderne Mensch tut oft als wenn, spielt ein falsches Spiel, macht mit, doch nur auf Distanz. Spott, Ironie, Verspieltheit, zum Beispiel im Angebot der Medien, aber mehr noch in der Haltung gegenüber den Medien, sind Verteidigungsmechanis-

[120] Jean-Pierre Vernant, *Mythe et religion en Grèce ancienne,* Paris, Seuil, 1990, S. 99–103.

men, mit denen er zu überleben versucht. Man wehrt sich gegen den sachten Totalitarismus des herrschenden Systems, wenn auch ohne große Überzeugung. Weil man sich im klaren ist, daß die Welt mit ihren komplizierten Strukturen nicht leicht zu verändern ist, lernt man, mit ihr zu leben. Formen sozialen Lebens werden ausgetestet, die an das, was „Gemeinschaft" ist oder sein könnte, zwar erinnern, dieses aber selbst noch nicht verwirklichen.[121]

Das dionysische Element, welches das lokale Gruppengeschehen sakralisiert, ist also nur eine Seite der Medaille. Die andere Seite der gesellschaftlichen Realität ist Zurückhaltung und Skepsis. Viele Haltungen zeugen nach Meinung Maffesolis von „non-adhésion" (Nicht-Hinzutreten). Der Soziologe interpretiert diese Tatsache positiv als die Weise, wie sich das Volk vor entfremdenden Instanzen schützt und sich seine Lebenskräfte sichert. Es fragt sich jedoch, wie weit die Zurückhaltung geht. Gilt sie nur für größere gesellschaftliche Organe, oder betrifft sie auch das soziale Geschehen innerhalb der Stämme, das vielleicht aus diesem Grunde so flüchtig, vorläufig, so unverbindlich ist? Geht man wirklich in dem dionysischen, sakralen, kollektiven Geschehen — wie klein es auch sei — auf, oder muß man nicht auch dort feststellen, daß der Mensch nur halb mitmacht, sich nicht mit Leib und Seele hingibt? Anscheinend übersieht Maffesoli dieses Problem. Seine begeisterte Sichtweise und sein hektischer, impulsiver Schreibstil, der leichtfertig mit Worten umspringt und viel zusammenträgt, ohne es gründlich aufzuarbeiten, zeigen deutlich Grenzen. Seine Sichtweise bringt jedoch eine Reihe fundamentaler Aspekte der Gegenwart ins Spiel, an denen wir nicht vorbei können: das Verwerfen rationaler Interpretationen, die Bedeutung des emotionalen und verbindenden Gruppengeschehens, die mythische Dimension und die ungelöste Frage, warum heutzutage oftmals eine offene Zustimmung und integrale Hingabe an die Wirklichkeit, die sich anbietet, ausbleiben.

---

[121] Vgl. Michel Maffesoli, *Le temps des tribus*, S. 80–86.

2

Mit ihren Wurzeln in der jüdisch-christlichen Tradition und in der griechischen Philosophie war die westliche Tradition eine Kultur des Wortes. Worte sind fantastisch. Sie ermöglichen es dem Menschen, über das zu reden, was ist und was nicht ist, über das Vergangene und das Zukünftige, über Wirklichkeit und Fantasie, über Gut und Böse. Unsere Tradition glaubte fest daran, daß Worte und Wirklichkeit zueinander passen. In der Sprache der Menschen offenbarte sich der Sinn der Dinge, und sprechend fand der Mensch Antworten auf die Herausforderungen des Lebens. Man ging implizit davon aus, daß die Wirklichkeit ohne das Wort noch nicht ganz verwirklicht sei (so wurde die Liebe erst durch das Ja-Wort bei Vollzug der Heirat substantiell, real). Nach George Steiner wurde der Vertrag zwischen Wort und Welt in unserer Zeit gebrochen. Daher bezeichnet er die heutige Situation als eine „Kultur nach dem Wort", in der es das Vertrauen in die Sicherheit des Sprechens nicht mehr gebe. Wir sprechen noch, vielleicht mehr und lauter als je zuvor, aber der Inhalt unserer Worte ist zu einem Großteil verdampft.

In seinem Buch *Von realer Gegenwart. Hat unser Sprechen Inhalt?* (*Real Presence*, 1989) macht sich Steiner auf die Suche nach Stationen, die zu der heutigen Situation geführt haben. Seiner Meinung nach hat der Vertragsbruch zwischen Wort und Welt im Lauf des 19. Jahrhunderts angefangen. Den Beginn des Prozesses macht er bei Mallarmé fest, der nicht länger von einer Übereinstimmung zwischen Sprache und Wirklichkeit ausging. Für diesen Dichter war das Wort „Rose" nicht in erster Linie ein Surrogat für eine wirkliche Blume, sondern eine rein linguistische, „sprachliche" Realität. Während die traditionelle Kultur zumindest implizit davon ausging, daß Worte eine reale Gegenwart der korrespondierenden Wirklichkeit mit sich bringen, verbindet Mallarmé die Reinheit der Sprache mit einer abwesenden Realität. „Die Wahrheit des Wortes ist die Abwesenheit der Welt."[122] Sprache handelt nicht von der Welt, sondern von sich selbst. Ei-

---

[122] George Steiner, *Von realer Gegenwart*, S. 132.

ne nächste Station entdeckt Steiner in dem berühmten Satz von Rimbaud: „Je est un autre". Einst habe sich der biblische Gott als „Ich bin der Ich bin" offenbart (Bibelwissenschaftler streiten noch immer um die richtige Übersetzung des hebräischen Urtextes), aber im heutigen Bewußtsein entstehe ein Bewußtsein dafür, daß „Ich" und „Ich" nicht zusammenfielen. Das Wort decke die Wirklichkeit nicht länger. Der Satz von Rimbaud habe anthropologische, ontologische und theologische Implikationen. Die Verbindung zwischen Sprache und Wirklichkeit sei ausgehebelt. Weiter verweist Steiner auf den Einfluß der Sprachphilosophie (Wittgenstein), der Linguistik und der Psychoanalyse. Zum Schluß faßt er die Bedeutung einer Tradition zusammen, die er mit dem Begriff „Sprachkritik" kennzeichnet. Dabei denkt er an eine Reihe von Schriftstellern (Hofmannsthal, Kraus, Kafka, Canetti), die mit der Ohnmacht, dem Trügerischen, der Verstellung der Sprache heftig gerungen haben. Alle diese Schriftsteller hätten bereits erlebt, daß politische Debatten, soziale Programme, philosophische Argumentationen und Journalistik den Saft der Sprache ausgetrocknet und ihren Einfluß vernichtet hätten. Dadurch scheine die Sprache nicht mehr in der Lage, das Tiefere in Worte zu fassen. In seinem Stück *Moses und Aaron* führe Arnold Schönberg Aaron als einen sprachgewandten Mann vor, der ausführlich von Gott zu reden verstehe, aber gerade darum auch der Mann werde, der die Lügen des Goldenen Kalbs zulasse. Gott aber habe sich Moses offenbart, dem Stotterer, der nicht imstande war, etwas Sinnvolles über die Gegenwart Gottes oder über das Leiden in der Geschichte zu sagen. Menschliche Sprache sei Lüge, der brennende Dornbusch aber die eigentliche Sprache Gottes.[123] Das Mißtrauen gegenüber dem Wort, das sich in der „Sprachkritik" ausdrückt, ist indessen in unserer Kultur stark verbreitet.

Den philosophischen Niederschlag dieses Prozesses findet Steiner im Dekonstruktivismus wieder, einem Denken, das sich vom Logozentrismus der westlichen Tradition absetzt. Die Allmacht der Sprache werde unterminiert. Worten gelänge es nicht, die Wirklichkeit zu erfassen oder näherzubringen. Sie webten ein Gewebe von Zeichen, deren eigentliche Bedeutung aber ständig

[123] A. a. O., S. 151.

aufgeschoben werde. Die Brücken zwischen Sprache und Welt würden gesprengt. Worte stünden in keiner direkten Beziehung mehr zur Realität, die sie aufzurufen versuchten, bestenfalls seien sie noch Spuren einer Wirklichkeit, die sie nie echt verträten, die immer abwesend bleibe. Das dekonstruktivistische Denken untersuche alles, was in einem Text hake, erwarte die größten Offenbarungen von Kommata und Häkchen, gehe dem nach, was verborgen und unausgesprochen bleibe. Was nicht im Text stehe, werde auf diese Weise wichtiger als das, was man lese. Worte verwiesen immer auf andere Worte und Texte auf einen Kontext. Definitives Wissen und stabile Kenntnisse seien ausgeschlossen, jede Einsicht werde problematisiert und Stein für Stein abgetragen.

Die dekonstruktivistische Philosophie ist für Steiner ein jüngstes Symptom des Kontaktbruchs zwischen Wort und Welt, der, wie sich gezeigt hat, nicht von heute auf morgen stattgefunden hat. Es gebe historische Tatsachen, die bei diesem Prozeß höchstwahrscheinlich schwerer wögen als literarische Werke und theoretische Betrachtungen. Ein früherer Aufsatz von Steiner, *In Bluebird's Castle* (1971), hatte sich bereits mit den Folgen der Konzentrationslager für die westliche Kultur beschäftigt. Worte wie Himmel, Hölle, Gott, Versöhnung wurden unmöglich gemacht. Auch ein anderer jüdischer Denker, Emmanuel Levinas, hat auf die Bedeutung von Auschwitz für die heutige Kulturgeschichte hingewiesen. Dort habe für ihn „der Tod Gottes" aufgehört, ein philosophisches Thema zu sein. Dort sei Gott wahrhaftig gestorben, sei seine Offenbarung rückgängig gemacht worden.[124] Adorno wiederum hat sich gefragt, ob man nach Auschwitz noch Gedichte schreiben und philosophieren könne, was letztlich auf die Frage hinausläuft, ob der Mensch eigentlich noch sprechen oder überhaupt Mensch sein könne...

Noch andere Ereignisse haben in unserem Jahrhundert das Vertrauen in politische Utopien und ideologische Programme vollständig untergraben. Sie führten nur zu Scheinheiligkeit, Tyrannei und Gewalt. Die Korruption in der Gesellschaft, im kleinen wie im großen, macht Gesetzgebungen und Absichtserklärungen unglaubwürdig. Hinter schönen Worten verbirgt sich

---

[124] Emmanuel Levinas, *Humanisme de l'autre homme,* Fata Morgana, 1972, S. 44.

eine Wirklichkeit von Kompromissen, Unaufrichtigkeit, Mißbrauch und Betrug. Äußerungen in der Öffentlichkeit stimmen
nur halb mit den realen Zuständen überein. Michel de Certeau
hat die Ohnmacht des heutigen Sprechens mit der Allmacht der
unsichtbaren, anonymen Strukturen in Zusammenhang gebracht,
die das Leben bestimmen. Einerseits habe der „ökonomische Im-
perialismus" den Markt der Kultur erobert. Politiker und Ideologen würden zwar noch schön argumentieren und auf traditionelle Werte verweisen, die eigentliche Macht aber liege derzeit
bei den Technokraten und Managern, nicht mehr bei den Politikern und Ideologen. Ihr Reden werde von daher folkloristisch.
Andererseits werde die ganze Tonleiter der menschlichen Bedürfnisse und Begierden von den Medien abgebildet und ausgebeutet.
Die Öffentlichkeit sei voller Lügen. Die Schlußfolgerung des
Autors ist klar:

> *„Vielleicht ist dies die wichtigste und paradoxeste Folge der Ent-
> wicklung der Massenmedien. Es entsteht ein Bruch zwischen dem,
> was gesagt wird, aber nicht real ist, und dem, was erlebt wird,
> aber nicht mehr gesagt werden kann. Die Sprache wird Fiktion
> im Vergleich zu einer alltäglichen Wirklichkeit, die über keine
> Sprache mehr verfügt. In der Erlebnisgesellschaft hat die Über-
> produktion der Bedeutungen zur Folge, daß es unmöglich ge-
> worden ist, eine passende Ausdrucksweise zu finden. Mitteilungen
> gibt es in Hülle und Fülle, sie sättigen die Atmosphäre, und
> täglich müssen die Städte mit einem Heer von Mülleimern ent-
> sorgt werden; aber ihr Scheppern schafft eine Abwesenheit des
> Wortes."* [125]

So spielen ökonomische Strukturen und Massenmedien dem Zustand in die Hand, der von Steiner als eine Kultur nach dem
Wort beschrieben wird.

Ein weiterer Faktor ist die Inflation der Interpretationen, mit
denen der heutige Mensch vielen Situationen zu Leibe rückt.
Politische, gesellschaftliche und existentielle Phänomene werden
mit Hilfe soziologischer, demographischer, ökonomischer, psy-
chologischer, psychoanalytischer, anthropologischer oder kul-
turtheoretischer Modelle erklärt. Sobald man über das eine oder

---

[125] Michel de Certeau, *La culture au pluriel*, S. 210.

andere wissenschaftliche Paradigma verfügt, fühlt man sich beruhigt. Ein Mord, ein Krieg, ein Unfall — alles hat seine Ursache. Humanwissenschaftliche Interpretationen können jedoch auch irritieren. Einerseits sind sie häufig positivistisch angehaucht (nach dem Vorbild der Naturwissenschaften, die für jedes Phänomen eine beweisbare Ursache suchen) und neigen dazu, die komplexe menschliche Wirklichkeit auf einige greifbare und meßbare Tatsachen zu verengen. Andererseits sind sie das Werk von Spezialisten, die eine eigene Fachsprache entwickeln und damit den Eindruck von Abstraktion erwecken. Ich verstehe mich selbst zwar nicht, aber der Psychologe wird das schon alles normal finden. Zwischen Erleben und Interpretation klafft in Wirklichkeit eine tiefe Kluft. Der kritische Verstand läuft Gefahr, mit seinem ungeordneten Interpretationsdrang die eigentliche Dynamik des Lebensprozesses zu verkennen. Erklärungen sind jedenfalls immer auf der Suche nach vorausgegangenen Ursachen, und die liegen in der Vergangenheit. Aber — wie Sartre es mit seiner Abneigung gegen positivistisches, kausalistisches Denken so brillant ausgedrückt hat — menschliche Phänomene können niemals mit der Vergangenheit erklärt werden. Sie könnten nur von einer Zukunftsperspektive her erhellt werden, weil das die Richtung des Lebensverlaufs sei. Unterdessen aber hat die Arroganz der wissenschaftlichen Erklärungsmodelle das Mißtrauen gegenüber theoretischem Denken und der Fähigkeit des Menschen, Erfahrungen zu versprachlichen, bestärkt. Auch dies ist ein wichtiger Aspekt unserer Kultur nach dem Wort.

Wozu hat das alles geführt? Der Bruch zwischen Wort und Wirklichkeit hat bei großen Künstlern wie Bram van Velde, Rothko, Bacon, Beuys, Richter zu einer gründlichen Abneigung gegenüber jeglicher Form von Interpretation ihres Werks geführt. Was dies betrifft, ist das mißlungene Gespräch zwischen Gerhard Richter und dem Kunsttheoretiker Benjamin H. D. Buchloh ein schönes Beispiel.[126] Der angesehene Professor deutet die Kunst des 20. Jahrhunderts — von Duchamp bis heute — als einen Prozeß des Aussterbens, als Geschichte des Todes der Ma-

---

126 Benjamin H. D. Buchloh, „Interview mit Gerhard Richter", in: *Gerhard Richter*, Bonn, Kunst- und Ausstellungshalle der Bundesrepublik Deutschland, 1993 (Ausstellungskatalog), Teil II, S. 81–96.

lerei. Mit dieser Brille betrachtet er Richters vielseitiges Œuvre als Statements, die die heutige Unmöglichkeit von Kunst dokumentieren. Der Maler selbst aber kann sich darin schwer wiederfinden. Was für einen Sinn sollte das haben, fragt er erregt. Für ihn sei das Malen eine Möglichkeit, auf der Leinwand eine Wirklichkeit entstehen zu lassen, die besser und vernünftiger sei als der Mensch, eine Wirklichkeit, die Wahrheit und Zukunft ansage, die die Armseligkeit der weltlichen Verhältnisse übersteige. Für eine derartig hoffnungsvolle Erwartung bringt der Theoretiker, der wegen seiner sozialen Stellung großes Ansehen genießt — als wenn er darum in allen Dingen Bescheid wüßte —, wenig Verständnis auf.

Der Ärger über das heutige überreichliche Theoretisieren gehört zu der Kultur unseres Jahrhunderts und hat eine leidenschaftliche Abneigung gegenüber Begriffen, ja einen regelrechten Widerstand gegen das Wort entfacht. „Wir sind mit Berichterstattungen, Vorlesungen, Humanismen übersättigt, es lebe der Luftstrom des Unlesbaren, des Unverständlichen, des Offenen!" schrieb Camille Bryen in einem Text, den er „le premier poème à dé-lire", das erste Gedicht zum Ent-Lesen (zusammengeschrieben bedeutet délire natürlich auch Wahnsinn, Verführung, Begeisterung) genannt hat. Dieser Protest gegen den Machtmißbrauch des Wortes zieht sich wie ein roter Faden von Dada bis Punk durch unser Jahrhundert. So wie der Revolutionär nach Sartre nicht beabsichtigt, Geschichtsbücher zu lesen, sondern Geschichte zu machen,[127] so will der heutige Künstler schöpferisch mit dem Leben umgehen, lieber jedenfalls, als Zustände zu erklären, und so sehnen sich Zeitgenossen danach, Liebe zu erleben, statt zum soundsovielten Male erklärt zu bekommen, wann Liebe funktioniert und warum so häufig nicht. In den Talk-Shows im Fernsehen möchte man heutzutage keine Betrachtungen von Intellektuellen mehr hören, keine Erklärungen von Spezialisten, sondern Berichte von Menschen erleben, die Krisen durchmachen und mit denen man emotional sympathisieren kann.[128] Eine ähnliche Ablehnung theoretischer Interpretationen findet man vielfach auch in der Rockkultur.

[127] Jean-Paul Sartre, *Situations philosophiques,* S. 134.
[128] Alain Ehrenberg, *L'individu incertain,* S. 196–197.

„Don't analyse our band."
Noel Gallagher[129]

„Ich möchte lieber nicht wissen. Ich verstehe dieses Bedürfnis nicht, alles aufzudröseln."
Stephen Malkmus[130]

„I'm not very analytical. I think people who are like that tend to analyse things out of existence."
Jason Pierce[131]

Der Verlust der Autorität des Wortes und des theoretischen Denkens hat tiefgreifende Folgen für die Daseinserfahrung. Erstens droht die Realität auf die Emotionen zu schrumpfen, die sie weckt. Die Welt verliert die Konsistenz, die ihr die Worte und Vorstellungen gaben. Sie bedeutet nichts mehr, scheint chaotisch, wird weniger real. Was bleibt, sind nur noch unbeständige und undurchsichtige Gefühle:

„No, the world on a string doesn't mean a thing
It's only real in the way that I feel from day to day."
Neil Young, „World On A String"

Eine Wirklichkeit ohne Worte wird weniger wirklich. Dadurch droht auch das innere Leben zu verarmen. Das Ich wird weniger real, wenn es nicht mehr reden kann. Ein Mensch, dem keine Worte zur Verfügung stehen, um seine Erfahrungen auszudrükken und in einen größeren Zusammenhang zu stellen, wird sich ausleben und abreagieren müssen. Wer es nicht mehr versteht, die Dinge mit seinem Verstand zu verbalisieren, versucht, seine Probleme mit seinem Körper zu durchleben, der „somatisiert". Armut an Worten kann sowohl zu pathologischem Verhalten als auch zu Formen von Abhängigkeit (Drogen u. a.) führen.[132]
    Zweitens wird durch den Bruch zwischen Wort und Wirklichkeit tief im Herzen des Menschen auch der Glaube an das Leben selbst berührt. Wenn Ideologien, Programme, Interpretatio-

---

[129] Oasis, NME 04. 06. 1994.
[130] Pavement, *Les Inrockuptibles*, Nr. 4, 05.–11. 04. 1995.
[131] Spiritualized Electric Mainline, NME 21. 01. 1995.
[132] Vgl. Alain Ehrenberg, *L'individu incertain*, S. 135–138.

nen und Berichterstattungen infolge der obengenannten Faktoren unglaubwürdig klingen, wird letztlich das Leben selbst unglaubwürdig. Hat dann alles überhaupt noch Sinn? Wenn die Sprache, die Menschen sprechen, ständig betrügt, lügt dann nicht auch das Leben selbst? Wir tun zwar noch, „als wenn", aber glauben nicht mehr daran. Sobald hinter allen bezaubernden Worten und spannenden Erfahrungen die Wirkung der blinden ökonomischen Mechanismen entdeckt wird, geht deren Bedeutung verloren. Auch kulturelle Güter, Kunst und Musik, werden auf den Kanälen, die Waschmittel und Mikrowellenherde an den Mann bringen, produziert und verbreitet. In der Bilderflut des Fernsehens und der sogenannten neutralen Berichterstattung der Nachrichten werden alle Dimensionen des Daseins und alle Phänomene des Lebens gleichgeschaltet, banalisiert. So sind die kulturellen Güter selbst zu Doppeldeutigkeit und Unbedeutendheit verurteilt. Auch wecken sie im Menschen keinen ungeteilten Glauben mehr. Michel de Certeau hat auf diese Krise des Glaubens (in einem weiteren, nicht unbedingt religiösen Sinn) aufmerksam gemacht.[133] Im ersten Teil dieses Essays hat sich gezeigt, daß sich das Unvermögen zu glauben auch in der Rockkultur findet und der Hingabe an die Musik im Weg steht.

Mit diesem Nicht-mehr-an-das-Leben-Glauben hängt auch die allgegenwärtige Taktik der Leugnung, der Verneinung zusammen. Tiefe Gefühle werden kaschiert, man vermeidet es, sich eine Blöße zu geben, man verbirgt sich hinter der öffentlichen Meinung oder hinter konsensfähigen Interpretationen. Man spürt zwar, daß sich etwas im Inneren regt, nach außen aber tut man gleichgültig. *„Play it cool"* heißt der Wahlspruch,[134] ein Ausdruck, dessen Doppeldeutigkeit — *„cool"* kann sowohl „zurückhaltend, distanziert" bedeuten als auch „ruhig, gemütlich", so wie die Franzosen zur Zeit sagen: *„c'est cool"*, *„il est cool"* — als eine Strategie der Verneinung und Vermeidung angesehen werden kann. Der Spott, die Ironie und die Verspieltheit, auf die Maffesoli hingewiesen hat, haben damit zu tun. Es sind Verteidigungsmechanismen, die zwar zu überleben helfen, die aber eine tiefere Verarbeitung der Herausforderungen des Lebens und der gesellschaftlichen Probleme behindern.

---

[133] Michel de Certeau, *La culture au pluriel,* S. 19–25, 177.
[134] Vgl. George Steiner, a. a. O., S. 178.

Der Verneinung sind wir schon früher in der Rockkultur begegnet. Im Zusammenhang mit der Fülle des Lebens, die bei Auftritten von Oasis greifbar in der Luft liegt, wurde ein Zitat angeführt, in dem der Rockkritiker Taylor Parkes seine Empfindungen so verbalisiert: „Es ist, *als wenn* etwas wirklich wichtig war, *als wenn* das Leben wichtig war". Die Formulierung „als wenn" bringt die Doppeldeutigkeit der Behauptung zum Ausdruck: es ist zwar so, aber doch nicht ganz. Sie ist ein Hinweis auf das Zögern, sich hinzugeben, etwas voll zu bejahen, zu einem bedingungslosen Glauben überzugehen. Hinter einer solchen Formulierung verbirgt sich Unglaube. Explizit wird der Glaube und implizit wird der Unglaube verneint. Einerseits bekennt man ausdrücklich, daß man nicht glaubt, daß es tatsächlich so ist (es ist, als wenn, es scheint nur so), aber andererseits geht man nicht ausdrücklich auf die inneren Gründe ein, die eine völlige Hingabe verhindern. Die Strategie der Verneinung hat einen Zugriff auf die schwer zu lokalisierende Scharnierstelle, an der der berechtigte Protest gegen den Mißbrauch der Worte in einen konfusen Widerstand gegen deren legitimen Gebrauch umschlägt. Nicht jedes Wort ist verwerflich. Nicht jede Sprache betrügt. Unsere Kultur nach dem Wort muß noch unterscheiden lernen.

3

Mit dem Schal-Werden des Wortes geht die Schärfung des Gehörs einher. Musik wird äußerst wichtig. Statt Wirklichkeit auszudrücken, debattieren Philosophen nur über die Wirklichkeit, fand E. M. Cioran, der sagte: *„A quoi bon fréquenter Platon, quand un saxophone peut aussi bien nous faire entrevoir un autre monde?"*[135] Die Hauptfigur in Sartres Roman *La nausée*, Roquentin, der von der Verirrung der Worte heftig mitgenommen war *(„Les mots s'étaient évanouis et, avec eux, la signification des choses")*, wird jedes Mal von seiner Trostlosigkeit kuriert, wenn er die Jazzplatte eines jüdischen Musikers und einer schwarzen Sängerin hört. In einer schwammartigen, weichen, unwirklichen Welt ohne Worte vermittelt dieses Lied Stabilität, Festigkeit, Schönheit, Freude und Rettung aus der Sinn- und Seelenlosigkeit des Daseins. Wird diese Erfahrung derzeit nicht von vielen geteilt?

1937 hielt Valéry eine Rede, in der er von der Bedeutung der Poesie in seiner Jugend sprach. Damals seien Gedichte für ihn lebensnotwendig gewesen. Sie ermöglichten es ihm und seinen Freunden, das Leben direkt zu fühlen, ohne die Vermittlung über Kommentare oder Argumentationen. Man fühlte sich von ihnen persönlich angesprochen. Sie eröffneten einen Horizont für das, was noch nicht war, und halfen, dem, was schon war, Widerstand entgegenzusetzen. Sie veränderten das Herz. Dieser Kontakt mit Poesie war um so folgenschwerer, als Metaphysik und Religion unter heftigem Beschuß standen, die Wissenschaften ihre Versprechen nicht einlösten und die willkürliche Interpretation von Texten keinen einzigen Halt mehr bot.[136] Sechzig Jahre später ist die Situation nicht besser geworden: Ideologien funktionieren nicht mehr, Metaphysik und Religion sind außer Atem, die negativen Seiten des wissenschaftlichen Fortschritts werden immer deutlicher, und der Wildwuchs der Interpretatio-

---

[135] Aus: *Précis de décomposition*, zitiert von Luc Devoldere in „De gouden kooi van de stijl. E. M. Cioran", *Streven*, September 1994, S. 712.
[136] Paul Valéry, „Nécessité de la poésie", in: *Œuvres* I, Paris, Gallimard (Pléiade) 1957, S. 1378–1390.

nen schreitet einfach voran. Der Unterschied zu Valéry liegt darin, daß für ihn die Poesie und für uns die Musik lebensnotwendig geworden sind. Freunde, die nie enttäuschen, die immer zum Schweigen oder zum Reden zur Verfügung stehen, die überallhin mitreisen, aufmuntern und trösten, die einen aufmerksam machen auf das, was los ist, und den Kern der Dinge zu entdecken helfen — für Petrarca waren das beredsame Bücher, in unserer Zeit aber sind das CDs. „We learned more from a three minute record than we ever learned in school" (Bruce Springsteen, „No Surrender").

Der Humanist der Renaissance war ein Mensch des Auges. Nach Meinung Albertis, eines Florentiner Humanisten, der 1435 einen einflußreichen Traktat über die Malerei veröffentlichte, und nach Meinung Leonardo da Vincis besitzt das Auge ein höheres Vermögen als das Ohr. In der Hierarchie der Künste stellten sie die Malerei über alle anderen und ausdrücklich über die Musik, die so flüchtig, so vergänglich sei. Das Auge beherrsche die Wirklichkeit, die es wahrnehme, es bleibe distanziert. Mit der Buchdruckkunst wurde die Betonung des Visuellen noch verstärkt. Das lesende Auge bekommt in einem Buch ja ein Fragment der Wirklichkeit vorgegaukelt, das es als eine „objektive" Wirklichkeit studieren kann. Der Vorrang des Auges vor dem Ohr geht einher mit der Vorherrschaft des Verstandesmäßigen im Menschen (das griechische Wort für „wissen" war das Perfekt des Verbs „sehen": Ich weiß, was ich gesehen habe). Auge und Verstand sind Hilfsmittel der Analyse, der Kontrolle, des Abstands, der Macht (das Auge, das begehrt, in Besitz nehmen will). Die Verschiebung vom Auge zum Ohr in unserem Jahrhundert ist ein Hinweis auf die grundlegende Veränderung in der Wahrnehmung der Wirklichkeit.[137] Geräusch bleibt nicht auf Abstand, sondern dringt durch das Ohr in das Innere des Menschen. Es berührt nicht erst den Verstand, sondern gleich das Gefühl. Es schafft eine Umgebung, die sich der Analyse entzieht. Nicht wir beherrschen es, sondern es überwältigt und überfällt uns. Augen kann man schließen, dann bleibt das Spektakel der Welt außen vor; Ohren dagegen macht man nicht zu, Lärm dringt ungefragt nach innen, man kann sich nicht davor schützen. Geräusche ha-

[137] Vgl. John Shepherd, *Music as Social Text,* S. 36–38, 159–164, 179.

ben mit der unkontrollierbaren Seite des Daseins zu tun, sie erschüttern die Souveränität des Verstandes, sie lassen die Verletzlichkeit und Brüchigkeit des menschlichen Wesens spürbar werden, sie regen an, stellen Beziehungen her, schaffen Beweglichkeit, geben den Gefühlen Nahrung. Sie berühren den Menschen in seiner affektiven Grundstruktur, die von Heidegger „Befindlichkeit" genannt wurde, und die ein globaleres „Verstehen" der Wirklichkeit mit sich bringt, als es eine rein rationale Analyse und „Erklärung" bieten können.

Worte sprechen das Bekannte aus, Musik wagt sich an Unbekanntes. Die Verschiebung vom Auge zum Ohr hat Steiner im vierten Teil von *In Bluebeard's Castle* als eine „Musikalisierung der Kultur" beschrieben. Er hat zwar seine Bedenken bei der Pop- und Rockmusik, in die sich die Jugend ohne jegliches Maß hineinstürzt, aus eigener Erfahrung mit klassischer Musik aber weiß er, wie lieb und unverzichtbar einem Klänge werden können. Warum sie wichtiger werden als Worte, bleibt schwer zu ergründen. Dennoch bietet der Autor drei Gründe. Musik sei äußerst vital, stimulierend und tröstlich. Sie bringe Vertrauen und Kraft in die Intimität unseres Herzens. Jetzt, da der religiöse Glaube, der eng mit der klassischen Kultur des Wortes (*des* Buches!) verbunden war, verebbt, wird die bündelnde, bindende Kraft des Sakralen von der Musik bestätigt. Einen zweiten Grund sieht Steiner in der Verwandtschaft zwischen Musik und Wahrheit. Während unser Jahrhundert unter dem Eindruck der Scheinheiligkeit und Ambivalenz der Worte steht, erleben wir andererseits, daß Mozart, daß die Musik, nicht lügt. Unser Verlangen nach Wahrheit, das von Worten betrogen wird, findet Befriedigung in der Musik. Letztlich ist Musik eine universale Sprache, die für jeden zugänglich und nicht zu übersetzen ist. Worte kommen erst an zweiter Stelle.

Das Thema der „Musikalisierung der Kultur" hat Steiner nicht mehr losgelassen. In *Von realer Gegenwart,* wo er, wie bereits gesagt, den Übergang zu einer „Kultur nach dem Wort" untersucht, weist er auf die Bedeutung hin, die Kunst in dieser Kultur erhalten hat. Wenn Worte nichts mehr sagten, spreche die Kunst. Sie vermittle Bedeutung. Literatur und Poesie benutzten zwar noch Worte, diese aber funktionierten anders als im alltäglichen Gespräch. Was für das Gedicht zutreffe — „das Gedicht

spricht; es spricht sich aus; es spricht zu jemandem"[138] —, gelte
für jede Kunst, auch für Musik. Und gerade diese wortlose Kunst
schlechthin nimmt bei den Erfahrungen und Überlegungen Steiners eine besondere Position ein, in so einem Maße sogar, daß
die Definition des Menschen selbst davon betroffen ist. An diesem Punkt scheint Steiner zu zögern. Denn einerseits steht er
selbst noch völlig in der (aussterbenden) westlichen Kultur des
Wortes, in der Tradition, die den Menschen als das mit *logos*
(Wort, Verstand) begabte Tier definiert hat, wenn er Sprache
als das ansieht, was den Menschen zum Menschen mache. Mit
Sprache meint er dann auch nicht irgendein System von Zeichen,
sondern das Sprechen, das dazu befähige, zu bestätigen und zu
negieren und Zukunftsmöglichkeiten auszudrücken. Durch die
Verbindung zwischen Wort und Welt trete der Mensch ein in
das Reich der Menschlichkeit. In den Worten von Gedichten,
Gebeten und Gesetzestexten drücke sich die Menschlichkeit des
Menschen aus.[139] Doch andererseits tendiert Steiner dazu, Musik
als das eigentliche Merkmal des Menschen anzusehen. Er fragt
sich ausdrücklich, ob der Mensch nicht Mensch sei gerade aufgrund seines Vermögens, Musik zu machen oder von Musik be-
sessen zu sein. Musik sei universal und scheine zum Menschlich-
sten im Menschen zu gehören.[140] Und sie bringe uns in Kontakt
mit der Energie des Lebens selbst, lasse uns das Wunder des Daseins entdecken, das sich mit keinen Worten und keiner abstrakten Theorie definieren lasse.

*„Die Energie, die die Musik ist, bringt uns in erlebte Beziehung
zu der Energie, die das Leben ist; sie bringt uns in eine Beziehung
erlebter Unmittelbarkeit gegenüber der abstrakt und verbal nicht
ausdrückbaren, aber dennoch völlig greifbaren primären Tatsache
des Daseins."*[141]

---

[138] George Steiner, *Von realer Gegenwart*, S. 184.
[139] A. a. O., S. 249.
[140] Vgl. a. a. O., S. 80, 257.
[141] A. a. O., S. 257.

4

Könnte der Mensch überhaupt ohne Mythen auskommen? In früheren Zeiten fanden unsere Vorfahren in wundersamen mythischen Göttererzählungen den Spiegel ihrer eigenen tragischen Geschichte. In ihnen erhielten Geburt und Tod, Liebe und Haß, Verführung und Zurückweisung, Gesundheit und Krankheit, Glück und Rückschläge, alle Herausforderungen und Ereignisse des Lebens eine transzendente Dimension. Nach mythischer Vorstellung waren Leidenschaften des menschlichen Herzens von Göttern entfacht worden und trugen irdische Heere einen übernatürlichen Kampf aus. Doch biblische Propheten und griechische Philosophen setzten ein kritisches Denken in Gang, das letztlich auf die heutige radikale Entmythologisierung des Weltbildes hinauslief. Idole, früher die Inkarnation sakraler Mächte in menschlicher Gestalt, wurden vom Sockel gestoßen. Ikonen, früher die Offenbarung sakraler Mächte in menschlichen Bildern, haben ihre Aura verloren. Früher bot die Welt der Magie dem vorwissenschaftlichen Menschen ein Instrument sowohl für die Deutung seiner Erfahrungen als auch für ein Eingreifen in schmerzlichen Situationen. Man ging davon aus, daß das ganze Universum zusammenhing und daß unsichtbare Mächte, daß Götter und Geister, auch die der Verstorbenen, auf geheimnisvolle Weise an den Knotenpunkten dieses Ganzen operierten. Doch die wissenschaftlichen Erklärungen haben die Geister vertrieben. Wir betrachten einen Baum nicht mehr als unantastbare Weltachse, als heiligen Pfahl oder Lumpenbaum, an den wir unsere Krankheiten festnageln, um dadurch auf magische Weise gesund zu werden. Ein Baum ist ein Baum, allein noch mit dem Recht auf nacktes Dasein, welches das anthropomorphe ökologische Denken ihm zugesteht.

In einer entzauberten Welt steht der Mensch einsamer und verletzlicher da. Er macht so nicht mehr einen Teil von einem größeren Ganzen aus. Aus den Qualen seines Daseins weiß er keinen Ausweg mehr. Leiden wird sinnlos, Glück ein pharmazeutisches Problem. Im Umgang mit der Natur zwar ein Meister

— steht er sich selbst doch machtlos gegenüber.[142] Trotz des gewaltigen Einsatzes hyperkomplizierter Technologien in der Rüstungsindustrie — wahrlich ein leuchtendes Beispiel wissenschaftlichen Wissens — wird die Menschheit bis auf den heutigen Tag jedes Mal wieder wehrlos vom Grauen des Krieges überrascht.

Nietzsche hatte bereits den modernen Menschen mit seinem abstrahierenden Verstand und seiner Sehnsucht nach einem mythischen Vaterland, den entwurzelten Menschen „ohne Mythos"[143], bedauert. Der Mann, der den Tod Gottes mit Feuer und Schwert in seinem Denken vollzogen hatte, litt selbst unter dem Verlust der mythischen Wirklichkeit. Sein *Zarathustra*, der Erstling einer wackeren Menschheit, der endlich aus den erstickenden Hüllen einer trüben Geschichte auferstehen sollte, wurde durchaus nicht sofort in Fleisch und Blut geboren.

Der Psychoanalytiker Guy Rosolato sieht eine Verbindung zwischen Mythen und Fantasien. Die Unterschiede zwischen Mann und Frau oder Vater und Sohn, die Beziehungen zwischen Macht und Verbot, der Sinn des Opfers, das Geheimnis der Geburt und des Ursprungs, des Todes und der Zukunft, kurz, die fundamentalen Tatsachen des menschlichen Lebens setzten die Fantasie in Bewegung und würden in mythischen Erzählungen lebensgroß abgebildet. Auf diese Weise durchlebe der Mensch seine Konfrontation mit dem Unbekannten, dem „Ungekannten", das sich noch preisgeben müsse, und dem für immer „Unerkennbaren" (l'inconnu inconnaissable), das den Verstand übersteige: der unwiederholbare, nie wieder einzuholende Ursprung, bei dem niemand anwesend war, und die noch unvollendete Zukunft.[144] Wie soll sich dieser Erkenntnis- und Verarbeitungsprozeß der fundamentalen Koordinaten und Herausforderungen des Daseins, der sich früher in mythischen Vorstellungen entwickeln konnte, jetzt in einer Kultur ohne Worte vollziehen?

In einer spannenden Konferenz, „La religion surréaliste" (1948), hat Georges Bataille die heutige Sackgasse bezüglich der Mythen scharf analysiert.[145] Im Surrealismus sah Bataille einen

---

[142] Vgl. Leszek Kolakowski, *Geist und Ungeist christlicher Traditionen,* Stuttgart, Kohlhammer, 1971, S. 105–106.
[143] Friedrich Nietzsche, *Die Geburt der Tragödie,* 23.
[144] Guy Rosolato, *Pour une psychanalyse exploratrice...,* S. 26.
[145] Georges Bataille, *Œuvres complètes,* VII, Paris, Gallimard, 1976, S. 380–405.

Versuch des modernen Menschen, aufs neue an die Religiosität seiner primitiven Vorfahren — bei deren Kampf um das Dasein, bei deren Lebenslust und heftigen Leidenschaften — anzuknüpfen. Dafür forderte der Surrealismus einen Bruch mit der täglichen Hektik, in der sich jeder nur um Nahrung, Kleidung und Unterkunft kümmerte (was Malewitsch in seiner Zeit die „Futtertrog-Kultur" nannte und gegen die auch seine nicht-figurative, suprematistische Kunst gerichtet war). Doch es gibt einen wesentlichen Unterschied: Während der primitive Mensch sich noch unbesonnen ausleben konnte, zeichnet sich der moderne Mensch durch sein Bewußtsein aus. Und davon kommt er nicht mehr los: *„Nous ne pouvons être que conscients."* Ob wir wollen oder nicht, wir sind uns der ökonomischen Gesetzmäßigkeiten und psychologischen Triebfedern *bewußt*. Dieses Bewußtsein ist historisch erworben worden. Man kann die Uhr nicht einfach wieder zurückdrehen.

Die Leidenschaft des Lebens mag den Menschen der Gegenwart vielleicht nach einem neuen Mythos Ausschau halten lassen und ihn dazu bringen, zeitgemäße Mythen zu schaffen. Doch durch die Tatsache seines Bewußtseins, das einhergeht mit dem Bewußtsein von Individualität und Eigeninteresse ist er nach Meinung von Bataille nicht mehr in der Lage, einen echten Mythos zu erwecken. So wird die Abwesenheit des Mythos unser heutiger Mythos. Unsere Ohnmacht gegenüber dem Mythischen und dem Leiden, das wir dabei durchmachen, gehört zur heutigen Menschheit, die fundamental von der Abwesenheit eines Mythos bestimmt wird. Und diese Abwesenheit kann mit fast religiöser Leidenschaft erlebt werden (unwillkürlich denkt man dabei an Heideggers jahrelange Reflexion zu Hölderlins Vers: „es fehlen heilige Namen"). Wo der Mythos fehlt, gibt es auch keine auszumachenden Gemeinschaften mehr. Eine Gemeinschaft mit einem eigenen Mythos steht von selbst im Widerspruch zu anderen Gemeinschaften. Das wache Bewußtsein jedoch kann keine einzige Aufsplitterung der Menschheit in miteinander rivalisierende Gruppierungen legitimieren. Vernünftigkeit und Bewußtsein tendieren zu Universalität.

Bataille hat die Trennung zwischen Mensch und Mensch, Mensch und Tier, Mensch und Natur als unerträglich erlebt. Mit Streitlust und Feuer suchte er nach einer Synthese zwischen

Menschheit und Universum, zwischen Verstand und Leidenschaft, zwischen Schmerz und Jubel, zwischen Bewußtsein und Mystik. Er konnte sich heftig gegen alle traditionellen Vorstellungen zur Wehr setzen, weil sie in seinen Augen die menschliche Natur tief verletzen. Wenn er von Heimweh nach einem Leben spricht, das nicht länger erniedrigt werde („la nostalgie d'une vie qui cesse d'être humiliée"), dann formuliert er mit deutlichen Worten einen der Grundimpulse, die derzeit die Rockkultur begeistern.

Könnte es nicht sein, daß Rock sich — in einer Welt ohne Mythen — als ein wortloser Mythos entpuppt? In einer Kultur, die kein Vertrauen mehr in das Wort hat, bleibt allein noch die Möglichkeit eines Mythos ohne Worte. In einer Zeit, in der das rationale, entmythologisierende Bewußtsein sich nicht einfach mehr ausschalten läßt und in der es an einem allgemein akzeptablen, expliziten, erzählenden Mythos fehlt, kann nur noch ein bildloser Mythos funktionieren, bei dem die emotionale Wirkung der rationalen vorausgeht. Musik trifft die affektiven Schichten schneller als der Verstand. Außerdem entspricht Musik — und Rock mit seinen vielseitigen, „multikulturellen" Wurzeln insbesondere — der Forderung nach Universalität, das dem modernen Bewußtsein eigen ist. Musik spricht eine wortlose Sprache, die jeder verstehen kann.

Den tief wurzelnden Fantasien, die früher auf mythische Erzählungen projiziert wurden und sich alle im Kern auf Lebensdrang und Weitergabe von Leben beziehen, begegnet man auch in der Rockmusik. Oberflächlich betrachtet, findet man zahlreiche Bilder und Ausdrücke, die Impulse und Widerstände gegenüber Sex, Opfer, Fruchtbarkeit oder Unfruchtbarkeit, Geburt und Tod, Beziehungen und Frustrationen ans Licht bringen. Doch das Mythische steckt hier wesentlich in dem wortlosen Repertoire der Musik selbst. Musik schließt Bilder und Worte nicht aus, doch sie selbst bleibt ungebunden. Mythisch wirkt die Musik wie ein Ausdruck, eine Metapher für den Lebensimpuls, der explizite Vorstellungen und inhaltliche Motive in den Hintergrund drängt oder aufschiebt.[146] Die verborgenen Bedeutungsschichten, die von der Musik übermittelt werden,

[146] Vgl. Guy Rosolato, „L'oscillation métaphoro-métonymique", in: *La relation d'inconnu*, Paris, Gallimard, 1978, S. 72.

können Bilder und Worte wachrufen und sich in zweiter Linie auch mit ihnen verbinden, doch der Charme von Musik macht sich anderswo fest. Sie übt eine magische Anziehungskraft aus und kann befreiend wirken, weil sie der Lebensenergie — als einem Strom, der noch nicht von den Eindrücken und Obsessionen des Bewußtseins gebremst wird — ihren freien Lauf läßt. Und gerade dieses Ungebundensein an bestimmte Vorstellungen und Bedeutungen macht die Musik zu einem geeigneten Mythos für eine Kultur, deren Merkmal ein Bankrott der Worte und ein Überdrehen der Bilder ist.

Manchmal bedauert man, daß Konzertberichte und Plattenrezensionen in der Rockpresse so wenig technische Analyse, ästhetische Kriterien oder erklärende Interpretationen enthalten. Doch das sind nicht die Dinge, um die es geht, jedenfalls nicht in erster Linie. Die besten Artikel über Rock tragen zur Formung des Mythos bei. Begabte Journalisten wie Lester Bangs und Simon Reynolds praktizieren einen ungewöhnlichen Sprachgebrauch und kreieren neue Worte, um zu vermitteln, wovon die Musik erfüllt ist: Jubel, Schmerz, Leidenschaft, Lebensimpuls, Beschwörung des Todes, Gefühle von Ohnmacht und Macht sowie die Zelebration des Wunders des Lebens. Die besten Texte über Rock bringen einem die Musik als Mythos näher, geben der Musik als einem wortlosen Mythos Konsistenz und Prägnanz. Die Musik spricht letztlich für sich und bedarf keiner Erläuterung. Das geschriebene oder gesprochene Wort hat nur insofern Sinn, als es im Dienst des Mythos steht, der Musik als der bildlosen Greifbarkeit und der wortlosen Sprache des Lebensimpulses als solchem. Aus diesem Grunde sind die meisten journalistischen Geschichten völlig überflüssig, weil sie nicht mehr sind als persönliche Befindlichkeiten und schlechtestenfalls geheimgehaltene Abrechnungen. Daher aber tendieren meist andererseits die besten Artikel dazu, sich von dem mythischen Wortschatz der religiösen Sprache inspirieren zu lassen und daraus zu schöpfen. Sänger tun das übrigens auch: Ian Brown etwa von den Stone Roses singt „I am the Resurrection", und der Journalist Steve Sutherland vergleicht einen ihrer Auftritte mit der Suche nach dem heiligen Gral.[147]

[147] NME, 16.09.1995.

Mythen sind mehrdeutig. Weil sie auf überirdische, utopische Sphären verweisen und gleichzeitig im Untergrund in psychischen Trieben wurzeln, sind sie der Spannung zwischen Versprechen und Betrug ausgesetzt. Das Wort Mythos hat daher eine doppelte Bedeutung: Mythen sind eine Form des Umgangs mit dem Transzendenten, mit dem noch Ungekannten und dem radikal unerkennbaren Unbekannten, mit dem Sakralen; sie können aber auch einfach nette Geschichten sein. Diese beiden Aspekte geraten häufig durcheinander. Von daher erklärt sich auch der heftige Protest biblischer Propheten und aufgeklärter Philosophen gegen die verschiedensten betrügerischen Mythen, hinter denen sich Egoismus und Machtinteresse verbergen. Diese Ambivalenz steckt auch in der Rockmusik. Der Kontrast zwischen dem wesentlich wortlosen Charakter des musikalischen Mythos und dem uferlosen Wortestrom in den Printmedien rührt von dieser Widersprüchlichkeit her.

Typisch sind in diesem Zusammenhang die spektakulären Geschichten, die über Stars erscheinen. In den Medien wird ausführlich über deren Lebensgeschichte berichtet (zum Beispiel über die Kinderjahre von Kurt Cobain, dessen Eltern sich scheiden ließen, oder über die schwierige Jugend von Sinéad O'Connor, die als junges Mädchen vergewaltigt wurde). Nun gehört das Motiv des zurückgewiesenen, mißhandelten und vernachlässigten Kindes, das sich nach verschiedenen Nackenschlägen zu einer messianischen Gestalt auswächst, strukturell zur Profilierung eines mythischen Helden, wie der Wiener Psychoanalytiker Otto Rank anhand berühmter Vorbilder (Moses, Ödipus, Jesus, Lohengrin etc.) in *Der Mythos von der Geburt des Helden* (1909) analysiert hat. Biographische Anekdoten jedoch geben leicht Anlaß zu Tratsch, irreführender Information und verkehrten Vorstellungen (als wenn dieses oder jenes Leben für künstlerische Kreativität oder für das Genießen von Musik nötig wäre). Der Mythos der „Stars" ist ein falscher Mythos, der die Aufmerksamkeit von der Musik auf die zum großen Teil erfundene Persönlichkeit der Musiker verschiebt. Das dient einerseits kommerziellen Interessen, und andererseits werden unbewußte oder halbbewußte Triebe stimuliert, die auf perverse Weise den archaischen Sündenbockmechanismus wachrufen. Dies wurde bereits im ersten Teil dieses Buches angeschnitten.

Dieser falsche Mythos kann übrigens gelegentlich ein Mittel der Abwehr sein gegen die Macht des eigentlichen bild- und wortlosen Mythos der Musik. Weil Rock tief in das Innere des Körpers eindringt und unausgesprochene Schichten des Herzens aufwühlt, sucht man nach Schutz und versucht, an der Oberfläche zu bleiben. Dadurch aber wird Rock entkräftet. Etwas Ähnliches ist — in einem anderen Kontext — O'Doherty im Zusammenhang mit der Rezeption des Werks des amerikanischen Malers Edward Hopper aufgefallen. Über dessen Person kursierten verschiedene Geschichten, die letztlich den Blick auf sein Werk verstellt haben.

„Der Mythos [...] entsprach bestimmten gesellschaftlichen Bedürfnissen, von denen nicht das geringste darin besteht, das Publikum vor der radikalen Art von Kunst zu schützen, sogar vor einer Kunst, die offensichtlich so konservativ ist wie die von Hopper."[148]

So werden Rockfans auch durch journalistisches Geschwafel und kindische Fernsehbilder vor der radikalen Macht der Musik beschützt.

Sex, drugs and rock 'n' roll ist eine Formel, die an der Schnittstelle zweier sich kreuzender Mythen steht: des wortlosen Mythos der Musik und des trügerischen Mythos der Stars. Warum sollte die entmythologisierende Kritik des „modernen" Bewußtseins nicht ebenso auf die mythische Ambivalenz von Rock zutreffen? Auch sie muß der Kritik ausgesetzt werden. Dann wird sich herausstellen, daß die Kritik den falschen Mythos zu Recht als Wortbrei entlarvt. Der wortlose Mythos jedoch bleibt ausgenommen — zum Glück. Denn ein Mensch, der nicht an einem Mythos teilhat, gelangt schwerlich zu einem Leben in Fülle, weil er den unmittelbaren Kontakt mit Kräften, die ihn übersteigen, nicht hat.

Mythen bringen die Gefahr der Erblindung und des Fanatismus, der Illusion und des Selbstbetrugs mit sich. Weil Mythen gleichermaßen unverzichtbar und widersprüchlich sind, erfordern sie Wachsamkeit und Unterscheidungsvermögen.[149] Genau

[148] Brian O'Doherty, *American Masters: The Voice And The Myth,* New York, Universe Books, 1988, S. 42.
[149] Vgl. Leszek Kolakowski, *Die Gegenwärtigkeit des Mythos,* München, Piper Verlag, 1973, S. 132–133.

darum ist ein Nachdenken über die Rockkultur unentbehrlich. Der Glaube an die Intaktheit des wortlosen Mythos kann nicht standhalten, wenn der falsche Mythos nicht aufgedeckt wird, der in Bildern und Worten den Impuls zum Leben erneut fest- und lahmlegt.

5

Daß wir in einer „Kultur nach dem Wort" leben, bedeutet nicht, daß nicht mehr gesprochen würde, sondern daß man den Worten nicht mehr zutraut, daß sie die wesentlichen Dinge des Lebens wie Liebe, Abschied, Verlust, Tod, Schmerz, Freude, Staunen und Gutsein ausdrücken können. Sowohl die alten mythischen Erzählungen von Göttern und Geistern als auch die metaphysischen Vorstellungen von „Sein", „Mensch", „Welt" und „Gott" taugen nicht mehr. In einer Kultur nach dem Wort und ohne Mythen brandet die Musik wie ein wortloser Mythos.

Rock wirft das Wort nicht gänzlich über Bord. Die ganze Rockkultur steht und fällt letztlich mit den Songs, die sie hervorbringt. Und Songs bestehen gleichermaßen aus Musik wie Worten. Die Worte dort allerdings sind radikal anders geartet als die Worte außerhalb der Musik, mitsamt dem Wortestrom der Musikblätter, die — wie gesagt — den mythischen Gehalt sowohl in einem konstruktiven Sinn vermitteln als auch in einem fragwürdigen Sinn manipulieren und pervertieren können. Wie aber kommt in einem Song das Wort wieder in die Musik?

Die Worte eines Songs sind nicht zu trennen von der Stimme, die sie ausspricht. Rockfans sind sich meist darin einig, daß die Musik wichtiger ist als die Worte des Songs (auf die man häufig gar nicht achtet, selbst wenn sie in der Muttersprache gesungen werden). Die Stimme jedoch ist ein unersetzliches Element. Sie liefert weder Worte zusätzlich zur Musik noch über diese hinaus. Sie fügt sich vielmehr in die Musik ein wie ein Instrument neben anderen. Die Stimme von Bob Dylan macht das unmittelbar deutlich. Und was wäre die Musik von New Order ohne die Stimme von Bernard Sumner? Das Werk von Sex Pistols, The Cure, Nirvana, The Stone Roses, Oasis wird von der Stimme von Johnny Rotten, Robert Smith, Kurt Cobain, Ian Brown, Liam Gallagher genauso geprägt wie von dem Klang der Drums, dem Bass und den Gitarren. Frauen leisten ihren eigenen Beitrag. Die Stimme von Chrissie Hynde (The Pretenders), Kristin Hersch (Throwing Muses) oder — heutzutage — P. J. Harvey und Justine Frischmann (Elastica) sind bekannt. Der Wechsel von Frauen- und Männerstimmen bietet zusätzliche Möglichkeiten, wie auf der ersten Langspielplatte von Velvet Underground (mit Nico) oder auf den CDs von Sonic Youth und My Bloody Valentine, zwei besonderen Gruppen, die gerne mit Klängen experimentieren, und durch die der musikalische Reichtum aufgrund der kontrastierenden Stimmen von innen heraus bereichert wird.

Jede Stimme verfügt über eine eigene Wärme, Klarheit, Rauheit, Überzeugungskraft. Mit seinen vokalen Mitteln verleiht der Sänger der Musik eine Stimme. Dieses Geschehen hat einen elementaren Wert. Jedenfalls ist es für die Musik kennzeichnend, daß sie Bedeutungsträger und Bedeutungen entkoppelt. Klänge haben nicht aus sich heraus einen abgesteckten Inhalt. Musik sagt etwas, meint etwas, drückt etwas aus. Die explizite Bedeutung jedoch, die sie in Aussicht stellt, wird immer wieder aufgeschoben. Gerade durch diese Entkopplung befreit sich die Musik von allem, was festliegt oder festlegt (die üblichen Ansichten, eingebürgerte Verhaltensweisen, die gängigen Codes, eindringliche Worte, ausdrückliche Bilder etc.), und stellt Verbindungen her zu dem, was Bilder und Worte kaum ausdrücken können: zu dem Ursprung, der dem Menschen vorausgeht, dem Ereignis, das ihn heute überfällt, der Zukunft, die ihn übersteigt. Das Ungekannte, das im Spiel der Musik hörbar wird, ist nicht-menschlich, nicht von uns, es überkommt uns. Adorno ging sogar so weit, den Gedanken zu erwägen, daß Musik statt Bedeutungen mitzuteilen ein Versuch sei, den Namen des Unnennbaren, Gottes, zu nennen.[150]

Indem der Sänger der Musik seine Stimme leiht, führt er das Menschliche in das Nichtmenschliche der Musik ein. Er führt den Menschen mit seinen Begierden, Ängsten, Wünschen und Träumen ein in das unermeßliche, unbegrenzte Universum der Klänge. Die Konfrontation mit diesem Nichtmenschlichen, Unfaßbaren, Unbezwingbaren klingt denn auch aus der Stimme, die diesen Übergang von Innerlichkeit und Äußerlichkeit, Fleisch und Geist, tierischem Schrei und Engelsgesang vollzieht. In solchem Übergang spricht der Mensch sich selbst aus als ein Wesen, das berührt wird von der Andersheit des Anderen in sich, im

---

[150] Vgl. Guy Rosolato, *Pour une psychanalyse exploratrice…*, S. 205.

Mitmenschen und im Universum. Die Stimme im Rock ist eine Modulation zwischen zwei Extremen: zwischen Schrei und Jubel. Man hört einen Ausruf von Schmerz und Ohnmacht, einen Schrei um die verlorene Einheit, die zerbrochene Harmonie, die verbaute Zukunft, die unmögliche Synthese, denselben Schrei, der die Gemälde von Bacon und die Schriften von Bataille zerreißt, aber auch den Jubel über die Überfülle des Lebens, das überflüssige Warum, die Fülle ohne Ende. Die Stimme übersetzt die Situation des Menschen an der Schnittstelle entgegengesetzter Pole, im Zentrum eines Kraftfeldes, das ihn in alle Richtungen lockt und ihn überwältigt.

Dieses Einfügen des Zutiefst-Menschlichen in den Lebensimpuls, der anderswoher kommt, kann man übrigens auch in der Tradition der nicht-gegenständlichen Malerei feststellen. Mondrian hat neben seinen allseits bekannten abstrakten Bildern immer auch Blumen gemalt. Als der Suprematismus einmal seine volle Entfaltung erreicht hatte, hat Malewitsch die menschliche Figur wieder in seine Malerei eingeführt. Bei Yves Klein und Piero Manzoni, die mit ihren monochrom blauen und weißen Werken — als Versuch, das banale Bewußtsein zu übersteigen — bis zum Äußersten gegangen sind, ist auf eine ebenso extreme Weise wieder die Körperlichkeit des Menschen in ihrem Werk aufgetaucht (man denke etwa an *Anthropométries* von Klein oder an *Souffle d'artiste* und *Artist's Shit* von Manzoni). Auf den grandiosen, nicht-figurativen Farbsymphonien von De Kooning kann zu jeder Zeit ein weiblicher Akt erscheinen. Die Kunst des zwanzigsten Jahrhunderts verweigert jede Form von Desinkarnation (auf die nota bene auch jede übereilte Idealisierung des Körperlichen hinausläuft). Spuren der menschlichen Gestalt in „abstrakter" Kunst betonen die Betroffenheit des Menschen bei dem unvorstellbaren Geschehen, das ihn angeht und ihm entgleitet.

Aus diesem Grunde ist in der Rockmusik die Stimme so wichtig. Während die Musik bestimmte Bedeutungen auf den Weg bringt und den unbändigen Impuls des Lebensstromes vermittelt, läßt die Stimme die Ängste und die Forderungen des Menschen hören, und geht sie das überwältigende Ereignis als eine menschliche Angelegenheit an. Die entscheidende Rolle der Stimme in der Musik verleiht den gesungenen Worten das volle Gewicht. Oft lehnen es Gruppen in Interviews ab, die Worte ihrer Songs zu erklären, weil diese für mehrere Interpretationen offen sind und die Zuhörer ihre eigene Fantasie spielen lassen sollen. Manchmal fügen sie jedoch hinzu, daß die Worte für sie selbst sehr wohl von Bedeutung sind. Dieses gleichzeitige Bestätigen der Wichtigkeit der Worte und das Sich-Weigern, sie zu erläutern, ist keine inkonsequente Haltung. Das ist nicht nur ein Trick zum Schutz der Privatsphäre. Die Worte der Songs sind zwar unverzichtbar für das Einbringen des Menschlichen in das musikalische Geschehen, aber gerade als Worte eines Songs werden sie mitgerissen in dem Prozeß von Loslösung und Befreiung, der von der Musik ausgelöst wird. Die gesungenen Worte introduzieren menschliche Leidenschaften und Seufzer in die nicht-menschliche Kraft der Musik, und dadurch werden die Worte erlöst von unmittelbaren Assoziationen und allzu fertigen Definitionen. Viele Titel und Verse von Songs stellen einzelne Worte zusammen, die — abgelöst von den ursprünglichen Erfahrungen, denen sie entstammen — bei ganz verschiedenen Leuten tiefliegende Saiten anstoßen. Ihrer zwangsläufigen Bedeutung beraubt, verweisen sie auf den labyrinthischen Untergrund des Daseins, wo Lebenslicht geboren wird.

Gerade wegen dieses Zusammengehens vokalischer und poetischer Elemente mit Musik — als einem inhärenten Bestandteil davon — besitzt Rock eine derart packende Überzeugungskraft. Durch das gesungene Wort wird der Mensch — der Sänger durch seine eigene Stimme und der Zuhörer durch die Identifikation mit der Stimme des Sängers — in das Ereignis der Musik aufgenommen, ohne jedoch von ihr verschlungen zu werden. Von der Musik seiner kleinen, engen Welt enthoben, wird der Mensch — dieses Wesen, das sprechen kann — doch seiner Eigenart nicht beraubt. Im Gegenteil. Getragen von der Musik, beginnen seine Worte zu tanzen.

Der Gebrauch des Wortes macht eine eingebildete Identifikation mit der Musik schwieriger. Einige Rockfans sind geneigt, die Musik als eine narzißtische Inflation des Ichs oder als einen ozeanischen Mutterschoß zu erleben, mit dem sie ganz und gar verschmelzen wollen. So ein regressives Moment kann zu einer bestimmten Erfahrung gehören und eine positive Wirkung haben. Das Wort aber verhindert eine völlige Verschmelzung. Der Abstand zwischen Einbildung und Wirklichkeit, zwischen Begierde und Befriedigung, zwischen dem Anderen und dem Ich bleibt dadurch gewahrt. Das poetische Element der Musik verhindert das Dichtmachen des menschlichen Geistes, das Ertrinken des Menschen in einer nicht-menschlichen Übermacht. Es hält die Sinnfrage offen.

Die Komplementarität von Musik und Wort ist äußerst spannend. Wir können als Mensch bei der Analyse der Wirklichkeit, dem Ausdruck unserer Gefühle und der Entgegennahme des Lebens auf Klänge, Bilder und Worte nicht verzichten. Worte allein reichen nicht aus. Warum sollte man sonst düstere Malereien und unübersetzbare Musik machen, wenn man dasselbe auf eine nicht-mehrdeutige Weise mit Worten ausdrücken könnte? Musik und bildende Kunst sind keine Mystifizierung, auch keine Sprache für Minderbegabte. Sie schenken und sagen, wozu Worte nicht in der Lage sind. Wir müssen den Mut aufbringen, vertraute Worte (unsere Muttersprache) loszulassen und Farben und Klänge zu empfangen. Es werden — nach einem Moment schweigsamer Überwältigung — von selbst Worte auftauchen, viscerale, noch unverbrauchte Worte, wie ein Ausruf, ein Wegweiser, ein Aufruf. Völlige Wortlosigkeit könnte eine Flucht vor der Wirklichkeit werden, eine Verneinung der menschlichen Natur, eine Form (negativer) Regression oder krankhafter Aphasie. Andererseits führte eine Verabsolutierung des Wortes zu Einseitigkeit und Totalitarismus. Das Menschliche entsteht immer nur in dem Spannungsfeld zwischen Polen, die aufeinander verweisen und einander bedürfen. Der Unterschied zwischen Klang und Wort, zwischen Wort und Bild schafft ein Kraftfeld, in dem für das Menschliche im Menschen Wachstumschancen liegen, je nachdem, ob der Mensch die Konfrontation mit einer Wirklichkeit, die ihn übersteigt, anzugehen wagt oder nicht. So hatte der deutsche Bildhauer Ernst Barlach, der auch zeichnete und Theaterstücke verfaßte, begriffen, daß er verschiedene Ausdrucksformen brauchte, um dem, was sich ihm aufdrängte, Gestalt zu geben. Und als der berühmte Komponist Arnold Schönberg um 1910 eine schwere existentielle Krise durchmachte und an seiner künstlerischen Begabung zweifelte, begann er — als Musiker doch ein Mann des Gehörs — an einer faszinierenden Serie von Bildern zu arbeiten, in denen das Motiv des Auges, des Blicks, der Vision, des Sehens im Mittelpunkt stand.

Unter diesem Blickwinkel betrachtet, könnte man unterstellen, daß ein Sänger, der Songs verfaßt, Emotionen und Intuitionen übersetzt, die die Musiker seiner Gruppe mit ihren Instrumenten nicht ebenso gut ausdrücken könnten, und umgekehrt. Man muß dabei nicht so weit gehen wie Wagner, der die Musik als das weibliche Element auffaßte, das vom männlichen Element, dem Wort, befruchtet werden müsse. Vielleicht zieht sich der Unterschied zwischen Weiblichem und Männlichem sowohl quer durch die Worte als auch durch die Musik. Doch über Wagners Gespür für die Notwendigkeit beider, um fruchtbar sein zu können, kann man nachdenken. Diese Sichtweise ist sicher nuancierter als Nietzsches Bemerkung, daß jeder Gebrauch von Worten im Hinblick auf Musik verwerflich sei: Worte würden immer zu „Verdünnung und Verdummung" führen.[151] Dies trifft auf einen interpretierenden, erklärenden Wortgebrauch zu. Doch Worte in der und rund um die Musik, von ihr hervorgerufen und gereinigt, bestätigen die Betroffenheit des Menschen bei dem ergreifenden, übersteigenden Geschehen. Doch muß der Vorrang der Musik anerkannt werden und muß sie ihr kathartisches Werk verrichten können. Gängige Bedeutungen müssen ins Wanken gebracht werden, damit das vokale und poetische Element der Songs etwas vom musikalischen Geschehen und dessen Sinn aufrufen kann.

Jean-François Lyotard unterscheidet zwischen „Bedeutungen", die abgebaut werden müssen, und „Sinn", der nur so aufgebaut werden kann. Weil dieser Philosoph das Gehör mit Hören und Verstehen von Texten verbindet, also mit dem Wunsch nach einem bestimmten Wissen, plädiert er für das Auge. In seiner Beschreibung ist das Auge nicht gerichtet auf erkennbare und nützliche Objekte, sondern auf die Welt als eine „Figur", ein Ereignis, eine Gabe, die einen überrascht und überrumpelt, die einen durcheinanderschüttelt und einem sich selbst entzieht. Das Auge ist offen für eine Realität, in der sich das Andere anmeldet und einen überfällt. So ist ein Gemälde von Cézanne, auf dem die *Montagne Sainte-Victoire* erscheint, kein Gegenstand, den man sieht, sondern ein Geschehen, das einen ergreift und aus der vertrauten Umgebung wegreißt. Auf diese Weise geschieht durch

[151] Friedrich Nietzsche, K. S. A. XII, 10 [60].

das Auge der Übergang von Wissen zu Offenheit, von Wiedererkennen zur Analyse, von festliegenden Bedeutungen zu Sinn.[152]

Auf den ersten Blick stehen diese Bemerkungen Lyotards im
Widerspruch zu dem, was hier zuvor über den Unterschied von
Auge und Ohr geschrieben wurde. Der Drang, die Wirklichkeit
zu erkennen und zu erfassen, wurde mit dem lesenden Auge in
Verbindung gebracht, während Lyotard ihn mit dem hörenden
Ohr verbindet. Doch Lyotard denkt an das Hören von Texten,
nicht an das Hören von Musik. Man muß also gut aufpassen,
wenn man Auge und Ohr gegeneinander ausspielt, und sollte
übereilte Schematisierungen vermeiden. Im Grunde geht es
Lyotard um die Verschiebung des Verstandes hin zur Wahrnehmung: Der Verstand beherrscht, kontrolliert, während man bei
der Wahrnehmung von der Wirklichkeit überrumpelt wird. Diese Verschiebung deckt sich mit dem, was oben bereits bezüglich
der Musikalisierung der westlichen Kultur festgestellt wurde.
Daraus kann man schlußfolgern, daß sowohl das Auge wie auch
das Ohr bei dem Prozeß der Entkoppelung von Bedeutungsträger und Bedeutung, bei dem Ereignis von Übersteigung, eine
Rolle spielen können. So zeigt sich wieder einmal, daß Musik
und bildende Kunst konvergieren können. Daher kann die Vertrautheit mit dem Werk zeitgenössischer Künstler das Erleben
und Genießen von Rock nur fördern, und umgekehrt. Kunst
und Musik lassen feste Konturen aufbrechen, hauchen verblaß-
ten Formen neues Leben ein. Kann das, was da geschieht, noch
genauer beschrieben werden?

---

[152] Jean-François Lyotard, *Discours, Figure,* Paris, Klincksieck, 1971, S. 9–23.

6

Musik ist ein Ereignis des Lebens. Klänge sprudeln aus einer tiefen Quelle, die in, aber nicht von einem ist. Rock ist durch und durch menschlich und geht doch durch einen hindurch wie eine nicht-menschliche Kraft. Sich drehend im Wirbel der Musik, findet man zum Leben. Zum ersten Mal womöglich? Man atmet und genießt. Worum geht es dabei im wesentlichen?

In einem Buch über Körper und Tanz — zeitweilig genauso atemberaubend wie das Thema, das es behandelt — beschreibt der Psychoanalytiker Daniel Sibony ein Geschehen, um das es sich bei Rock vielleicht auch handelt. Im Tanzen, so der Autor, genieße man die Tatsache, daß man existiere, das Faktum des Lebens als Ereignis. In der Annäherung an den Körper eines anderen erwachten auch die eigenen Muskeln zum Leben. Der Körper werde vom Tanz in Besitz genommen. Getragen von der Bewegung, untersuche und verführe man den anderen in seiner körperlichen Gestalt. Diese Beziehung zu dem Anderen des Tanzes und dem anderen, mit dem man tanze, gehöre wesentlich zu dieser Erfahrung. Daß man von etwas Anderem getragen werde, ohne darin aufzugehen, daraus ergebe sich der Genuß. Es sei, als wenn die Begierde, die den eigenen Körper anheize, von anderswoher komme. Diese Korrespondenz zwischen dem Eigenen und dem Anderen in der physischen Erfahrung des Tanzes verhindere, daß das Ich das Andere absorbiere oder daß das Ich sich vollkommen mit dem Anderen identifiziere. Nach Sibony liegt hier der wesentliche Unterschied zur Musik. Diese würde immer ein narzißtischer Versuch bleiben, sich ganz und gar im Anderen wiederzufinden oder seinen eigenen Mangel mit dem Anderen auszugleichen. In beiden Fällen aber, im Verschmelzen mit dem Anderen oder im Verschlingen des Anderen, verwische der Unterschied. Diese narzißtische Neigung jeder Musik nehme bei Pop und Rock ein extremes Ausmaß an. Außer Zweifel steht, daß Pop und selbst Rock zu narzißtischem Verhalten Anlaß geben können. Wenn Rock jedoch in seiner eigentlichen Form als ungestüme, entlarvende und entrückende Macht loslegt, dann kann gerade er ein Mittel werden, von narzißtischer

Selbsttäuschung loszukommen. Und dann sieht man in der Musik dieselbe Dynamik am Werk, die Sibony im Tanz feststellt.

Der Genuß des Tanzes ist wie ein Abtauchen in den eigenen Ursprung. Die Banalität, die Verflachung des gewöhnlichen Tuns und Lassens, tritt in den Hintergrund. Man entdeckt die Genüsse des Lebens, das gerade aufgeblüht ist, wieder. Der Prozeß der Geburt, mit dem Schmerz und der Freude des Zur-Welt-Kommens, wird erneut erlebt. Daher auch die subtile Wechselwirkung von Selbstverlust und Selbstbestätigung. Im Taumel des Tanzes läßt man für einen Moment das Bewußtsein seiner selbst außer acht, denn eine Geburt geschieht spontan, unbedacht. Wenn das Bewußtsein wieder erwacht, nimmt man die Gabe des Lebens in Empfang. Man entscheidet sich in diesem Augenblick dafür, geboren zu werden und sich dem Impuls des Lebens hinzugeben, dem Austausch der Kräfte, dem Spiel von Geben und Nehmen, das voller Überraschungen steckt.

Dieser Geburtsvorgang vollzieht sich nicht, wenn man sich nicht danach sehnt, wenn man kein Bedürfnis danach hat, wenn man dieses Bedürfnis nicht am eigenen Körper verspürt. Wer sich festgekettet hat, besitzt einen solchen kreativen Drang nicht. Und man kann sich an verschiedene Dinge ketten: an den Beruf, eine Maske, eine ideologische oder religiöse Überzeugung, ein Idealbild von sich oder anderen oder der Welt überhaupt. Man kann in der Tretmühle des Alltags oder zwanghafter Wiederholungen und Bilder festgefahren sein. Dann gerät der Lebensimpuls ins Stocken, geht nicht mehr schwanger, bringt nichts mehr hervor. Dann wird kaum noch geatmet. Der Tanz kann solche Blockaden aufdecken, zeigen, wo der Lebensdrang zurückgehalten wird. Leidenschaften, die geleugnet werden, die unterwegs steckengeblieben sind, kommen ans Licht. Was das Leben zurückhält, muß überwunden werden. Jede Form von Sattheit und Befriedigung, die Stagnation bewirkt statt Wachstum, muß durchbrochen werden. Man kann nicht geboren werden, wenn man nicht losläßt. Im Tanz steckt „etwas, das rettet", etwas, das vom äußerlichen Schein, undeutlichen Verhältnissen, lähmenden Kompromissen, auch „von Dummheit" erlöst.[153]

---

[153] Vgl. Daniel Sibony, *Le corps et sa danse*, S. 242.

Kurzum, der Tanz vernichtet „den Kleinbürger in jedem"[154].
(Trifft das nicht auch auf jeden guten Rocksong zu?)

Niemand kann sich den Tanz zu eigen machen. Wer sagt „ich
tanze", meint eigentlich, daß etwas durch ihn hindurch tanzt
und daß er seinen Körper dafür zur Verfügung stellt. Tanzen
setzt Zustimmung voraus, ein Ja-Sagen: „*J'acquiesce*"[155] (Oasis benutzt dasselbe Verb als Titel eines Songs, „Acquiesce"). Diese Zustimmung ergibt sich nicht von allein. Wer sich von einer un-
ausgewachsenen Lebensform umgarnen läßt und sich damit zufriedengibt, wird vor dem Tanzen zurückschrecken (so wie man
auch Angst haben kann vor Klängen, Farben oder Worten; interessant ist in diesem Zusammenhang der Titel eines Gemäldes von
Barnett Newman „Who's Afraid Of Red, Yellow and Blue?",
den drei Basisfarben von Mondrian). Das Andere, das reizt, stört
die Ruhe. Hingabe an das Andere — der einzige Weg zum Leben,
die Bedingung für die Geburt — kann sich nur vollziehen, wenn
man um seine eigene Fehlerhaftigkeit, seine eigene Sterblichkeit,
seine eigenen Unfreiheiten weiß. Aber die Blessuren des Lebens
und die Angst vor dem Tod können einen Menschen noch weiter in Verteidigungsmechanismen und flüchtige Befriedigungen
hineintreiben, wodurch der Prozeß des Lebens vollständig abge-
bremst wird. Je festgefahrener man ist, um so schwieriger wird
es, „eine Bewegung zu machen, die den Griff des Todes fern-
hält"[156]. Geboren zu werden erfordert den Mut, verdummende
und erstickende Gegenkräfte anzugehen. Auch muß man den
Mut aufbringen, die Unentrinnbarkeit des Todes auszuhalten:
„Den eigenen Tod — in sein Leben — zu integrieren, heißt zu
versuchen, einem toten oder leblosen Leben zu entrinnen"[157].

Mensch wird man erst aus einem Mangel heraus, der einer
Überfülle entgegengeht. Das eigene *Defizit an Sein* ist ausgerich-
tet auf eine *Überfülle des Lebens,* zu der man eingeladen ist.
Sibony hat eine faszinierende Ansicht bezüglich der fundamentalen Mangelhaftigkeit des Menschen. Er setzt den Menschen darin
nicht gefangen, so als wenn jeder Versuch einer Bedürfnisbefrie-
digung eine unbewußte und vergebliche Suche nach einem ur-

---

[154] A. a. O., S. 16.
[155] A. a. O., S. 123.
[156] A. a. O., S. 285.
[157] A. a. O., S. 189.

sprünglichen Objekt wäre, das für immer verloren gegangen ist. Der Mangel muß den Menschen nicht in eine (narzißtische und imaginäre) Vergangenheit einsperren. Er verweist nicht auf das, was man nicht mehr besitzt oder was man nicht ist, sondern auf das, wozu man berufen ist. Der Mangel wendet die Begierde auf Zukunft hin. Wer gesättigt ist, hat keine Zukunft (etwas Ähnliches ist übrigens bereits im Evangelium zu lesen: Lukas 6, 24–25).

Kunst, Tanz, Kreativität dienen also nicht als improvisiertes Ersatzmittel für einen ein für alle Male verlorenen Gegenstand. Sie sind zukunftsgerichtet, bahnen einen Weg zum Unbekannten, helfen einem weiter voran, näher an den Lebensstrom heran. Weil sie nur aus einem Mangel heraus entstehen können, der bewußt erlebt wird, ist es lebensnotwendig, den Mangel nicht zu kaschieren und nicht zu verbergen — weder vor anderen noch vor sich selbst. Eingebildete Ideale, fetischistische Konsumgüter und kollektive Fantasien in den Medien lassen den Menschen in einer zwanghaften Sucht nach Befriedigung oder in einem Wahn von Zufriedenheit leben. Tanz und Kunst wirken in diesem Punkt demaskierend und ernüchternd. Wer sich (als Künstler oder als Zuschauer) auf Kunst einläßt, kann seinen Mangel nicht länger leugnen. Und doch können auch Tanz und Kunst dem Schein erliegen und auf einen narzißtischen Spiegel reduziert werden, mit dem man sich etwas vormacht und sich betrügt. Daher muß man genau unterscheiden, um den Abstand zwischen Ideal und Wirklichkeit, Begierde und Befriedigung, Mangel und Zukunft zu erkennen und zu wahren.

Immer wieder hebt Sibony „*l'entre-deux*" hervor, das dynamische Zwischenfeld, das einander entgegengesetzte Pole, die niemals zusammengehen dürfen, wesentlich aufeinander bezieht. In diesem Zwischenfeld liegen Wachstumschancen für den Menschen, kann er, wenn er nur mit dem Abstand umzugehen lernt und die Unterschiede nicht leugnet, allmählich geboren werden. Auch für den Rockfan liegt in dieser Sicht ein enormer Ansporn. Rock vibriert von zahlreichen Spannungen. Eine Reihe davon wurde bereits angesprochen, etwa die Spannung zwischen Musik und Wort, Klängen und Bildern, zwischen Traum und Wirklichkeit, Erscheinung und Sein, zwischen Stars und Fans, Intimität und Masse, zwischen hier und anderswo, jetzt und gleich, Ich und dem anderen, zwischen ambivalenten Trieben und der Sehnsucht nach Reinheit, zwischen einengenden Umständen und befreienden Kräften. Wer vor diesen Spannungen flüchtet, wer mit einem großen Sprung darüber hinwegsetzt, wer das eine mit dem anderen verwechselt oder sich mit allem identifiziert, wer seinen Mangel nicht zugibt, geht an den ihm gebotenen Lebensmöglichkeiten vorbei. Denn dieses Spannungsfeld muß durchkämpft und durchlebt werden, wie ein Raum, aus dem sich nach und nach eine menschlichere Wirklichkeit erheben kann, wenn der geschenkt wird.

Auf dem Spiel steht die Geburt des Menschen. In der Sicht Sibonys steckt eine Einladung, mit den Polaritäten des Daseins spielen zu lernen, ohne das Spiel zu verfälschen, so daß das, was auf dem Spiel steht, nämlich die Geburt des Menschen, eine Chance erhält. Der Tänzer umarmt die Wirklichkeit, wagt ungewohnte Haltungen, sucht andere Stützpunkte in seinem Körper, probiert unerwartete Bewegungen aus, tastet Energien ab. So taucht er ein in die Quellen des Lebens und geht daraus hervor mit einem stärkeren Gespür für seine Verletzlichkeit und Ohnmacht und einem größeren Vertrauen in den Lebensstrom, der ihn trägt und weitertreibt und ihm Zukunft verspricht. Er weiß sich mit seinem Körper aufgenommen in das Ereignis des Lebens, dem er seine Existenz verdankt, das ihn aber auch ständig übersteigt.

Kann nicht auch Rock als ein solcher Weg — mit derselben Richtung und gleichem Einsatz — erlebt werden?

7

Sibony ist nicht der einzige, der von einer Geburt spricht. Auch George Steiner bringt Kunst in Verbindung mit dem Mysterium vom Anfang des Lebens.[158] Wie kommt es, so fragt er sich, daß ein Gedicht oder eine Melodie so tief in uns eindringen, daß sie uns nicht mehr loslassen oder plötzlich wieder in unserem Bewußtsein auftauchen. Wie solle man sich die Affinität zwischen einem Kunstwerk und sich selbst vorstellen? Wieso habe man bei manchen, nie zuvor gesehenen Werken das Gefühl des Wiedererkennens? Steiner deutet zwei Richtungen an, den geheimnisvollen Zugriff des Kunstwerks auf unser intimstes Selbst zu erklären. Einerseits könne es vorkommen, daß es in der Selbstbeherrschung des Bewußtseins ein Stocken gebe. Dann erlahme die Kontrolle, breche das satte Ich auf und werde die Wahrnehmung für ungewohnte Reize empfänglicher. In so einem Moment könne sich ein Gedicht oder ein Lied bei uns einschleichen und sich irgendwo in unseren Zellen festsetzen. Andererseits könne ein Kunstwerk vielleicht, tief in uns, sedimentäre Schichten anbohren, in denen sich prä-logische und prä-verbale Erfahrungen von Erregung und Angst abgelagert haben. So wie Wissenschaftler in kosmischen Hintergrundstrahlen den Nachklang des Ursprungs des Weltalls wahrnähmen, so könnten wir vermuten, daß tief in unserem Inneren die Spuren unseres eigenen allerfrühsten Beginns nachklängen. Hier knüpfe die Kunst an. Ein Gemälde, ein Gedicht, Musik rückten die Geburt unseres eigenen Selbst, das Erwachen unseres Bewußtseins wieder in greifbare Nähe. Sie knüpften an das in unserer allerersten Lebensphase aufgeblühte Bewußtsein vom Unterschied zwischen Ich und Anderem und zwischen Leben und Tod an. Das Kunstwerk löse sich ja von etablierten sozialen Verhaltensmustern und kulturgebundenen Bedeutungen. Es lasse etwas erfahren von der „Freiheit des *Seins*", die an die Freiheit unseres Eintritts in das Dasein erinnere.

Von allen Kunstformen spricht Musik in besonderem Maße

---

[158] George Steiner, *Von realer Gegenwart*, S. 240–262.

an. Musik ist eine Energie, die eine Verbindung zu den Quellen des Lebens als solchem herstellt. Durch die Musik wird man direkt des Urgeschehens von „Sein" gewahr. Daß man existiert, daß man im Leben ist, dieses Urmysterium wird in der Musik greifbar. Die Energie des Daseins ist ursprünglicher als jede biologische und psychologische Prägung. In dieser nackten Tatsache des Seins und des Lebens steckt eine Bedeutung, die dem Sprechen und Argumentieren vorausgeht, hier liegt die Grundlage für jede spätere Verbalisierung und Erläuterung von Sinn. Musik tröstet und heilt, weil sie emporsteigt aus diesem Urbeginn, aus dem Frieden und der Freiheit der ersten Existenz, aus einem Begreifen, das noch nicht eingeschränkt ist von der Sprache der Logik, aus dem inneren Funken, dem Kern unseres „Selbst", das noch nicht gefangen ist in der Burg des „Ichs" und gesellschaftlichen Systemen.

Die Hypothese von Steiner stimmt überein mit Ausdrücken, die eine Gruppe wie Oasis, ein Journalist wie Lester Bangs oder ein Theoretiker wie John Shepherd benutzen, wenn sie den Kern der Erfahrung von Rock umschreiben wollen:[159] die Musik vermittle ein „intensives Gefühl von Leben" und wecke „Erstaunen über das reine Dasein". Mehr kann man dazu wohl kaum sagen und muß man auch nicht. Es handelt sich ja um eine Evidenz, die für sich selber spricht und als sinnvoll erlebt wird, die tiefer geht, als logische Argumente reichen können. Wenn Steiner recht hat, wenn die überwältigende Energie der Musik wirklich an das Entstehen des menschlichen Bewußtseins anknüpft, dann findet sich vielleicht hier auch eine Spur, die Klarheit in die Frage bringen kann, warum Rock so wichtig geworden ist. Wenn Musik an die Energie eines Lebens anknüpft, das im Entstehen begriffen ist und uns den Geburtsprozeß mit all seinen Freuden und Traumata durchmachen läßt, dann hat unsere Kultur so eine heftige und durchdringende Musik vielleicht nötig, weil in unserer Zeit offensichtlich gerade mit dem Geburtsprozeß des Menschen etwas nicht in Ordnung ist.

Wozu geboren werden? In was für eine Welt? Um was zu werden? In wessen Angesicht? In der heutigen Gesellschaft ist der Geburtsvorgang eine traumatische Erfahrung. Das weiß je-

---

159 Vgl. Teil I, Kapitel 3.

der. Kinder müssen oftmals in einer schwierigen Umgebung aufwachsen. Ihre affektive Entwicklung wird auf vielerlei Weise auf
die Probe gestellt. Die Zahl der Scheidungen und Einelternfami-
lien nimmt ständig zu. Sexueller Mißbrauch von Minderjährigen
kommt häufig vor. Ungewollte Kinder werden schon vor ihrer
Geburt in ihrem emotionalen Gleichgewicht gestört. Das Erwachen des Bewußtseins und des Selbstbewußtseins geschieht oftmals vor dem Fernseher. Täglich bekommen kleine Kinder Bilder von Weltproblemen und menschlichen Verhaltensweisen zu
sehen, denen sie überhaupt noch nicht gewachsen sind. Hier findet ein regelrechter Angriff auf ihr affektives Wohlbefinden statt.
Kinder dürfen nicht lange Kind sein. Heranwachsende versuchen
dann, den Schaden auszugleichen, und spielen noch mit Teddy-
bären.

Gewinn ist das einzige, was zählt, ungeachtet der Folgen für
die Menschen und die Umwelt. Man muß nur einmal durch bestimmte Gegenden in Großstädten gehen, um den Schaden zu
sehen. Bestechungsskandale werden verschwiegen. Kommt es
aber doch einmal zu Prozessen, dann sorgen Prozeßfehler für
Rettung. Mit einem Lächeln lügen uns die Mächtigen an. Wo ist
der Mensch geblieben? Wo das Menschliche? Protest wird in den
Medien zu einem Thema neben anderen. Bilder erzeugen den
Eindruck von Unmittelbarkeit und Nähe, während die Wirklichkeit immer weiter auf Abstand rückt. Virtueller Sex wird uns
in Aussicht gestellt. Und der Verkehr rast in einem mörderischen Tempo über unsere Straßen und macht unsere Städte und
Dörfer unsicher.

Die Probleme sind hinlänglich bekannt. Jedes einzelne stellt
ein Hindernis auf dem Weg zu einer menschlicheren Gesellschaft
dar. Das Menschliche im Menschen wird betrogen, lahmgelegt,
müde gestritten, in Schlaf gewiegt, ausgelöscht. Der Mensch ist
noch nicht wirklich als Mensch geboren.

„Auf dem menschlichen Gesicht klebt etwas wie ein Tod, der
noch immer anhält; [...] schon tausend Jahre atmet und spricht es,
und noch immer scheint es, als wenn es noch immer nicht be-
gonnen hat zu sagen, was es ist und was es weiß.“

So ungefähr formulierte es Antonin Artaud. Seiner Ansicht nach muß der Maler das menschliche Gesicht retten, indem er ihm seine wirklichen Gesichtszüge zurückschenkt.

Kunst rettet die Welt tatsächlich, indem sie das Menschliche im Menschen rettet, dem Menschen eine Geburtschance schenkt. Die Überlegungen von Sibony und Steiner gehen in dieselbe Richtung. Für den einen ist Tanz ein Prozeß von Geburt, für den anderen entfacht Kunst — und Musik an erster Stelle — die Energie des frühesten Lebensbeginns wieder. Beide Autoren bringen das Entstehen des menschlichen Lebens in Verbindung mit einer übersteigenden Realität, mit dem Geheimnis von „Sein" und „Leben", mit dem Mysterium des „Anderen". Ein dritter Autor, dem wir zu Beginn schon einmal begegnet sind, Guy Rosolato, stellt eine Verbindung her zwischen der Schinderei des Künstlers und den Urphantasmen, die das psychische Leben strukturieren: Kastration, das elterliche Schlafzimmer, die Rückkehr in den Mutterschoß, Verführung und der Unterschied der Geschlechter. Auffällig ist, daß alle diese Phantasmen, die das Basismaterial unseres psychischen Lebens ausmachen, auf das Geheimnis des Ursprungs, die Fruchtbarkeit des Lebens und die Realität des Todes verweisen. Sie betreffen das Mysterium der Menschwerdung und die Beziehung zu dem unkennbaren Unbekannten. Wenn sich Kunst tatsächlich auf diese Phantasmen bezieht, dann ringt der Künstler mit der Menschwerdung und mit dem Unbekannten.

In unserer Kultur nach dem Wort und ohne Mythen ist die Kunst in den Vordergrund gerückt. Dies kann ein Hinweis darauf sein, daß die Dinge, an denen der Künstler arbeitet, Menschwerdung und die Beziehung zu dem Unbekannten, zu akuten Problemen geworden sind. Die Verarmung der Worte und die Zersetzung der traditionellen Mythen stellen nicht das Hauptproblem dar. Es sind die Symptome einer tieferliegenden Krise, nämlich die des traumatischen Geburtsprozesses des Menschen am Vorabend des dritten Jahrtausends.

In der Rockkultur sind die Sehnsucht nach Leben und der Protest gegen Kräfte, die das Leben ersticken, allgegenwärtig. In der Musik selbst steckt der Jubel des Beginns, die Freude des ersten Atemzugs, doch zu gleicher Zeit auch die Revolte gegen Systeme, die gefangennehmen und einengen. Die Worte der Songs liegen auf derselben Linie. Scheinbar banale Anekdoten oder Klischees können ein Ausdruck sein für den Kampf um die Geburt des Menschen, den Kampf der Liebe gegen den Haß (Liebe bestätigt den anderen in seinem Dasein, Haß schenkt ihm keine Chance zur Geburt), den Kampf der Anerkennung gegen die Mißachtung (ein jemand sein zu dürfen, statt erniedrigt und ausgebeutet zu werden), den Kampf der Freiheit gegen die Unfreiheit (das Auto zum Beispiel kann eine Metapher für den freien Lebensstrom sein wie in „Son Of Mustang Ford" von Swervedriver). Das Motiv der Unzufriedenheit (man denke etwa an „No Satisfaction" von den Rolling Stones) handelt von mehr als nur einer oberflächlichen Frustration im alltäglichen Einerlei, es verweist auf eine Behinderung in der Entwicklung von Lebenschancen. Das Thema „No Future" der Punkbewegung meint nicht, daß man keinen Glauben an die Zukunft hat, sondern ist ein Protestschrei gegen eine Gesellschaft, die unfruchtbar macht und die Zukunft verbaut („I've got no future at all", Sex Pistols in „God Save the Queen"). Ganz konkret geht es um das Gefühl, daß wir in unserer Existenz als Mensch von einem unmenschlichen System geleugnet werden. Im ersten Teil wurde darauf bereits hingewiesen: Kurt Cobain schrie es in „Smells Like Teen Spirit" („a denial'...) aus, und gerade weil er mit diesem Wort, mit diesem Schrei im Herzen der Musik intuitiv den Kern der heutigen Probleme ansprach, wurde dieser Song so ein Erfolg. Was bei Nirvana wie ein Hilfeschrei klingt, wird von Oasis in einen feurigen Ansporn übersetzt:

„Don't ever stand aside
Don't ever be denied."
„Roll With It"

Man wirft Rock vor, daß er ein narzißtisches, aggressives oder apathisches Verhalten fördere. Es ist zwar so, daß Rock auf narzißtische Impulse und Träume eingeht, dies jedoch ist noch kein Beweis für eine narzißtische Fixierung, eher ein Symptom eines ernsten narzißtischen Mangels, an dem eine Generation leidet, die in einer Atmosphäre affektiver Armut großgeworden ist. Rock kann tatsächlich aggressiv klingen, und zahlreiche Videoclips sind voll aggressiver Bilder. Doch das beweist nicht, daß Musik Gewalt als solche verherrliche. Im Gegenteil. Sie muß eher als ein kulturelles Mittel gesehen werden, mit deren Hilfe eine Generation, die in einer gewalttätigen Welt aufwachsen muß, versucht, diese Situation zu verarbeiten (Jugendliche sehen im Fernsehen tausend und abertausend Morde, noch bevor sie volljährig geworden sind; manche Videoclips scheinen ein Versuch zu sein, die Bilder von Gewalt, die sich ihnen aufdrängen, bis zum Äußersten zu treiben, so daß sie erschöpft, durchgedreht, aufgebrannt ihre Kraft verlieren). Und Strömungen in der Rockmusik, die defätistisch wirken und anscheinend eine apathische Haltung propagieren, sind vermutlich weniger Ausdruck von Gleichgültigkeit gegenüber der Gesellschaft als vielmehr eine Möglichkeit, um Abstand zu nehmen, um im eigenen Raum von Klängen und Rhythmen einen Zufluchtsort zu finden, eine Plattform oder einen Ausgangspunkt für ein wärmeres, innigeres, wahreres menschliches Dasein. Musik kann als alternativer Mutterschoß fungieren, um noch einmal und anders geboren zu werden, um endlich irgendwann einmal als ein vollwertiger Mensch in Freiheit und Liebe zu erstehen.

Sieht man das nicht? Hört man das nicht? Ist die Musik nicht laut genug aufgedreht? Politiker haben alle Hände voll zu tun mit Etatbeschönigungen und Interessenskonflikten. Wer wird da seine Stimme erheben? Sänger rufen es von den Dächern. Sie verfügen über das kräftigste Instrument, das uns zur Verfügung steht. Das wußte schon Platon: daß nichts den Menschen so tief berühren kann wie Musik und daß Aufstand in der Musik die ganze Gesellschaft in eine revolutionäre Bewegung mitzureißen droht.[160] Auch darin liegt ein Fingerzeig verborgen. Daß man in unserer Kultur instinktiv auf das intensivste Mittel zurückgreift und daß dieses Mittel, die Musik, noch zu extremen Formen getrieben wird, wie es im Rock ohne Zweifel geschieht, könnte ein Symptom sein für die Dringlichkeit der Not und den Ernst des Einsatzes. Auf dem Spiel steht die Zukunft des Menschen, stehen die Geburts- und Wachstumschancen des Menschlichen, des Allermenschlichsten, in der sich gerade vollziehenden Geschichte, die uns allen anvertraut ist. Fundamentale Eingriffe in die Optionen und das Funktionieren unserer Gesellschaft drän-

160 Platon, *Der Staat,* IV, 424 c–d.

gen sich auf, will der Mensch nicht an sich selbst zugrunde gehen. Nochmals, wird der Schrei gehört?

Rock ist radikal. Die Musik sprudelt aus den tiefsten Schichten unseres Willens zu Leben und Fruchtbarkeit. Zugleich erweckt sie eine respekteinflößende Klangwelt, in der der Mensch mit all seinen Verletzlichkeiten transzendiert und mit dem unbekannten Anderen konfrontiert wird, das von keinen Worten mehr erfaßt und von keinem Mythos mehr erzählt werden kann. Diese Radikalität wird mit aller Macht neutralisiert. Die herrschenden Systeme können dabei auf die Ambivalenz der Leidenschaften hinweisen, die auch das Herz des Künstlers und des Musikfans selbst aufspaltet.

Oftmals erinnert Rock an einen Löwen in einem kitschigen Zoo. Ja, das Tier erhält wohl die nötige Beachtung, jeder spricht von ihm, es werden überall prächtige Hochglanzposter verteilt, die die Wände der Teenies schmücken sollen. Und verdienen läßt sich mit ihm auch etwas. Jedoch, der Löwe ist eingesperrt, seine Freiheit wird geschmäht, und sein Gebrüll läßt niemanden mehr erzittern. — Steckt in dem Käfig überhaupt noch ein *lebendiger* Löwe? Oder ist das womöglich nur ein ausgestopftes Tier? — Für Nietzsche war der Löwe das Tier des heiligen Neins gegen die gefürchteten Mächte und bürgerlichen Normen. Niemand, der sich nach der Freiheit einer neuen Schöpfung sehnt, kann auf sein Gebrüll verzichten: Es fegt den Raum für die Ankunft des Kindes, welches das Hervorquellen des schwangeren Lebensstroms mit einem heiligen Ja bestätigt.[161]

---

[161] Vgl. Friedrich Nietzsche, *Also sprach Zarathustra*, „Von den drei Verwandlungen".

III
RELIGION

„[...] I have lived with the hope that perhaps there are not two realms,
the sacred world of God and the profane world of Gentile art,
but that great art can also be for the sake of heaven.“

Chaim Potok, The Gift of Asher Lev (1990)

1

„Religion" ist bei uns kein besonders attraktives Wort. Aber es bietet den Vorteil, daß es unterschiedliche und doch verwandte Realitäten auf einen Nenner zu bringen hilft: Religion im anthropologischen Sinn (in diese Rubrik scheint das Wort am ehesten zu gehören), Spiritualität im weitesten Sinn, religiöser Glaube, Theologie als kritische Reflexion auf Spiritualität und Glauben. Wer zwischen Rock und „dem Religiösen" eine Beziehung herstellt, muß sich darüber klar sein, aus welcher Perspektive und mit welchem Vokabular er spricht. Die verschiedenen Aspekte, von denen eben die Rede war, sollte man am besten genau auseinanderhalten. Sie kommen in diesem dritten Teil nacheinander an die Reihe.

Im anthropologischen Sinn des Wortes ist Rock eindeutig religiös. Die kulturelle Anthropologie konstatiert in völlig unterschiedlichen Zivilisationen — von den primitivsten Zeiten bis heute — die Anwesenheit religiöser Strukturen in der menschlichen Gesellschaft. Religiös sind soziale und psychologische Strukturen in dem Maße, in dem sie von einer Dualität zwischen dem Gewöhnlichen und dem Außergewöhnlichen ausgehen. In der traditionellen mythischen Sprache wird dieser Unterschied als Gegenüber von Erde und Himmel, Profanem und Sakralem, Zeitlichem und Ewigem, Menschlichem und Übermenschlichem, Natur und Übernatürlichem ausgedrückt. Die inhaltliche Füllung (in den überlieferten Vorstellungen, Ritualen, Ge- und Verboten etc.) kann aufgrund des geographischen oder historischen Kontextes unterschiedlich sein. Die Anthropologie beschreibt sie, äußert sich aber nicht zu deren religiöser Bedeutung als solcher. Es geht ihr um die bleibenden Tiefenstrukturen, auf denen kulturgebundene Ausprägungen basieren. Diese Strukturen haben u. a. mit dem Verhältnis von Raum und Zeit, mit dem Erleben einer sozialen Zusammengehörigkeit, dem Bewußtsein von Normen und dem Entstehen spezifischer gesellschaftlicher Funktionen zu tun.

Aspekte dieser religiösen Strukturen findet man mühelos auch in der Rockkultur wieder. So bringt die Musik zum Beispiel eine eigene Strukturierung von Raum und Zeit mit sich, die von der alltäglichen Erfahrung abweicht. Festivals finden an Orten statt, die eine symbolische Ausstrahlung erhalten (etwa die Weide von Werchter). Wie auf einer Wallfahrt zieht man mit Tausenden gleichzeitig — unter manchmal recht unbequemen Umständen — dorthin. Ein Stück des Wegs wird zu Fuß zurückgelegt, Konzerte finden in vertrauten Sälen statt wie Vaartkapoen oder Ancienne Belgique in Brüssel. Rock bietet übrigens den Vorteil, daß er nicht an Tempel gebunden ist. Wie früher bereits angedeutet, erzeugt die Musik — u. a. durch ihr Klangvolumen — eine eigene Architektur, die einen Saal aus Beton, einen Platz in einer Innenstadt oder eine Wiese auf dem Lande zu einer neuen Räumlichkeit verzaubert. Durch die Musik fühlt man sich in eine andere Umgebung versetzt, in der man frei atmet und sich frei bewegt. So wie Heidegger Sprache nicht (onto-)logisch verstand als ein Mittel, die Wirklichkeit in Begriffen festzulegen, sondern architektonisch als eine Wohnung, in der sich das „Sein" einrichtet („Die Sprache ist das Haus des Seins"), so kann man auch Musik betrachten als einen Wohnort des „Lebens", als einen Palast der Klänge, wo das „Leben" hereinschaut.

Neben einem eigenen Raum schafft Rock gleichzeitig auch eine eigene Zeit. Jede Musik kennt einen inneren Zeitablauf, der sich von der linearen Zeit der Uhren unterscheidet. Bei Rock kommt noch eine auffällige Intensivierung des Zeiterlebens hinzu. Auftritte dauern meist nicht sehr lange (eine Stunde, anderthalb Stunden, selten länger). Aber in dieser kurzen Zeitspanne geschieht viel mehr als normalerweise in einer Stunde. Man hat sich lange darauf gefreut, hat den Abend selbst noch lange auf das Verlöschen der Lichter gewartet, die Atmosphäre im Publikum ist manchmal zum Zerreißen gespannt. Anschließend ist man noch Tage lang davon erfüllt. Ein anderer Aspekt des Zeiterlebens ist der Wechsel von Tag und Nacht. Rockkonzerte finden statt, wenn es dunkel wird, wenn die festen Konturen verschwimmen und die Wirklichkeit sich von ihrer anderen, magischen Seite ahnen läßt. Das übrigens ist der große Nachteil von Sommerfestivals: Nur wer als letztes auftritt, hat die Nacht an seiner Seite.

Ein Konzert kann als eine Form spontaner Liturgie gesehen werden, mit ritueller Kleidung (T-Shirts), gemeinsamen Bewegungen (man steht aufrecht, singt mit, applaudiert etc.). Einem Konzert wohnt man nicht als Zuschauer bei, sondern als Teilnehmer. Man nimmt teil an dem Fest. Und echte Feste besitzen sakralen Charakter. Man unterbricht seine Gewohnheiten, die Disziplin, die Distanz und Selbstbeherrschung des täglichen Umgangs wird für einen Moment vergessen. Es darf ruhig etwas kosten, man gibt aus — Energie und Geld. Statt Sachlichkeit und Ausgeglichenheit des Verstandes lodert das Feuer der Emotionen und der Leidenschaften. Typisch für ein Fest ist das Übertreten der gängigen Normen, insbesondere religiöser Tabus, sexueller Beziehungen und der sozialen Hierarchie. In vielen alten Kulturen lassen sich Formen ritueller Übertretung feststellen. Während unsere menschlichen Triebe und Träume im Alltag durch zahlreiche Gesetze und Gebräuche an die Kette gelegt sind, wird diese etablierte Ordnung während des Festes relativiert. Deren Relativität wird deutlich gemacht. Der Horizont wird erweitert. Es tun sich andere Möglichkeiten auf. Verdrängte Dimensionen erhalten eine Chance.

Das Programm, das unter dem Motto *sex, drugs and rock 'n' roll* zusammengefaßt wird, liegt auf einer Linie mit der rituellen Übertretung: das Überschreiten der sexuellen Normen, Rausch statt Enthaltsamkeit, lautstarke temperamentvolle Musik, die die Diskretion und die Zurückhaltung der geschäftsmäßigen Gesellschaft durchbricht. Rituelle Feste mit ihrem unkonventionellen Charakter sind für eine Gemeinschaft eine Wohltat: Sie fungieren als Ventil, und wichtiger noch, sie lassen Erfahrungen zu, die in ganz menschliche Dimensionen einweihen, die sonst verkümmern würden. Im Zusammenhang mit der Rockkultur kann sich die Frage stellen, in welchem Maße das Übertreten von Normen effizient bleibt, wann es seinen rituellen Charakter verliert und in einem alltäglichen Lebensstil banalisiert wird. Wenn es keinen Unterschied mehr zwischen festlichem und alltäglichem Verhalten gibt, riskiert die Ungebundenheit — sozial und psychologisch gesehen —, in (selbst-)zerstörerische Praktiken überzugehen.

Zu den religiösen Strukturen (noch immer im anthropologischen Sinn des Wortes) gehört die Funktion der Vermittler: Schamanen, Zauberer, Magier, Priester. Sie haben einen Fuß im Profanen und einen in der sakralen Welt. Aufgrund dieser privilegierten Position sagt man ihnen nach, daß sie in den Lebensprozeß eingreifen könnten. Ihr Wissen und ihre Fähigkeiten kommen dem normalen Menschen zugute. So können auch Rockgruppen in der kollektiven Fantasie als Mittler fungieren zwischen dem unbeherrschbaren Lebensgeschehen, das in der Musik zum Ausdruck kommt, und den Zuhörern, die kommen, um im Strom des Lebens neu geboren zu werden. Musik ist unsichtbar, Sänger aber haben ein Gesicht. Sehr schnell kann sich daher das Interesse an der Musik auf die Gruppen verlagern. In einer spannenden ethnologischen Studie, die unter Leitung von Jean-Claude Schmitt erschienen ist, wird der Starkult der Jugendlichen in der populären Kultur mit der traditionellen Heiligenverehrung verglichen.[162] Strukturell geht es sowohl bei Heiligen als auch bei Idolen — wenn auch in einem völlig anderen kulturellen Kontext — um dieselbe Vermittlerrolle zwischen menschlichen und übersteigenden Kräften. Dieses Buch enthält u. a. eine interessante Studie über Patti Smith, die mit ihrer widersprüchlichen Persönlichkeit (eine Frau nämlich, die sich als Mann fühlt; für die Fans ist sie Engel und Teufel zugleich) eine gute Vorstellung von der Atmosphäre vermittelt, die günstig ist für das Übertreten der gängigen Normen; jedenfalls verwischen in einer mehrdeutigen Gestalt die Trennlinien, die sonst in der Gesellschaft gelten. (Der Gipfel an Mehrdeutigkeit ist Michael Jackson; er hat ein Image kreiert, in dem alle psychologisch und gesellschaftlich strukturierenden Gegensätze verschwinden; alles geht durcheinander: Schwarz und Weiß, Männliches und Weibliches, Jung und Alt, Knecht und König etc.).

Fans, die aus Musikern Idole machen, lassen sich von unbewußten Impulsen treiben, die mit dem Kampf um Leben und Tod in Beziehung stehen. Auf den Star werden eigene narzißtische Allmachtsfantasien projiziert, und durch seinen (symbolischen oder realen) Tod wird der eigene Tod beschworen. Der Opfermechanismus, der hier — wie im ersten Teil beschrieben — am Werk ist, wird von René Girard als Kern religiöser Strukturen aufgefaßt. Seiner Meinung nach gehen sie zurück auf einen Urmord, bei dem die drohende Gewalt aller gegen alle auf die kontrollierte Gewalt aller gegen einen eingegrenzt wurde. Für

---

[162] Jean-Claude Schmitt (Hg.), *Les saints et les stars. Le texte hagiographique dans la culture populaire*, Paris, Beauchesne, 1983.

die primitive Gesellschaft war diese Kanalisierung von Gewalt eine entscheidende und heilsame Erfahrung: Gefühle von Schuld und Pflicht brachten Ordnung in den Clan. Das Opfer wurde sakralisiert. Von diesem Kern her können verschiedene Aspekte der Religion weiter erklärt werden (Mythen wie das In-Beziehung-Setzen gesellschaftlicher Konflikte mit einer imaginären Götterwelt; Riten wie das Ersetzen des Menschenopfers durch symbolische Substitute).

Wenn man der Theorie von Girard — und sei es nur zum Teil — folgt, dann bietet auch sie — über den Opfermechanismus — einen Zugang, die Verbindung zwischen Rock und universalen religiösen Strukturen zu bestätigen. Und doch ist man mit der Konstatierung einer Verwandtschaft zwischen der Rockwelt und den allgemeinen Strukturen, die man in religiösen Ausdrucksformen wiederfindet, noch kaum einen Schritt weiter. Über die Verfassung und die Tragweite dieser Strukturen ist damit noch nichts gesagt. Haben konstante Strukturen notwendigerweise dieselbe Bedeutung — ungeachtet des kulturellen Kontextes, in dem sie Geltung haben? Und sollten archaische Strukturen nicht am besten so schnell wie möglich überwunden werden? Durkheim sah in den religiösen Ausdrucksformen der nicht-westlichen Völker eine Zelebration des gesellschaftlichen Lebens als solches. Seiner Meinung nach ist das Sakrale nichts anderes als eine symbolische Darstellung der Übermacht der Gesellschaft über das Individuum. Von dem komplexen Leben des sozialen Körpers geht eine faszinierende, mysteriöse Kraft auf den Einzelnen aus, und die wird in Mythen verbalisiert und in Riten gefeiert. Religiöse Strukturen aber — deren Existenz in den uns bekannten Kulturen niemand leugnen wird — können in alle Richtungen hin ausgelegt werden. Was wird dann aber letztlich behauptet, wenn man sagt, daß Rock eine (aufgrund einer säkularisierten Kultur) zeitgenössische Ausformung jahrhundertealter „religiöser" Strukturen sei?

Protestantische Theologen wie Barth oder Bonhoeffer tendieren dazu, den Gegensatz von Religion und Glauben auf die Spitze zu treiben. Religiöse Vorstellungen und Praktiken flössen aus anthropologischen Strukturen (psychischen Antriebskräften, sozialen Gesetzmäßigkeiten etc.), während der Glaube erst mit der Hingabe an eine göttliche Offenbarung, die direkt von oben komme, beginne. Doch eine allzu scharfe Trennung zwischen Himmel und Erde gibt keine Antwort auf die Frage, ob das Göttliche sich nicht auch über anthropologische Mechanismen offenbaren kann. Es scheint vielmehr so zu sein, daß archaische Strukturen, infolge des Einflusses des jüdisch-christlichen Erbes auf die globale Entwicklung der menschlichen Zivilisation, nicht mehr ungehindert funktionieren können. Wie Girard scharfsinnig gesehen hat, wurden der Betrug und die Ungerechtigkeit des Opfermechanismus' am Kreuz ein für alle Male aufgedeckt. Der Sündenbock-Mechanismus ist darum zwar noch nicht verschwunden, doch er funktioniert nicht mehr reibungslos. Das Sakralisieren verborgener, gewalttätiger Impulse wird im Lauf der Jahrhunderte schrittweise immer weiter demaskiert. In diesem Sinne liegt übrigens ein Teil der Ausgrabungsarbeiten, die die („atheistische") Religionskritik und die Psychoanalyse in den dunklen Kellern vorgenommen haben, auf denen das menschliche Bewußtsein und das gesellschaftliche Leben gründen, ganz und gar auf einer Linie mit der christlichen Tradition.

Die ambivalente Haltung innerhalb der Rockkultur selbst gegenüber dem Phänomen des Starkults ist typisch für die kulturhistorische Phase, in der wir uns befinden. Einerseits ist der westliche Mensch noch lange nicht bis in die tiefsten Schichten seines Wesens bekehrt, nicht radikal emanzipiert (so betrachtet hat es noch nie ein wirklich „christliches" oder „aufgeklärtes" Europa gegeben) und funktioniert der archaische Opfermechanismus beinahe störungsfrei weiter. Andererseits fühlt man sich nicht mehr so gut dabei. Man ist sich bewußt, daß da etwas nicht stimmt. Man leugnet zum großen Teil, was da im kollektiven (Unter-)Bewußtsein los ist. Bricht ein Star unter seinem Ruhm zusammen, dann wird das offiziell auf *sein* persönliches Problem zurückgeführt. So wurden der Selbstmord von Kurt Cobain und das Verschwinden von Richey Edwards meist als eine Absurdität aufgefaßt und nur von wenigen als ein heilsames Opfer. Die Widersprüchlichkeit der eigenen Gefühle und den Todestrieb, der im Herzen eines jeden am Werke ist und verschiedene subtile Formen von Mitschuld einflößt, gesteht man sich meist nicht ein. Während das „Opfer" der Stars in mehr oder weniger symbolischen Formen mit geringen oder weitreichenden realen Folgen tief verankerte psychische und soziale Bedürfnisse befriedigt, herrscht im allgemeinen im Selbstbewußtsein der Rockkultur die Überzeugung vor, die Musik benötige keinen Messias und keinen Sündenbock.

Die Feststellung, daß in so einem zeitgenössischen Phänomen wie der Rockkultur wohl noch vorchristliche Strukturen fortbestehen, könnte die Auffassung erhärten, daß unser post-christliches Jahrhundert den Weg eines neuen Heidentums eingeschlagen hat. Die jüdisch-christliche Kritik am Goldenen Kalb jedoch ist ein unwiderruflicher Bestandteil der menschlichen Geschichte geworden. Auch wenn das Christentum verschwinden müßte, so hat es doch das vorchristliche Heidentum für immer vernichtet, es sei denn, daß die Menschheit ihre gesamte Entwicklungsgeschichte ungeschehen machte. Rock ist kein Symptom für eine sogenannte Rückkehr des Heidentums von einst, sondern eher eine Manifestation der radikalen Verschiebungen im Umgang der (westlichen) Menschheit mit einer Reihe von Grundstrukturen der menschlichen Existenz und mit der traditionellen Unterscheidung zwischen Sakralem und Profanem.

2

Spiritualität ist ein Wort, das in manchen Kreisen nicht so gern gehört wird. Um verkehrten Assoziationen vorzubeugen, muß klargestellt werden, vor welchem Hintergrund dieser Begriff auch auf die Rockkultur bezogen werden darf.

In *Qu'est-ce que la littérature* hat Sartre gegen die in seinen Augen versteinerte Spiritualität der Kirche die Forderung nach einer neuen Spiritualität erhoben — losgelöst von jeder Ideologie. Sie wird von ihm beschrieben als „die Fähigkeit, das Gegebene, was es auch sei, ständig zu übersteigen". Das Spirituelle liege „auf der Straße, dem Kirmesplatz, dem Markt, im Gerichtssaal". Es geht also nicht darum, sich von den irdischen Dingen abzuwenden, sondern im Gegenteil darum, sie sich immer wieder neu angelegen sein zu lassen, in der Absicht, sie zu übersteigen. Nach Sartres Auffassung hat Spiritualität mit der Freiheit des Menschen zu tun, der durch seine geistige Aktivität die natürlichen Gegebenheiten überschreitet und etwas Sinnvolles damit anfängt. Spirituell ist nun gerade jene dynamische Kraft, durch die der Mensch Natur zu Kultur umgestaltet und Freiheit über Determinismen erobert. Und diese Bewegung kann nirgendwo anders beginnen als in dieser „vielfarbigen und konkreten Welt, mit ihrer Schwerfälligkeit, ihrer Undurchsichtigkeit", mit dem unausrottbaren Bösen, das sie angreift. Spirituell zu sein fängt in dieser „rauhen", „schwitzenden", „stinkenden" Welt an, der einzigen Geburtsstätte unserer Freiheit.[163] In dieser Auffassung steckt eine Forderung, die typisch ist für eine Tendenz in der geistigen Gestimmtheit unseres Jahrhunderts: Spiritualität kann nur echt sein, wenn sie inkarniert ist, eingebettet und eingewebt in die Stofflichkeit der Welt und die Körperlichkeit des Menschen. Ein zweiter wichtiger Aspekt ist es, die Spiritualität abzukoppeln von der (weltanschaulichen oder religiösen) Ideologie. Ein drittes Kennzeichen betrifft den Gedanken der Überschreitung. Freiheit wird bei Sartre immer von einem Zweitaktmotor angetrieben. Der erste Schlag ist ein Abbrechen, Hinter-sich-Lassen, Vernich-

---

[163] Jean-Paul Sartre, *Qu'est-ce que la littérature*, S. 110–111, 116, 162.

ten, der zweite ein Erfinden, Entwerfen, Aufbauen. Spiritualität bedeutet gleichzeitig ein Eingehen auf die konkreten Umstände des Daseins wie auch deren Übersteigen.

Ein anderer Autor, der für das Stichwort Spiritualität ebenfalls spannendes Material geliefert hat, ist Georges Bataille. Sein Buch *L'expérience intérieur* ist das Dokument einer geistigen Suche, in der vielleicht viele Künstler der Gegenwart etwas von sich wiedererkennen können. Auch Bataille sucht außerhalb der vorgebahnten Wege der Tradition, außerhalb des Kerkers festgerosteter Systeme. Eine intensive „Erfahrung" steht bei ihm im Mittelpunkt, eine Konfrontation mit den Quellen des Daseins, mit den untergründigen Schichten der Wirklichkeit, mit den Spannungen und den Ungereimtheiten des Lebens. Um diese „Erfahrung" machen zu können, muß man den Mut aufbringen, mit der Hingabe bis zum äußersten zu gehen und loszukommen von dem narzißtischen Verlangen, alles selbst sein und alles selbst in den Händen halten zu wollen. Man muß loslassen und (auch Worte) über Bord werfen können, man muß großzügig sein können und nicht berechnend, die Leidenschaft der Liebe bis ins Mark durchleben und dem Tod trotzen. Wer sich ohne Zurückhaltung in dieses Abenteuer stürzt, gerät in den Bann des Unbekannten. Der wird gezwungen, alles an Halt aufzugeben, auch den Verstand, der mit seinen Theorien versucht, die Wirklichkeit zugänglich und produktiv zu machen. Der wird dazu getrieben, eine gefährliche Zone zu betreten, in der destruktive Kräfte herrschen. Der Weg zum Unbekannten verläuft über totale Erschütterung und Finsternis. Dazu gehört Askese im traditionellen Sinn von Enthaltung nicht. Man wählt den Weg der Unmäßigkeit, des Exzessiven. Man muß alle Mittel des Lebens aufgreifen und ausschöpfen, um von sich loszukommen und sich selbst ganz und gar zu verlieren. Bataille meint mit „innerer Erfahrung" ausdrücklich das, was man gewöhnlich „mystische Erfahrung" nennt, vermeidet jedoch das Wort „mystisch", das in seinen Augen zu sehr an religiöse Traditionen gebunden ist.[164] Seine Überzeugung, daß ein tiefes innerliches Leben ohne viele Worte, jedoch mit einem realen mystischen Gehalt aus leidenschaftlichen, ausgelassenen, extremen Daseinserfahrungen er-

---

[164] Georges Bataille, *L'expérience intérieur* (1943/1954), Paris, Gallimard, Collection Tel, 1992, S. 5.

wachsen kann, könnte zu einem besseren Verständnis der spirituellen Dimension beitragen, die es anscheinend auch in der Rockkultur gibt.

Bataille hat seine mystische Suche zwar nonkonformistisch, aber waschecht intellektuell durchgeführt. Künstler werden eine ähnliche Suche mit plastischen Werken vornehmen. Mystische Erfahrungen sind nicht das Vorrecht einer Elite. Jeder kann sie machen. In seiner bereits erwähnten Studie untersucht Michel Hulin, der indische Philosophie lehrt, das Phänomen, das er „wilde Mystik" nennt, also mystische Erfahrungen, die ohne eine besondere Vorbereitung und außerhalb des traditionellen religiösen Rahmens stattfinden. Wilde Mystik tritt plötzlich auf, die Intensität des Erlebens steht im Kontrast zu der Banalität des Anlasses und den Umständen, und ebenso kennzeichnend ist das überwältigende Gefühl von Glückseligkeit, das die Erfahrung krönt. Die vertraute Welt verliert ihre Selbstverständlichkeit und das bewußte Ich seine sonst übliche Sattheit. Zwei Momente gehören ganz wesentlich zur wilden Mystik. Das erste, negative, ist das Weggleiten aus allen Sicherheiten, das Wegfallen der Worte, das Leerlaufen der gängigen Vorstellungen. Das zweite Moment ist positiv. Die Entwirklichung der gewöhnlichen Wirklichkeit öffnet den Zugang zu einer innigeren, „wirklicheren" Wirklichkeit, zu einer liebevollen Geborgenheit im umfassenden Sinn. Man teilt die Seligkeit, die mit „LEBEN" wesensgleich ist.

Die Transfiguration des Bewußtseins von Wirklichkeit, die in der wilden Mystik geschieht, verlagert den Schwerpunkt des rationalen Bewußtseins auf die Affektivität. In diesem Sinn schließen solche Erfahrungen gut an die oben skizzierten Verschiebungen in der westlichen Welt an, von einer eher konzeptuellen zu einer emotionaleren Kultur. Die ontologische Seligkeit in der mystischen Erfahrung berührt den Menschen in der Dimension der „Befindlichkeit" (eine bereits zitierte Ausdrucksweise Heideggers), seiner affektiven Ansprechbarkeit. Das Loslassen von Vorstellungen und Begriffen erzeugt Angst bei dem, der noch zögert, sich so plötzlich den Erfahrungen hinzugeben. Er wird auf diese Weise eine leichte Beute der verschiedenen Systeme und Ideologien werden, die Sicherheit bieten.

Widerstand gegen die mystische Erfahrung ist keine Seltenheit. Freud ist dafür ein gutes Beispiel. Sicherlich hat er im Ge-

gensatz zu der gesamten westlichen Tradition, die das Mensch-
sein als Freiheit, Wille, Bewußtsein, als Vernunft definiert hat,
den Menschen als affektives Wesen bestimmt: Der primäre Narzißmus, der ursprüngliche Genuß von und in sich selbst, bestimmt sein Menschenbild.[165] (Diese Verschiebung im Menschenbild darf man nicht übersehen, wenn man die Kultur unseres
Jahrhunderts verstehen will.) Der Übergang von diesem primitiven Selbstgenuß zum mystischen Genießen in der Hingabe an
das Andere oder in der Einswerdung mit ihm findet sich bei
Freud jedoch nicht. Gegenüber einer solchen Erfahrung fühlte er
eine unüberwindliche Abneigung in sich. Mystik sei ihm ebenso
unzugänglich wie Musik, hatte er Romain Rolland geschrieben.[166] Dieser Satz stellt eine interessante Beziehung her zwischen Mystik und Musik. Beide setzen ein ähnliches Loslassen
von den rationalen Sicherheiten und vom kritischen Denken
voraus sowie eine Hingabe an eine Wirklichkeit, in der das Ich
überstiegen wird und womöglich ganz darin aufgeht. Wegen
dieses Loslassens und dieser Hingabe können sowohl Mystik als
auch Musik innere Widerstände hervorrufen.

Die intensive Erfahrung von Rock kann nicht einfach mit der
Erfahrung von wilder Mystik gleichgesetzt werden, auch wenn
es frappierende Übereinstimmungen gibt, geht man auf den Kern
zurück. Das Moment der Entwirklichung der alltäglichen Dinge
und das der Hingabe an eine andere, realere Wirklichkeit — das
findet sich bei beiden. Während *New Age* die kosmische Harmonie hervorhebt und der Buddhismus die Aufhebung der Grenzen
zwischen dem Ich, den anderen und dem All, kommt Rock nie
ganz los von den schwer zu überbrückenden Widersprüchen der
Wirklichkeit und den Spannungen zwischen Widerstand und
Hingabe, Selbstgenuß und Selbstverlust, Revolte und Zustimmung. In diesen Spannungen, die man erlebt, wenn man in der
Musik aufgeht, liegt sicher die Möglichkeit einer Erfahrung von
„wilder Mystik" verborgen. Diese befreit von dem Gewicht des
satten Ichs und der selbstgefälligen Welt und weckt ein Gefühl
von Erlösung. Durch dieses Gefühl von Befreiung und Erlösung
scheint die musikalische Erfahrung relativ verwandt mit der wilden Mystik — kein Zustand, der sich ständig jedem offenbart,

---

[165] Michel Hulin, *La mystique sauvage,* S. 63–64.
[166] Vgl. a. a. O., S. 29.

sondern ein Geschehen, das den Menschen überfällt und seine Wahrnehmung verändert.

Aus den Darlegungen Sartres, Batailles und Hulins sollte hervorgehen, daß Spiritualität und Mystik auch dort zu finden sind, wo bestimmte Konventionen sie vielleicht nicht erwarten würden. Wer einen Sensus für Musik hat, ist meist auch offen für das Geheimnis des Lebens und entwickelt eine gewisse Neugier auf die unsichtbare Dimension, die das Unmittelbare übertrifft und das Innere berührt. Wer sich mit Leib und Seele der Musik verschreibt, wer darin einen Weg loszulassen sieht und aufzubrechen in einen weiteren Horizont, erlebt ein geistliches Abenteuer.

3

*„Man bittet Gott nicht um das, was man wünscht, man dankt
ihm für das, was man erhalten hat."*
Prince[167]

Aus diesem Satz spricht eine bemerkenswert aufrichtige spirituelle Haltung. Das ist nur ein Beispiel der vielen interessanten Äußerungen, die man manchmal ganz unerwartet in Interviews von Sängern oder Musikern antrifft.

„Ich bin mir immer als ein Mittel für etwas anderes vorgekommen, aber ich habe nie recht herausgefunden, was das war. [...] Es ist ein Gefühl, daß man hier wegen einer anderen Sache wäre. Und in mir lebt dieses Gefühl sehr stark."
David Bowie[168]

In den sechziger Jahren zog es viele in den Fernen Osten. Auch die Beatles meditierten in Indien. In dem Song „Deradune" erinnert sich Ex-Beatle George Harrison an eine Erfahrung aus der Zeit, als er sich dort in einem Meditationsort aufhielt. Einmal hatten die Teilnehmer dort einen freien Tag bekommen. Die meisten stürmten nach draußen, um in Deradune einzukaufen. Bei ihnen zeigte sich gleich wieder der Drang, nach verschiedenen Konsumgütern zu suchen, um Bedürfnisse zu befriedigen, während das Wesentliche doch zum Greifen nahe lag:

*„See them move along the road
In search of life divine
Unaware it's all around them."*
„Beggars in a goldmine"[169]

Manchmal wird behauptet, daß die spirituelle Sehnsucht typisch für die sechziger Jahre war, diese Zeit aber nun vorbei sei. Großartige Ideale und offene Perspektiven gebe es nicht mehr. Musik sei nur noch eine Frage des Konsums und der Unterhaltung

---

167 Prince zu Miles Davis, in Nick Kent, *The Dark Stuff*, S. 284.
168 NME 27. 02. 1993 (Neudruck eines Interviews von 1973).
169 Vgl. *Musician*, Mai 1992.

geworden, jeder verziehe sich in eine Ecke mit seinem — walk-man. Stimmt das wirklich? Bis in unsere Tage scheint es in eini-gen Songs und Interviews — auch von jungen Gruppen — eine spirituelle Dimension zu geben. Und das ergibt sich eigentlich von selbst, denn Musik und spirituelle Offenheit treffen — wie gesagt — zusammen. Wer musiziert, spürt eine Kraft, die ihn übersteigt.

Das Religiöse kann auf eine ganz indirekte Weise angerufen werden. „Losing My Religion" von R. E. M. ist dafür ein Bei-spiel. Die Gruppe selbst versteht den Song als ganz profan. *„Los-ing your religion"* ist ein Ausdruck, der in bestimmten Gegenden von Amerika nichts anderes besagt als „aus der Fassung geraten", „nicht mehr ein noch aus wissen". Man ist so von der Rolle, daß man dabei seinen Glauben verlieren könnte. In extremen Fällen geraten elementare Überzeugungen für immer ins Wanken. In R. E. M.'s Song wirkt dieser Ausdruck besonders treffend. Das war vermutlich nicht ihre Absicht, aber mit diesem Ausdruck legen sie den Finger auf die religiöse Problematik unserer Zeit. Interviews zeigen übrigens, daß sie sich des Scheiterns traditio-neller Strukturen von Staat und Religion durchaus bewußt sind, und dieses Gefühl hat bei ihnen im Hinterkopf sicher auch eine Rolle gespielt. Zugegeben, „Losing My Religion" ist ein Song mit einem unwiderstehlichen Rhythmus, doch die Reaktion, die er bei Auftritten hervorruft, ist unverhältnismäßig gewaltig. Oft ist das der Moment, in dem sich die Gruppe und das Publikum finden. Jeder reagiere auf den Song wie auf eine bedeutungsvolle Botschaft, doch niemand könne angeben, was diese genau aus-mache, schreibt Andrew Mueller in einem Konzertbericht.[170] Und tatsächlich, intuitiv, d. h. ohne Überlegungen und ohne in der Lage zu sein, das klar zu verbalisieren, erkennt das Publikum in dem Song etwas von seiner heutigen eigenen Situation wieder: das befreiende Gefühl, daß man erstarrte Formen von sich abgeworfen hat, das nagende Gefühl der Verwirrung und Leere, das daraus hervorgeht, das Nicht-mehr-aussprechen-Können des-sen, was da tief im Herzen sehnt und liebt. Das alles kann von diesen drei Worten *„losing my religion"* und der dazugehörigen Musik wachgerufen werden.

[170] MM 21. 10. 1995.

„Faith" von The Cure ist ein anderes Beispiel für einen offenen Titel. Um welchen Glauben es sich handelt, wird nicht sofort festgelegt: der Glaube an sich selbst, der Glaube an den Menschen, der Glaube an die Liebe, der Glaube an Gott? Auch hier sind wieder verschiedene Interpretationsniveaus möglich. Über seine eigenen Glaubensüberzeugungen schweigt sich Robert Smith aus. Vertrauen in eine organisierte Religion mit einem Heer von Priestern hat er nicht. Er habe einen ganz persönlichen Glauben, behauptet er.[171] Den Song „Faith" sieht er als einen seiner wichtigsten Songs an, die er je geschrieben hat. Es geht nicht unbedingt um religiösen Glauben im engeren Sinn, jedoch um „etwas, das uns bewußt macht, daß es eine viel tiefere Dimension gibt", ein Gebiet, das alles umfaßt und beherrscht. „Faith" handelt vom Erkennen der eigenen Grenzen und dem Spielen damit, dem Relativieren der üblichen Fixierungen auf Sex und Geld, von dem Bewußtsein vom Tod, der Verweigerung einer defätistischen Lebenshaltung, der bescheidenen Kraft, die einen davon überzeugt, das zu tun, was man meint, tun zu müssen.[172]

Roland Barthes hat einmal gesagt, daß von Literatur so viel Wahrheit ausgehe, daß sie für ihn so etwas wie eine Religion sei. So vergleichen einige Gruppen auch Rock mit Religion: Was andere in einer Religion finden, das erleben sie in der Musik. Nach Meinung von Andy Bell bringt die magische Kraft der Musik eine Saite zum Schwingen, die sonst von nichts anderem berührt werden kann. Die Klänge bohren tiefer. Sie vermitteln Trost und Ermutigung. Sie wirken auf das Gemüt, vertreiben Bitterkeit und Angst.

> „Die Art und Weise, wie viele von Religion oder geistlichen Strömungen reden, stimmt überein mit dem, wie ich Musik erlebe."[173]

Musik ist überlegen. Nach Andy Bell wird man von einigen Songs fasziniert, weil sie eine Kraft ausstrahlen, die man bei sich selbst nicht antrifft. In ihnen steckt ein Feuer, eine Festigkeit, eine Wärme, die Sprödigkeit überwindet und von Beklemmungen

---

171 *Anomalie,* numéro 5, März 1992.
172 Vgl. *Best,* September 1981.
173 Ride, MM 15. 02. 1992.

heilt („Paralysed" von Ride ist ein Song, der wie kein anderer die innere Lähmung ausdrückt und gleichzeitig von ihr befreit).

An die Musik zu glauben heißt, an ein menschliches Abenteuer zu glauben, das sich an Musik festmacht. Für das Lebensabenteuer bietet die Musik Kost und Logis. Die musikalische Entwicklung von Ride scheint wie das Dokument eines inneren Reifungsprozesses. In einer ersten Phase ließ man die bekannte Umgebung — mit lauten Gitarren und Raum für Chaos und Spontaneität — hinter sich. Die Gruppe wollte Grenzen durchbrechen und im Ausloten des Unbekannten aufgehen („Drive Blind", „Close My Eyes", „Leave Them All Behind" etc.). In einer späteren Phase bekamen die Songs eine klassischere Form. Auf *Carnival Of Light* erklangen der Trost der Liebe („From Time To Time", „Crown Of Creation") und die Freude über die mysteriöse Kraft des Lebens, an dem leider so viele vorbeigehen („I don't know Where It Comes From"). Es erklang der Aufruf, daß man die Lebenskeime doch nicht vertrocknen lassen sollte („Don't Let It Die"). Die Gruppe ist inzwischen auseinandergegangen, diese Songs aber werden weiterbestehen.

Auch Bobby Gillespie von Primal Scream erlebt Musik als eine spirituelle Kraft:

> *„Ich denke, daß wir religiöse Leute sind. Ich denke, daß Musik echt heilende Eigenschaften besitzt. Um sich wirklich so gut zu fühlen, wie wir uns fühlen, wenn wir uns Musik anhören, muß man darin eine Masse Glauben investiert haben. Meiner Meinung nach steht die Art, wie wir mit Musik umgehen, auf gleicher Ebene mit der Art, wie Christen oder Muslime mit Religion umgehen."*[174]

Hier wird das Wort „Glauben" vom Sänger selbst auf Musik bezogen. Auch er erlebt in der Musik eine höhere Macht, die erhebt und heilt.

Daß das Heil nur noch von der Musik zu erwarten ist, scheint das unbedingte Credo von The Jesus And Mary Chain zu sein,

---

[174] Melody Maker, 18.01.1992. — Bobby Gillespie ist noch springlebendig. In meinem Artikel „Geloven in muziek" (*Streven*, Februar 1993), in dem ich ihn zitiere, fügte ein Korrektor ohne mein Wissen die Meldung seines Todes ein; er verwechselte Gillespie mit dem berühmten gleichnamigen Jazzmusiker, der damals gerade gestorben war.

auch wenn der Zynismus und die Gewinnsucht der Plattenindustrie ihren Glauben ziemlich auf die Probe stellen. Die Brüder Reid sind nach eigenem Bekunden nicht religiös aufgewachsen und hätten in ihrer Jugend niemals einen Fuß in eine Kirche gesetzt. Warum dann aber *„Jesus"* so oft in ihren Songs auftaucht, bleibt eine spannende Frage. So wie sie über den Tod nachdenken, machen sie sich auch ihre Gedanken über Religion. William gesteht, daß er an die Existenz Gottes glaube. „Tod" verbindet er mit Gott und Himmel. Jim vermutet, daß einem, wenn man sterbe, die Augen für das Geheimnis des Lebens geöffnet würden. Sie glauben an die Seele *(„soul")* als den geheimnisvollen Kern des Menschseins, der von der Musik berührt wird.[175] Hinter dem provozierenden Namen, mit dem sich die Gruppe selbst getauft hat, verbirgt sich offensichtlich ein spiritueller Hunger. Dadurch erhalten die Bilder von Sex, Gewalt und Drogen an der Oberfläche der Songs eine tiefere Dimension. Auf *Stoned & Dethroned* standen in diesem Zusammenhang einige bemerkenswerte Songs. „Hole" drückt ein Gefühl von Gefangenschaft in einer Lebensweise aus, in einer Welt, die das Herz stiehlt und die Seele verletzt. Die Klänge sehnen sich nach etwas Reinem, etwas Ungeschöntem, das alles wieder gut macht und Herz und Seele zurückschenkt. In „Save me" wird ein Gefühl von Unreinheit gebeichtet:

> *„Unholy*
> *I feel sick and unholy*
> *My soul don't want to know me*
> *I've been living like dirt"*

Auf der Platte lassen die Brüder Reid Shane MacGowan den Song „God Help Me" singen. Dieser Song, von William verfaßt, klingt regelrecht wie ein Gebet:

> *„God please help me through this day*
> *I'm blind can't see the way.*
> *God illuminate this day*
> *I can't take it*

---

[175] The Jesus And Mary Chain, NME 01.02.1992; *Select*, April 1992; *EB/Metronom*, Juni–Juli 1992.

I just can' t take it anymore
[...]
I've been waiting too long
To see the light"

Unwillkürlich erinnert dieser Song an einen von Lou Reed ge-
schriebenen Song von Velvet Underground, einer Gruppe, die
spontan und nicht zu Unrecht mit der New Yorker Avantgarde,
dem Popkünstler Andy Warhol und dem Underground-Nacht-
leben assoziiert wird, die als eine der wichtigsten Formationen in
der Geschichte der Gitarrenmusik gilt und die insbesondere auf
The Jesus And Mary Chain einen entscheidenden Einfluß ausgeübt hat. Auf ihrer dritten LP findet sich „Jesus", ein Song, der
von verschiedenen Gruppen gecoverd wurde (u. a. von Swervedriver). Es werden dort nur ein paar einfache Worte mehrmals
wiederholt:

„Jesus
Help me find my proper way
Help me in my weakness
'Cause I'm falling out of grace"

Zwei der wichtigsten britischen Platten der letzten Jahre, die erste CD von The Stone Roses und *Definitely Maybe* von Oasis, fallen wegen ihrer inhaltlichen Verwandtschaft auf. Beide beginnen
mit einer Hymne von Selbstbestätigung und Triumph („I Wanna
Be Adored", „Rock 'n' Roll Star") und enthalten das, was man
ein „Auferstehungslied" nennen könnte („I Am The Ressurection", „Live Forever"). Dieser letzte Song bildet meist einen der
Höhepunkte der Auftritte von Oasis. „Live Forever" wurde im
ersten Teil bereits erwähnt. Die Gruppe selbst wird diesen Song
sicher nicht so schnell als einen religiös inspirierten ansehen.
Oasis ist eine Gruppe von Leuten, die das Leben genießen, die
die Chancen des Augenblicks nutzen wollen. Und doch steckt in
ihrer Musik mehr als nur die Verherrlichung von Genuß. Den
Brüdern Gallagher geht es in erster Linie weder um das Tanzen
noch um die Show (Liam widert es an, Videos zu machen, weil
dann von ihm erwartet wird, daß er schauspielern soll, und das
liegt ihm nicht). Oasis hat sich durch seine Ungekünsteltheit und
Aufrichtigkeit das Herz von Millionen Hörern erobert. Kräften,

die das Menschliche im Menschen und in der Gesellschaft ver-
leugnen, setzen sie Klänge, die Vertrauen schenken und Wärme
ausstrahlen, entgegen. Ihre Musik will den Wert, die Unantastbarkeit eines jeden Menschenlebens neu bekräftigen. Nun ist
aber die Ehrfurcht vor dieser Unantastbarkeit ein Element, das
auch in vielen religiösen Traditionen einen Platz hat. Doch Oasis
gehört zu einer Generation, die losgelöst von einer traditionellen
religiösen Umgebung aufgewachsen ist und die im übrigen bezüglich Religion sehr beschränkte Auffassungen vertritt. So war
Noel Gallagher überrascht, als ihm jemand erzählte, daß er sich
als Christ von einem Song von Oasis besonders angeregt gefühlt
habe. Aber warum auch nicht?

Jetzt, da die traditionelle religiöse Sprache und viele Riten
fortgefallen sind, ist ein Song wie „Live Forever" vielleicht der
weiteste Punkt, bis zu dem man gehen kann, um eine real erlebte
Kraft von Hoffnung und Erwartung zum Ausdruck zu bringen
und zu feiern — und zwar gerade, wenn ein Mensch mit seinem
begrenzten Wortschatz und seinen Vorstellungen weder ein
noch aus weiß. Übrigens fällt auf, daß — auch in dem Song — die
Worte nach und nach verstummen und es nur noch Klängen
gelingt, die Fülle des Lebens wachzurufen. Die Musik bringt in
diesem Fall unzweifelhaft mehr zum Ausdruck als Worte. Ist es
übrigens nicht auch so, daß das, was Christen „Auferstehung"
nennen, gar nicht in erster Linie von einer Theorie gelehrt wird,
sondern sich in einer Lebenserfahrung ansagt, in der ein solches
Wort überhaupt erst Sinn erhält, und auf das Christen in keiner
Weise einen Monopolanspruch haben?

Bei der anderen Gruppe ist das spirituelle Element viel expli-
ziter vorhanden. Die Stone Roses werden manchmal als eine
Gruppe mit besonderer Aura angesehen. Von diesen Vier scheint
eine unerklärliche faszinierende Ausstrahlung auszugehen. Ihre
Dickköpfigkeit und ihre Fähigkeit, sich dem öffentlichen Interesse zu entziehen, tragen (wie höchstwahrscheinlich auch ihre
spirituelle Sensibilität) sicherlich dazu bei. Auf die Frage eines
Journalisten hin umschreibt der Gitarrist John Squire Spiritualität als „ein Bewußtsein von der Undefinierbarkeit des menschlichen Geistes": manchmal werde man berührt von Dingen, die
sich nicht erklären ließen, und damit habe das Geistige zu tun.
Der Sänger Ian Brown verheimlicht nicht, daß er gelegentlich in

der Bibel lese. Während des Golfkrieges habe er sich regelmäßig in das Buch *Exodus* vertieft. Sein Gottesbild verbalisiert er schlüssig: „*God's creative not destructive. God is creation.*" Hochmut sieht er als Sünde an. Auf den Erfolg seiner Gruppe ist er nicht stolz, er ist einfach dankbar dafür. „*I give thanks and praises every day.*" Der Journalist fragte ihn daraufhin, ob er auf seinen Knien bete und nicht zufällig doch ein Hippie sei. Seine Antwort lautete: ersteres habe er früher getan, das zweite verneine er mit Nachdruck.[176]

Auch die Songs von den Stone Roses zeugen von einer ungebundenen Spiritualität. „*I am the ressurection and I am the light*", singt Ian Brown. Auf den ersten Blick scheint diese Wortwahl nicht ganz orthodox. Und doch berührt sie vielleicht eine tiefe Wahrheit des christlichen Glaubens („Ihr seid das Licht der Welt"...). Diese Formulierung erinnert an die Sicht des Künstlers Joseph Beuys, der die Auferstehung als reale, lebendige Kraft ansah, die nach dem Tod Jesu im ganzen Kosmos ausgeschüttet worden ist. Diese Kraft werde einem jeden angeboten, wenn er nur sein Leben in die Hand nehme und kreativ werde. Wer diesen Weg einschlägt, wird die Worte von Ian Brown vielleicht getrost nachsprechen wollen.

Auch „Love Spreads", auf der darauffolgenden CD von den Stone Roses, enthält in erster Linie eine etwas umstrittene Formulierung: „*The Messiah is my sister*". Doch vielleicht ist dieser Satz weniger weit vom Evangelium entfernt, als es scheint. In einem Interview verweist Ian Brown auf die Rollen des Toten Meeres mit Erzählungen über den Einfluß von Maria Magdalena auf Jesus. John Squire fragt sich, warum der Messias nicht auch eine schwarze Frau habe sein können. Interessant dabei ist der Gedanke, daß die Rettung auf dem Weg über das Ausgeschlossene kommt — über Frauen in einer patriarchalischen Gesellschaft, über Schwarze in einer rassistischen Welt —, auf jeden Fall aber auf dem Weg über das Andere: Es ist der Nächste, der mir die messianische Gestalt offenbart (merkwürdigerweise geraten wir hier in die Nähe der Philosophie des Juden Levinas, für den tatsächlich das Gesicht des Mitmenschen die sichtbare Spur des unsichtbaren Gottes ist und der aufgrund des Einflusses talmudi-

---

[176] The Stone Roses, in: NME 04. 03. 1995 und MM 13. 05. 1995.

scher Texte geschrieben hat, daß jeder Mensch dazu gerufen sei, eine messianische Aufgabe der Befreiung zu vollbringen).[177]

Die Fortsetzung des Songs geht in dieselbe Richtung:

„I'm no king, man
She's my queen"

In der Rockkultur verweist das Stichwort *„king"* implizit auf den Superstar Elvis Presley. Ich bin nicht der King, ich bin kein Idol, singt Ian Brown. Jede Form von Verehrung durch Fans weist er zurück, zugunsten einer weiblichen Figur, der Inkarnation des Anderen. Ein Mensch, der sich selbst außer acht läßt und den anderen für wichtiger ansieht als sich selbst, läßt sich tatsächlich von dem sich verbreitenden Strom der Liebe im Herzen jeder Wirklichkeit tragen. Davon spricht der Song: *„Love spreads around...".*

Die angeführten Beispiele zeugen von einer spirituellen Neigung, die die Rockkultur auch in unseren Tagen unterschwellig stimuliert. Spiritualität ist kein vorherrschendes Thema mehr, so wie in den sechziger Jahren, und wird nicht mehr so sehr mit großartigen Zielen und utopischen Idealen in Verbindung gebracht. Die geistige Getriebenheit muß sich einen Weg bahnen durch die Verwirrungen der Zeiten und oftmals an der Rückseite des Lebens entlang. Der Glaube an die heilsame Wärme der Musik ist jedoch ziemlich zentral. In unserer Kultur nach dem Wort und ohne Mythen können sich spirituelle Sehnsucht, Trost und Begeisterung unverfälscht im wortlosen Mythos der Musik ausdrücken.

Die heutige Situation ist nicht so geartet, daß spirituell sensible Musiker leicht Unterstützung fänden, um auf diesem Gebiet zu wachsen. Eine der Schwierigkeiten ist, daß nur selten das musikalische Abenteuer als solches von Insidern oder Außenstehenden als möglicher Nährboden für einen geistlichen Wachstumsprozeß erkannt wird. In seinem Buch *Hungry for Heaven. Rock And Roll And The Search For Redemption* zeigt Steve Turner auf, inwiefern Sänger und Musiker in den verschiedenen Formen von Spiritualität (Sekten, Meditationsgruppen, östliche Weisheit, Ok-

---

[177] Emmanuel Levinas, *Difficile liberté*, Paris, Albin Michel, 3. Auflage 1983, S. 120.

kultismus etc.) nach einem Rahmen gesucht haben, nach Worten und Techniken, ihren geistlichen Hunger zu stillen. Künstler sind freie Menschen, die sich auf Dauer nur schwer an die Praktiken und Programme organisierter Religionen binden wollen (in einigen Fällen, wenn sie an eine weniger zu empfehlende Tür geklopft haben, kann man nur „zum Glück" sagen). Schließlich bleibt den meisten lediglich die Musik als strömende Quelle von Licht und Feuer. Es ist das Verdienst Turners, daß er sich — als einer der wenigen in den Kreisen des Rockjournalismus — für die intrinsische Beziehung aufgeschlossen gezeigt hat, die das Machen von Musik und das Suchen nach Erlösung miteinander verbindet.

4

„*Think about God. Don't think about religion.*" Mit diesem Rat drückt Mike Scott, der ehemalige Sänger von The Waterboys und heute Solokünstler, eine Haltung aus, die in der Rockkultur weit verbreitet ist. Es gibt ein spirituelles Interesse, man glaubt an ein göttliches Mysterium, doch man wendet sich von jeglicher Form institutionalisierter Religiosität ab. Mike Scott stellt sich selbst als einen dar, der Gott sucht und auch ernsthaft an ihn glaubt, der aber nichts zu tun haben will mit Kirchlichkeit und der Bürokratie einer etablierten Religion. Für jemanden wie Sinéad O'Connor, die während einer Live-Sendung vor laufenden Kameras ein Foto des Papstes zerrissen hat, hat er jedes Verständnis. Gott stehe seiner Meinung nach jedem zur Verfügung. Gott und Liebe seien dasselbe. „Gott ist wie die Musik von Bob Dylan. Wie ein Blitz. Immer wechselnd. Immer neu." Man kann diesen Gott natürlich in den Hintergrund drängen und seinem eigenen Willen folgen. Scott hat das in seinem Leben versucht. Bis er erneut die innere Stimme gehört und den Kontakt wieder aufgenommen hat zu der Inspiration, die er Gott nennt. Kürzlich verlebte er ein Jahr in der *Findhorn Foundation,* einer internationalen überkonfessionellen Gemeinschaft mit einer Spiritualität, bei der Dankbarkeit und bedingungslose Liebe im Zentrum stehen. Bewußtseinserweiterung, ein reicheres Bewußtsein von „Wirklichkeit", von der Welt und sich selbst wird dort mit Hilfe von Meditation und Atemübungen statt psychodelischer Drogen entwickelt.[178]

Wenige Stars werden sich auf diese Weise ein Jahr lang zurückziehen. Christlich orientierte Sänger stehen meist, so wie er, der Kirche sehr kritisch gegenüber. „Ich habe keine Schwierigkeiten mit Christus, aber mich stören eine ganze Reihe von Christen", sagt der Gitarrist The Edge von U2. In seinen Augen hat Glaube „nicht notwendig etwas zu tun mit der Kleidung, die man trägt, oder ob man trinkt oder raucht und mit wem man Umgang hat oder nicht." Die spirituelle Dimension jedoch bleibt

[178] Mike Scott, MM 05. 06. 1993; NME 23. 09. 1995.

für U2 bedeutsam. Was nach Sänger Bono gegenwärtig subversiv ist, das ist nicht mehr der Mythos von *sex, drugs and rock 'n' roll*, an dem die Industrie so gut verdient, sondern sind „die Dinge des Geistes".[179]

Sicherlich — es gibt auch eine Strömung, die unter „Gospel-rock" bekannt ist. Der heutige Gospelrock stammt vom traditionellen Gospel ab (der religiösen Musik der schwarzen amerikanischen Bevölkerung, die seit Beginn des Jahrhunderts eine gewaltige Explosion erlebt hat) und fügt ihm neue Elemente aus anderen Musikstilen hinzu, von Heavy Metal bis Rap, um sie dann mit einem am Evangelium orientierten Inhalt zu versehen.[180] Gospelrock ist vor allem in protestantischen Kreisen verbreitet. Innerhalb der allgemeinen Rockkultur bleibt diese Strömung eine Randerscheinung. Wenn sich Rockkünstler zum Christentum bekehren, vorübergehend oder für immer, so wie Cliff Richard, dann verblassen meist die Wertschätzung und das Interesse an ihrer Person, zumindest innerhalb der Rockgemeinschaft. Gegen Ende der siebziger Jahre war Dylan einige Zeit lang Mitglied von *Veneyard Christian Fellowship*, einer kalifornischen Sekte „wiedergeborener" Christen. Zwei Platten enthalten fast ausschließlich religiöse, gospelartige Songs *(Slow Train Coming, Saved)*. Die explizit religiöse Inspiration gerät später mehr und mehr in den Hintergrund. Die spirituelle Neigung von Dylan aber durchzieht sein ganzes Œuvre — von Anfang an.

Der Bruch zwischen spirituell motivierten Rockkünstlern und der christlichen Religion hat mehrere Ursachen. Etablierte Religionen sind anscheinend auf dem Gebiet der Moral autoritär, gegenüber gesellschaftlichen Entwicklungen intolerant und abstrakt in Sachen Glaubensinhalte. Sie erscheinen als organisierte Mächte, die Gesetze auferlegen und das Gottesbild festlegen. In der Rockkultur wird das Wort „Gott", wenn es denn vorkommt, viel eher als ein Erfahrungsbegriff denn als ein Erklärungsbegriff benutzt. Rock ist eine Kultur von Offenheit und Freiheit, sowohl auf dem Gebiet der Lebensansichten wie auch auf dem des gesellschaftlichen Lebens. Ein Zusammenprall ist

---

[179] U2, *Musician*, März 1992; *Vox*, April 1992.

[180] Vgl. Sara Finch, „Contemporary christian music en religieuze beleving: profiel van de gospelliefhebber", in: *Communicatie. Tijdschrift voor Massamedia en Cultuur* 24 (1995), Nr. 3, S. 51–59.

also unvermeidlich. Hinzu kommen noch die vielen Klischees über Religion, die in der gesamten westlichen Welt in allen Bevölkerungsschichten herumgeistern, auch wenn sie keineswegs mit dem übereinstimmen, was engagierte Christen selbst unter Christentum verstehen und wie sie es erleben. In den Vereinigten Staaten verstärken Evangelisten im Fernsehen die Kluft zwischen Religion und Jugend. Erstens wegen ihres Geldhungers und ihrer Scheinheiligkeit (einige bekannte Prediger sind wegen sittlicher Fehltritte ins Gerede gekommen), zweitens wegen Äußerungen, die Rockfans das Gefühl vermitteln, als wenn sie als dekadent und gottlos verurteilt würden. Wenn nun einerseits Personen, die als offizielle Vertreter des Christentums angesehen werden, die spirituelle Dimension der Musik nicht anerkennen, und andererseits die Musikwelt selbst meist nur an einem negativen Bild der etablierten Religion festhält, kann der Kurzschluß nicht ausbleiben.

Manchmal begegnet man der Botschaft des Evangeliums in all ihrer Klarheit in einem Song, wie zum Beispiel in „We Are The People" von John Cougar Mellencamp. Dieser Song bringt — ganz im Geist der acht Seligpreisungen — Solidarität mit den Armen und Unterdrückten zum Ausdruck:

> *„We know only the strong will survive*
> *But the meek will inherit"*

Künstler, die einen nur schwer zu formulierenden Glauben in sich aufkeimen fühlen, suchen meist außerhalb der etablierten christlichen Kirchen nach einer möglichen Verbalisierung und Erklärung dieses Glaubens. „Wenn man betet, ist man kein Christ, kein Jude oder Muslim, man ist in diesem Moment ein Geschöpf, das sich seinem Schöpfer überläßt."[181] Mit dieser Behauptung hat Leonard Cohen in gewisser Hinsicht recht. Und doch kann man sich fragen, ob es wirklich gleichgültig ist, ob man zu einem Gott betet, der einem Angst einflößt, oder zu einem Gott, der vergibt. Es bleibt bedauerlich, daß der Bruch zwischen der Jugendkultur und den christlichen Kirchen für viele ein Hindernis geworden ist, durch das sie die Botschaft des Evan-

---

[181] Leonard Cohen, aus einem Interview, das im Frühjahr 1988 in *De Standaard* erschienen ist.

geliums, auf die es letztlich doch ankommt, nicht entdecken werden. Dies ist deshalb so bedauerlich, weil das christliche Gottesbild Elemente beinhaltet, die gerade in der heutigen Zeit besonders heilsam sein könnten.

Auf jeden Fall zielt der Gott Jesu Christi nicht darauf ab, Menschen zu verurteilen, sondern zu retten. Nicht Gott, sondern das Gewissen der Welt verurteilt den Menschen. Wir werden jeden Tag überschüttet mit Bildern von Korruption, Ungerechtigkeit und Krieg. Wir tragen Gefühle von Ohnmacht, Verwirrung und Schuld mit uns herum. Wer sich nicht verschließt, wer sich nicht in Oberflächlichkeit flüchtet oder in Zynismus und Aktivismus (im Beruf oder in der Freizeit), der kann den Mut verlieren. In Jesus ist uns jedoch versprochen, daß Gott den Menschen nicht in Mangel und Ohnmacht beläßt. In jedem sieht er erst einmal das Gute. Das bestätigt er und macht er fruchtbar. Menschen dagegen behindern sich im Alltag ständig; finanzielle und ideologische Interessensgruppen schränken die Freiheit ein; Konventionen (auch sogenanntes politisch korrektes Denken) verbergen oft die eigentlichen Triebfedern; der Staat hat kaum noch Vertrauen in die Bürger, und die Bürger mißtrauen dem Staat. Gott aber schenkt jedem Menschen Vertrauen und Lebenszeit.

Das Leiden der Menschheit ist unmenschlich. Gerade in den offenen Wunden dieses Leidens hat der Sohn Gottes auf Erden wohnen wollen, nicht in Palästen oder Tempeln, sondern am Kreuz. In den zwei großen englischen Musikwochenblättern, datiert vom 8. April 1995, erschienen zahlreiche Leserbriefe, in denen anläßlich des ersten Jahrestags des Selbstmordes von Kurt Cobain und des damals noch kurz vorher vollzogenen Abtauchens von Richey Edwards Gefühle von Schmerz, Einsamkeit, Ohnmacht und Selbsthaß geäußert wurden. An jenem Wochenende feierte die katholische Kirche Palmsonntag, den Beginn der Karwoche. Wem ist dieses zufällige Zusammentreffen von Umständen wohl aufgefallen? Infolge verschiedener historischer und kultureller Faktoren wird die Beziehung zwischen der Leidensgeschichte der Welt und der Leidensgeschichte Jesu Christi spontan nicht mehr erkannt. Und dennoch hat Jesus den Menschen gerade in ihrem Leiden begegnen wollen, um ihnen Zugang zu verschaffen zum Leben Gottes in Fülle. In christlicher Sicht haben sowohl der Schmerz in den Songs von Joy Division oder von den Manic Street Preachers wie auch die Bejahung des Lebens in der Musik von Oasis alles zu tun mit dem Geheimnis von Tod und Auferstehung, das den Kern des Glaubens ausmacht.

Oft werden christliche Einrichtungen als eine Art Garant der etablierten gesellschaftlichen Mächte betrachtet. Nicht selten fällt es auch Christen schwer, zu erkennen, daß es einen Unterschied zwischen „bürgerlicher" und „christlicher" Kultur gibt. Und doch ist das Reich Gottes mit keiner einzigen menschlichen Kultur identisch. In jedem Umfeld, in dem es sich einrichtet, bringt das Christentum Elemente einer geistlichen Unterscheidung mit. Kulturelle Güter (Gedanken, Verhaltensregeln, Künste etc.) sind gut, wenn sie den Menschen in Glauben, Hoffnung und Liebe wachsen lassen. Abzulehnen ist all jenes, das in ihm die Unruhe der Habsucht, der Herrschsucht und der Ehrsucht fördert. Vielleicht hat niemand diesen Unterscheidungsprozeß so einfach und klar ausgedrückt wie Ignatius von Loyola in seinen *Geistlichen Übungen.*

Auch damit könnte das Christentum den Leuten heutzutage einen Impuls geben, auch den Jugendlichen im Umgang mit Musik. Zu schnell ist man geneigt, simplizistisch zu urteilen und zu verurteilen, was man nicht kennt. In der jüdisch-christlichen Tradition wird Musik mit Gottesoffenbarung (Exodus 19,16) und mit Frömmigkeit assoziiert. Als König Saul gelegentlich von einem bösen Geist geplagt wurde, ließ er einen jungen Schafhirten an den Hof kommen, der Harfe spielen konnte. So trat David in den Dienst des Königs.

> *„Sooft aber der Dämon Saul belästigte, nahm David die Harfe und spielte darauf; dann beruhigte sich Saul und fühlte sich besser, und der böse Geist wich von ihm."* (1 Samuel 16,23)

In der christlichen Ikonographie „bildet David einen Gegenpol zum griechischen Orpheus, der sich wegen des Todes seiner Geliebten Euridyke betrübt von den Menschen zurückzog und in der Wildnis seine Leier spielte"[182]. Konzerte aus dem Mittelalter

---

[182] Karel Moens, *Muziek en grafiek. Burgermoraal en muziek in de 16de- en de 17de-eeuwse Nederlanden,* Antwerpen, Petrarco-Pandora, 1994 (catalogus Hessenhuis), S. 71.

mit musizierenden Engeln sind allgemein bekannt. Manchmal ist einer darunter, der den Dudelsack spielt (ein Instrument übrigens der „populären Musik", nicht der feinen Leute). Musik wird in der christlichen Kunst jedoch auch mit Sittenlosigkeit und Sünde in Zusammenhang gebracht. Illustrationen der Parabel von den weisen und den törichten Jungfrauen (die kein Öl bei sich hatten und daher den Bräutigam beim Einzug in den Festsaal nicht begleiten konnten) stellen die weisen Jungfrauen als fleißige Damen dar, die Werke der Barmherzigkeit verrichten, während die törichten Mädchen sich dem sinnlichen Vergnügen der Musik und des Tanzes hingeben.[183]

An diesen wenigen Beispielen wird vielleicht schon deutlich, daß nach der christlichen Tradition (als einer Schule der Unterscheidung) Musik sowohl in Verbindung mit Heil wie auch mit Unheil auftreten kann. Bekannt ist, daß heutzutage in Kreisen fundamentalistischer Christen Rock des Satanismus verdächtigt wird. Wer diese Musik jedoch pauschal einfach verketzert, verfällt in eine kleinkarierte Haltung, die nur verurteilt, statt zu unterscheiden. Der Erfolg von Schriften, die — auf sogenannten wissenschaftlichen Beweisen basierend und womöglich noch ausgestattet mit einigen pikanten Illustrationen — mit Fingern auf die „teuflische" Musik zeigen, ist umgekehrt proportional zu dem Tiefgang der geistigen Erkenntnis, die daraus spricht. Satan ist in der Rockkultur existent, daran ist kein Zweifel. Der böse Geist läßt niemanden in Ruhe. Luzifer sendet seine unzähligen Gesandten „über die ganze Welt, ohne auch nur eine Provinz, einen Ort, einen Lebensstand oder eine einzelne Person zu überspringen", schreibt Ignatius.[184] Und der böse Geist wird einen gerade da zu packen versuchen, wo man stark ist, um die Fruchtbarkeit zu brechen. Wenn Rock den Satan interessiert, dann geschieht das nur, weil Musik ursprünglich mächtig und gut ist. Läppische Dinge interessieren ihn nicht. Also, die raffinierteste List des Teufels besteht darin, daß er glauben macht, Gott sei ge-

---

[183] Vgl. a. a. O., S. 79 (Abbildung von *De wijze en de dwaze Maagden,* nach Pieter I Bruegel, von Philips Galle) und Paul Vandenbroeck, *Hooglied. De Beeldwereld van Religieuze Vrouwen in de Zuidelijke Nederlanden,* vanaf de 13de eeuw, Brüssel, Snoeck-Ducaju & Sohn, 1994 (Katalog, Palast der Schönen Künste), S. 105 (Abbildung *De wijze en de dwaze maagden* von J. Stevens, 1668, Lier, OCMW).
[184] *Geistliche Übungen,* Nr. 141.

gen den Menschen, mißgönne ihm das Leben, füge ihm absichtlich Schmerz und Niederlagen zu. Auch wenn er alles Mögliche unternimmt, um das Gegenteil zu suggerieren, so ist doch in Wirklichkeit der Teufel selbst „der Feind der menschlichen Natur", wie Ignatius sagt. Er und nicht Gott ist gegen das, was dem Menschen gut tut. Gott wehrt sich gegen alles, was den Menschen behindert und einschränkt im Wachsen und in der Bereitschaft zur Liebe. Dem Teufel die Wohltaten zuzuschreiben, die von dem guten Geist kommen (wie die Heilstaten Jesu), also auch umgekehrt Gott des Unheils zu beschuldigen, welches das Werk des bösen Geistes ist (Unfreiheiten, Erniedrigungen etc.), das wird im Evangelium „Sünde wider den heiligen Geist" genannt. Gott ist bereit, alle Sünden zu vergeben, auch die Gotteslästerung, bis auf die Sünde wider den Heiligen Geist (Matthäus 12, 24–32).

Christen, die Rock als teuflisch verurteilen, riskieren es, in einer solchen Ecke zu landen. Indem sie Satan in der Musik festmachen, lenken sie von dem Bösen ab, das sich anderswo aufhält (zum Beispiel in etablierten Systemen) und überall auf der Welt Ungerechtigkeit, Armut und Gewalt erzeugt. Sie gehen an der elementaren Tatsache vorbei, daß der Kampf zwischen Gut und Böse überall ausgetragen wird, in jeder Umgebung und in jedem Herzen.

Rock spricht im Menschen Lebenskräfte und Liebesquellen an. Daher weckt die Musik in ihm auch negative, destruktive Antriebskräfte. Wer sensibler für das Gute ist, wird dem Einfluß des Bösen viel eher ausgesetzt. Kultur, auf persönlicher und auf sozialer Ebene, beginnt erst, wenn man an diesen Impulsen von Leben und Tod, von Fruchtbarkeit und Destruktion arbeitet. Aus dem, was zuvor gesagt wurde, ist hinlänglich deutlich geworden, daß ein solcher Prozeß in der Rockkultur in vollem Gange ist. Eine primitive Haltung, die rechts das Gute festlegt und links das Böse verurteilt, tut so, als könne man sich in eine sichere Zone zurückziehen und sich die Mühe dieses Unterscheidungsprozesses ersparen. So eine Haltung aber bringt Stagnation und Blindheit mit sich, statt einem Wachstumsprozeß förderlich zu sein.

Es gibt natürlich tatsächlich satanische Gruppen in der eigentlichen Bedeutung des Wortes: Gruppen, die sich auf satanische

Praktiken einlassen und ihre Musik dafür benutzen. Sie bilden eine äußerst kleine Minderheit, über die man sich eher lustig macht, als sie ernst zu nehmen. Grundsätzlicher jedoch ist der Gewissenskonflikt, mit dem Sänger vom Anfang des Rock 'n' Roll an konfrontiert werden. Sowohl Elvis Presley als auch Jerry Lee Lewis wuchsen in der *Assembly Of God* auf (einer Gemeinschaft aus der Pfingstbewegung), gerieten in den Einfluß von Predigern und waren fasziniert von der Botschaft Jesu. Gleichzeitig konnten sie aber auch der Anziehungskraft des Rock 'n' Roll nicht widerstehen. Auf dem Höhepunkt seiner Karriere sprach Elvis Presley mit einem Pfarrer. Bis ans Ende seines Lebens schlug er sich mit Zweifeln über den Lebensweg herum, für den er sich entschieden hatte. Jerry Lee Lewis hatte den Eindruck, daß er für ein heiliges Leben nicht geschaffen sei, und er litt darunter. Sein Glaube an das göttliche Heil konnte ihn nicht von der attraktiven Nachtseite des Daseins abhalten. Musik wurde sein Leben, doch hinzu kamen noch verschiedene andere Dinge: Alkoholismus, Drogen, Frauen, Scheidungen. Bis heute glaubt der Mann an Gott und den Teufel. Sein Leben sieht er als einen Kampf zwischen beiden an.[185]

Diese zwei Beispiele stammen aus einer puritanischen Tradition, in der ein Leben nach dem Geist gepredigt und ein Leben nach dem Fleische gemieden wird. Das Körperliche und Sinnliche, Tanz und also auch *sex, drugs and rock 'n' roll* werden abgelehnt. Der Gewissenskonflikt dieser Sänger überschreitet den typisch amerikanischen religiösen Kontext. Seit Beginn des Christentums werden Musik und andere Formen von Genuß mit Mißtrauen betrachtet. Entspricht aber eine solche Haltung wirklich dem Impuls der Evangelien, oder muß sie nicht vielmehr als Fortsetzung eines urmenschlichen, archaischen Erschauderns vor Erfahrungen und Verhaltensweisen gesehen werden, die Grenzen verlagern? Es lohnt es sich, noch näher darauf einzugehen. Zunächst aber noch zu den Drogen in der Rockkultur. Musik und Drogen betreffen ja beide einen ähnlichen Punkt, der sowohl aus gesellschaftlicher wie auch religiöser Sicht sehr heikel ist.

---

[185] Vgl. Greil Marcus, *Mystery Train,* S. 140 und 262–264; Steve Turner, *Hungry for Heaven,* S. 31–47; Nick Kent, *The Dark Stuff,* S. 75–89.

5

Rocksänger und -musiker der heutigen Generation gehören zu einer Jugendkultur, in der Drogengebrauch nicht mehr die Ausnahme ist. Daher ist es sinnvoll, sich erst einmal dem heutigen Drogenkonsum im allgemeinen zuzuwenden, bevor man sich dem Stellenwert der Drogen in der Rockkultur widmet.

In dem Buch *L'individu incertain,* in dem es sowohl um Drogen als auch um das Fernsehen geht, vermittelt der Soziologe Alain Ehrenberg eine einleuchtende Sichtweise dieses Problems. Darin rückt er ab von den moralisierenden Auffassungen, die verächtlich auf die Welt der populären Kultur herabblicken und Drogenkonsum mit Sittenverfall, blindem Individualismus und vulgärem Hedonismus gleichsetzen. Der Drogenkonsument ist nicht einfach jemand, der vor der Welt auf der Flucht ist und sich in seine eigene Traumwelt zurückzieht. Doch scheint eine bemerkenswerte Verschiebung im Vergleich zu den sechziger Jahren stattzufinden. In der damaligen Gegenkultur waren Drogen ein Bestandteil des idealistischen alternativen Lebensstils. Sie sollten den Menschen innerlich und äußerlich erneuern. Sie sollten zu einer Veränderung des Bewußtseins und zu einer Reform der Gesellschaft beitragen. Der Drogenkonsum zeugte von einer revolutionären Utopie. Politik und Mystik gingen Hand in Hand (wie — nebenbei erwähnt — auch in dem Motto *„lutte et contemplation"* der nach dem Krieg gegründeten Gemeinschaft von Taizé, der christlichen Version eines idealistischen Traums von Zukunft).

Heute ist der Drogenkonsum im allgemeinen weniger aufgeladen. Einen Joint zu rauchen ist kein Protestakt mehr. Man sollte darin nicht mehr sofort eine idealistische, symbolische oder utopische Dimension suchen. Drogen dienen einfach dazu, Stimmungen zu erzeugen, unmittelbaren Genuß zu vermitteln, bestimmte Wahrnehmungen und Gefühle erleben zu lassen. Warum sind sie so populär? Ehrenberg sucht in der Situation der Unsicherheit, in der der einzelne heute lebt, nach einer Erklärung. Das Berufsleben kenne keine Stabilität mehr. Die Familienbeziehungen seien ins Wanken geraten. Innerhalb der Reizüberflutung, mit der die Konsumgesellschaft einen überschütte, habe sich jeder einzeln seinen Weg zu suchen. Jeder werde seinem Schicksal überlassen. Wegweiser gebe es nicht mehr. Ideologische und religiöse Perspektiven fehlten. Es herrsche eine Mentalität von Emanzipation und Freiheit vor. Jeder meine, frei über sein eigenes Leben, seinen Körper und sein Geld verfügen zu dürfen.

In demselben allgemeinen Kontext ist das Individuum keine Substanz mit deutlicher Kontur mehr. Abstammung, sozialer Stand, Erziehung und Beruf zählen bei der Bestimmung der Identität nicht mehr. Jeder muß sich selbst aufbauen und selbst sein Leben gestalten. Lebensmöglichkeiten werden ausgetestet, man experimentiert mit Beziehungen. In diesem Prozeß des Aufbaus der Identität spielen nach Ehrenberg im heutigen Kontext zunehmend Drogen und Fernsehen eine Rolle (der Autor bespricht vor allem Sendungen nach dem Muster von *Reality shows*). Drogen tasten das Innere ab, Fernsehen das Äußere. Drogen wirken auf die inneren Wahrnehmungen, Fernsehen auf das Selbstbild, das nach außen projiziert wird.

Der Mensch von heute ist an technische Eingriffe gewöhnt. Kaum noch ein einziges Nahrungsmittel ist ganz „natürlich". Während die ältere Generation nur im äußersten Fall zur Medizin griff, gehören Medikamente derzeit praktisch zur Ausrüstung eines jeden Schülers. Pillen sehen so unschuldig aus. Der Übergang von Aspirin zu Ekstasy passiert ohne Argwohn. Die Folgen aber sind nicht immer ganz so unschuldig.

Wir leben in einer Leistungsgesellschaft. Bilder von Erfolg und Glück werden uns tagtäglich vorgegaukelt. Das soziale, das affektive und auch das sexuelle Leben stehen unter einem enormen Druck. Ehrenberg verweist zu Recht auf die Verletzbarkeit des unsicheren Individuums. Während man der heutigen Kultur so leicht die Förderung narzißtischer Neigungen zum Vorwurf macht, setzt der Autor den Drogenkonsum und die Abhängigkeit in Beziehung zu einem fundamentalen narzißtischen Defizit. Vielen fehlt es ja doch an gesundem Selbstvertrauen und positiver Selbstachtung. Die Drogen aber, die man konsumiert, um seine Leistungen zu steigern, Hemmungen zu verlieren und künstlich das Selbstwertgefühl aufzudrehen, bewirken ab einem bestimmten Zeitpunkt oftmals das genaue Gegenteil. Abhängigkeit tritt an die Stelle von Freiheit, der Aufbau der eigenen Identität kehrt sich in Verzweiflung.

Dort liegt nach Meinung von Ehrenberg die Grenze des Selbstverfügungsrechts. Drogen unterhöhlten den inneren Abstand, den man gegenüber sich selbst bewahren müsse. Ohne diesen Abstand gerate man in die Gefangenschaft des eigenen Inneren. Parallel dazu werde durch bestimmte Unterhaltungssendungen im Fernsehen, in denen man vor den Augen der Öffentlichkeit schmutzige Wäsche wasche, der notwendige Abstand aufgehoben, den man in einer gesunden Gemeinschaft gegenüber dem anderen einhalte. Falle dieser Abstand aber weg, dann werde letztlich das gesellschaftliche Leben selbst unmöglich. Der Abstand eines Menschen zu sich und zum Mitmenschen sei unverzichtbar, wolle man die Beziehung zu sich und zum anderen auf eine positive Weise wachsen lassen. Der heutige Mensch sei jedoch gehetzt, er suche unmittelbare Befriedigung, er wolle sich sofort gut fühlen und von den anderen anerkannt werden. Auch der Psychoanalytiker Tony Anatrella hat darauf hingewiesen, daß die kulturelle Armut dem Drogenkonsum zuarbeitet. Wer nicht über das nötige Rüstzeug verfüge, Abstand von den eigenen Gefühlen und Erfahrungen zu nehmen, sie in Worten oder Gedanken auszudrücken, sie durch Geschichten oder Vorstellungen von anderen zu relativieren und sie auf religiöse oder künstlerische Symbole zu beziehen, dem bleibe letztlich nichts anderes übrig, als sie auf rein körperlichem Gebiet zu verarbeiten.

Nach Ehrenberg wird es in unserer Zeit wieder notwendig, über das Verbot nachzudenken. Dann aber muß man einen scharfen Trennstrich zwischen dem „symbolischen Gesetz" und den „bürgerlichen Gesetzen" ziehen. Letztere verfehlen das Ziel, solange das Individuum nicht in eine symbolische Ordnung aufgenommen wird, in eine sinnstiftende Perspektive, die den nötigen Abstand eines jeden zu sich und zu den anderen wiederherstellt. Das Verbot kann nur von einer authentischen Autorität ausgehen, der am Wachstum des Individuums und den Entfaltungsmöglichkeiten echter Beziehungen gelegen ist. Die heutige Gesellschaft steht hier vor einer schweren Aufgabe.

Die Diagnose Ehrenbergs paßt gut zu der Vorstellung, daß wir derzeit in einer Kultur nach dem Wort und ohne Mythen angelangt sind. Der Wegfall zuverlässiger Worte und sinnstiftender Mythen trägt zu der Verunsicherung des einzelnen bei. Der Prozeß der Verarbeitung von Erfahrungen und der Entdeckung von „Wirklichkeit" wird sich demnach ausschließlich in der Welt der Gefühle abspielen müssen. Sowohl die Musik als auch die Drogen operieren in der Dimension der Affektivität. Daß es von daher Verbindungen zwischen Musik und Drogen gibt, liegt auf der Hand. Ihre Wirkung ist jedoch nicht dieselbe: Drogen stimulieren oder simulieren, der wortlose Mythos symbolisiert.

Ehrenberg hat recht, wenn er dem heutigen Drogenkonsum, so wie er sich zumeist zeigt, spirituelle Motive abspricht. Wie wir sehen werden, beinhalten Drogen in der Rockkultur in einigen Fällen einen mystischen Funken. Daher ist es interessant, kurz auf *La mystique sauvage* von Michel Hulin zurückzukommen. Der zweite Teil seines Buches behandelt ja die durch Drogen provozierten Erfahrungen wilder Mystik.

Der Autor fragt sich, ob künstliche Mittel eine spirituelle Erfahrung erzeugen können, die mit der Frucht langjähriger Askese und Meditation vergleichbar wäre. Eine gelungene Erfahrung mit Drogen vereint nach Meinung des Autors vier Kennzeichen: daß man ekstatisch in eine geistige Wirklichkeit versetzt werde und den Schwankungen der banalen Existenz enthoben sei, ein Gefühl kosmischer Einheit gewinne und den Eindruck, daß alles gut sei, aber auch, daß alle gut seien; den Eindruck, daß man in einen ursprünglichen Zustand natürlicher Unversehrtheit zurückgekehrt sei, von dem man sich eigentlich nie hätte entfernen dürfen; daß man das normale Bewußtsein als eine Form der Verarmung und des Verfalls ansehe, verglichen mit der höheren, schöneren, dichteren Wirklichkeit, die man durch Drogen erlebe. Paradox nur ist die Tatsache, daß eine solche Erfahrung inniger Seligkeit lediglich das Ergebnis der automatischen, chemischen Einwirkung einiger identifizierbarer und synthetisierbarer Stoffe auf das Gehirn und das Nervensystem ist. Man macht wunderliche Wahrnehmungen, die man ohne die künstlichen Mittel vielleicht nie machen würde. Ist Glück also im Prinzip machbar und käuflich?

Hulin verweist auf klassische Texte von Thomas de Quincey, Baudelaire, Huxley und Michaux. Er kommt zu dem Schluß, daß Drogen Versprechen beinhalten, die sie nicht erfüllen können. Daß sie den Horizont erweitern und Menschen die Seligkeit offenbaren, zu der sie berufen sind, stellt noch keinen Betrug dar. Das Trügerische beginnt ab dem Zeitpunkt, da die Illusion geweckt wird, man könne diesen Zustand schon jetzt ganz und gar erreichen. Dann geht der Abstand zwischen Gegenwart und Zukunft, Realität und Traum verloren; dieser Schluß ist voreilig. Die höhere geistige Wirklichkeit, zu der Drogen die Sinne öffnen, kann erst nach einem langen Weg von Entsagung und innerer Bekehrung erreicht werden, d. h. man muß lange daran arbeiten. Drogen können nur eine Hilfe bieten, wenn sie in den langen Prozeß der inneren geistigen Anstrengung eingepaßt werden. Erwartet der einzelne von den Drogen alles Heil und kommt ansonsten kein weiterer Verarbeitungsprozeß in Gang, läuft er Gefahr, in tiefe Ängste zu stürzen. Drogen ersetzen ja die Wahrnehmung der Wirklichkeit, *entwirklichen* die Wirklichkeit, und dann verliert man jeden Halt. Wird der Konsum zwanghaft, dann stumpfen die Gefühle durch die Macht der Wiederholung ab, und die Wahrnehmungen verflachen.

Hulin spricht sich nicht für ein radikales gesetzliches Verbot von Drogen aus. Der Drang des Menschen, Grenzen zu verschieben und Tabus zu übertreten, sei ja doch nicht aufzuhalten. Wenn im Drogenkonsum etwas Teuflisches stecke, dann liege das nicht an den Wirkungen des Mittels, sondern in dem Eroberungsdrang des Benutzers, der die höhere Wirklichkeit in den Griff bekommen möchte. Er wende Gewalt an gegen das Sakrale, um den Göttern die Seligkeit, die vielleicht nur für sie bestimmt sei, abzupressen.[186] Oder — wie Baudelaire es in *Les Paradis artificiels* schon schrieb — der Mensch mache sich selbst zu einem Gott.

Mit seinen Schlußbemerkungen verbalisiert Hulin die religiöse Problematik, mit der möglicherweise jede Form spirituellen Drogenkonsums früher oder später einmal zu tun bekommt. Es geht um die Spannung zwischen Genuß und Verbot, Ordnung und Übertretung, dem Menschlichen und dem mehr als Menschlichen (dem Anderen, dem Übersteigenden, dem Sakralen, dem Göttlichen). Auf dieses grundsätzliche Problem gehen wir im Folgenden noch weiter ein.

Der Drogenkonsum hat in der populären Musik — von Jazz

---

[186] Michel Hulin, *La mystique sauvage*, S. 155.

bis Rock und House — eine lange Geschichte.[187] In der Musikpresse sind Drogen ein offenes und viel diskutiertes Thema. Und was sagen die Sänger und Musiker in Interviews selbst dazu?

„Wenn Gott nicht gewollt hätte, daß wir Drogen nehmen, hätte er sie überhaupt nicht erschaffen."[188]
Shane MacGowan

Drogenkonsum wird in der Musikkultur zumeist ähnlich gerechtfertigt wie auch sonst: Man möchte die Sorgen vergessen, der Gesellschaft entfliehen, die „eine ganze Generation ohne Erwartungen, ohne Ambition, ohne Übersicht, ohne Hoffnung" zurückläßt (Andrew Eldritch).[189]

Der Erholungszweck überwiegt. Einige Drogen bauen Streß ab und erzeugen einen meditativen Zustand. Andere heben Grenzen auf, öffnen das Bewußtsein und vermitteln das Gefühl, aufzusteigen und zu fliegen. Meist trifft man bei den Produkten, die auf dem Markt sind, eine sehr sorgfältige Wahl. Über Drogen spricht man sehr nuanciert. Nach Bobby Gillespie stecken im menschlichen Körper und in seinem Geist viele unvermutete Möglichkeiten. Drogen seien ein Mittel, diese zu entdecken, andere und sich selbst besser kennenzulernen. Sie nähmen einen physisch wie emotional mit in einen Prozeß von Höhen und Tiefen. Sowohl die guten wie die schlechten Erfahrungen könnten zur Formung des eigenen Charakters beitragen. Drogen „machen einen Teil von dem Abenteuer des Lebens aus". Ihr Zweck liege nicht in der Selbstvernichtung.[190] Auch für Terry Bickers und die Bandmitglieder seiner damaligen Gruppe Levitation sind Drogen ein Weg zur Einsicht. „Nicht die Drogen sind wichtig, sondern was man durch sie lernt." Man entdecke, wer man wirklich sei, schaue in die Tiefe des eigenen Herzens, wo man Licht und Dunkel entdecke, Liebe und Gewalt. Drogen würden einem helfen, von einem idealisierenden Selbstbild loszukommen und die eigene verletzliche Menschlichkeit zu sehen.[191]

---

[187] Vgl. Harry Shapiro, *Waiting For The Man. The Story of Drugs and Popular Music,* London, Mandarin Paperbacks, 1990.
[188] Nick Kent, *The Dark Stuff,* S. 218–219.
[189] Sisters Of Mercy, NME 18.04.1992.
[190] Primal Scream, MM 18.01.1992; *Select,* April 1994.
[191] Levitation, MM 22.02.1992.

In der Rockwelt rührt der Drogengebrauch zum Teil auch von der besonderen Situation der Künstler her. Stars bewegen sich in einem besonderen Umfeld. Anders, als es scheinen mag, fühlen sich manche darin nicht zu Hause. Keith Richards von den Rolling Stones suchte in den Drogen ein Mittel, daraus zu entfliehen, sich zu verstecken. Gleichzeitig hielten sie ihn mit den Füßen auf dem Boden oder im Untergrund, in der Gosse, und dort erhält man einen anderen Blick auf das Leben.[192] Sänger und Musiker sind oft schüchterne Leute, die vor einem großen Publikum auftreten müssen. Einige Drogen nehmen Hemmungen weg und geben das Gefühl von Selbstsicherheit, manchmal sogar von Unschlagbarkeit. Auftritte sind übrigens eine ganz besondere Erfahrung. Man erlebt einen intensiven Moment, überläßt sich der Macht der Musik, wird vom Publikum gefeiert und auf Händen getragen. Die Songs aber, die man singt, können aus dunklen Gefühlen hervorgehen und verwirrende und schmerzliche Erlebnisse vertonen. Nach gut einer Stunde ist dann alles vorbei, der Saal strömt leer, die Energie sinkt ab. Der Kontrast zwischen der aufgeputschten Ausgelassenheit des einen Moments und der Leere danach ist durchaus nicht leicht. Die Neigung, dann in Drogen Trost zu finden, entsteht wie von selbst. Im übrigen gibt es in diesem Milieu genügend Leute, die an dem Zeug verdienen wollen.

Andy Bell sieht einen Zusammenhang zwischen Drogenkonsum und der geistigen Qualität der Musik. Er stellt fest, daß die meisten Gruppen, die Musik mit Tiefgang machen, auch mit Drogen experimentieren.

„Ein Großteil der besten Musik ist von Leuten gemacht, die außer sich geraten, weil sie versuchen, etwas zu finden, das sie offen genug macht, um solche Musik zu erfinden."[193]

In dieser Auffassung steckt etwas mehr als das viel gehörte Argument, daß Drogen helfen würden, besser „in die Musik" zu kommen. Es handle sich um die fundamentale Inspiration eines Sängers oder Musikers. Drogen sollten Abschirmungen durchbrechen und Verteidigungsmechanismen ausschalten, so daß man

[192] Rolling Stones, NME 08.07.1995.
[193] Ride, MM 15.02.1992.

für den inneren geistigen Reichtum sensibler werde und näher an die kreativen Quellen komme. Für Andy Bell jedoch ist die Musik selbst immer noch die beste Droge: sie wirke wie eine Droge, entrücke einen und sei viel stärker als jedes andere Mittel.[194]

„Mach, was du willst, aber nur, weil *du selbst* es tun willst", lautet der Rat von Jim Reid im Zusammenhang mit Drogen.[195] Das aber ist gerade der heikle Punkt. Einer der großen Antriebsfedern für Drogenkonsum in der Rockkultur ist das Nachahmen der Stars. Hier spielt dann der Mythos von *sex, drugs and rock 'n' roll* eine Rolle. „Als ich dreiundzwanzig war, wollte ich wie Brian Jones mit Anita Pellenberg sein", gibt Ian Astbury zu. Und nachdenklich fügt er hinzu: „Ich schaute mir Fotos und Filme an. Ich sah nicht auf die Wirklichkeit."[196] Nach langjährigem Drogenkonsum lebt man in Lügen. Man stellt sich dar als ein Opfer und leugnet die Mitverantwortung. Man will es, und man will es nicht. Übermäßiger Drogenkonsum führt zu einer Verflachung der Erfahrung. Die Fantasie verfällt in Wiederholung. Die Gefühle geraten durcheinander. Nach einiger Zeit ist man nicht mehr in der Lage, Emotionen auf natürlichem Weg aufkommen zu lassen. Im Grunde seiner selbst ist man nicht glücklich.

„Das hat mit Sicherheit nichts mit Kreativität zu tun."
Damon Albarn[197]

„Ich weiß, daß Drogen kein Stimulans für Kreativität sind. Es ist, als wenn man im Gefängnis sitzt, es ist die schlimmste Sklaverei, in die man sich selbst bringen kann."
Peter Buck[198]

In einem Gespräch mit Brett Anderson (Suede), der Drogenkonsum zuvor romantisiert hatte, vergleicht David Bowie Drogen mit einer Perle, die verborgen in einer riesig großen Muschel sitze. Man könne zwar versuchen, sich die Perle zu nehmen, doch man riskiere, daß einem dabei die Arme abgerissen würden. Er bezweifelt, daß Drogen einen direkten Zugang zur inneren

---

[194] Ride, *Rage,* Oktober 1991.
[195] The Jesus And Mary Chain, MM 23.07.1994.
[196] The Cult, MM 08.10.1994.
[197] Blur, MM 07.05.1994.
[198] R.E.M., NME 24.09.1994.

Erleuchtung verschaffen können. Das sei dasselbe wie die Illusion, daß man eine Fremdsprache ohne eigene Anstrengungen lernen könne. Künstliche Mittel könnten letztlich den geduldigen und mühsamen Weg der Meditation nicht ersetzen.[199]

Jimmy Page hat Nick Kent anvertraut, daß seiner Meinung nach der große Irrtum der siebziger Jahre in der Überzeugung lag, daß Heroin die Inspiration fördere.

> *„Wir dachten alle, daß es uns wie Charlie Parker werden ließe. In Wirklichkeit aber ließ es uns emotional und geistig vor die Hunde gehen."*

Befinde man sich erst einmal in diesem Zustand, ergänzt Nick Kent, dann lebe man in einer Hölle.[200] Und die kann unendlich schwer auf dem Gemüt lasten.

> *„Ich bin ein Mensch, der versagt hat, [...] der seine Ideale verraten hat."*
> Scott Weiland[201]

> *„Alle Drogen sind Zeitverschwendung. Sie zerstören das Gedächtnis und die Selbstachtung und alles, was mit Selbstrespekt zusammenhängt. Sie sind absolut nicht gut."*
> Kurt Cobain, der ein Jahr später selbst in einer Spirale mitgerissen wurde, die er nicht mehr unter Kontrolle hatte[202]

> *„Ich habe mir durch Drogenkonsum nicht wieder gutzumachenden Schaden zugefügt. Alle guten Dinge, die ich durch Drogen gehabt habe, hätte ich auch ohne sie haben können."*
> Flea, alias Michael Balzary[203]

In der Rockkultur gibt es auch drogenfreie Zonen. Zum Beispiel ist *Straight Edge* innerhalb der amerikanischen *Hardcore*-Gruppen eine Strömung, die für Enthaltsamkeit in Sachen Drogen, Alkohol und Sex eintritt. Die messerscharfen, geladenen Gitarrenklänge von Fugazi, einem bekannten Vertreter dieser Strömung,

[199] David Bowie, NME 20.03.1993.
[200] Nick Kent, NME 04.06.1994.
[201] Stone Temple Pilots, MM 27.05.1995.
[202] Nirvana, MM 04.07.1992.
[203] Red Hot Chili Peppers, NME 16.09.1995.

beweisen, daß Rock ohne Drogen nicht fade werden muß. Man kann jedoch schwer leugnen, daß Drogen sowohl in der Lebensweise einer ansehnlichen Zahl von Gruppen als auch in der Thematik der Songs eine große Rolle spielen. Was Letzteres angeht, ist der Unterschied zwischen Anlaß und Mittel, Mittel und Intention von Bedeutung. Wenn man von Drogen redet, will man häufig etwas zu den Zuständen und den Absichten sagen. Songs über Drogen handeln nicht notwendigerweise von Drogen, behaupten die Journalisten The Stud Brothers, denn „Drogen können eine gewaltige Metapher sein", ein Bild für die Sehnsucht, dem System entfliehen zu können, so wie Drogen aufgeben ein Bild sein kann für die Absicht, den Selbstrespekt und die Selbständigkeit wiederzuerlangen.[204]

Früher war Reisen ein Mittel, sich der gewohnten Umgebung zu entziehen und unbekannte Landschaften und Gebräuche zu entdecken. Gegenwärtig braucht man nicht mehr sein Haus zu verlassen, um exotische Eindrücke zu sammeln: Bilder aus den fernsten Ländern erscheinen in den Hochglanzzeitschriften und im Fernsehen in Hülle und Fülle. Wer aber doch noch auf Reisen geht, nimmt überall seinen Komfort mit und fühlt sich in der ganzen Welt in denselben Ketten zu Hause. Unsere Gesellschaft ist in vieler Hinsicht blasiert. Das ist der Kontext, in dem sich in letzter Zeit unter Jugendlichen Drogen so rasant verbreiten. Sie sind ein Mittel, mit dessen Hilfe man unverbrauchte innere Landschaften erkundet und eine Abenteuertour in das Unbekannte wagt. George Steiner verweist auf Experimente innerhalb der Romantik, des Surrealismus und des Futurismus und merkt an, daß Drogen die Trägheit aufbrechen könnten und die Wahrnehmung für andere Dimensionen schärften.[205] Aldous Huxley hat erlebt, wie Meskalin von der gewöhnlichen Welt der Nützlichkeitserwägungen, moralischen Urteile, des Selbstschutzes, der Selbstbestätigung, überschätzten Worte und aufgeblasenen Begriffe, die „vergöttert werden" (*„idolatrously worshipped notions"*), befreit.[206] Drogen sind hier ein Mittel gegen Vergötterungen, gegen das Verabsolutieren von Ideologien, Gefühlen,

---

[204] The Stud Brothers, MM 27.02.1993.
[205] George Steiner, *Von realer Gegenwart*, S. 239.
[206] Aldous Huxley, *The Doors Of Perception*, London, Grafton Books, 1977, S. 30 (erste Auflage 1954).

Menschen, dem Ich, dem Anderen; denn alles kann ja zum Abgott werden. Doch auch das *Mittel* Drogen kann entgleisen. Und selbst ein geringer Konsum stellt wie auch immer eine Konfrontation mit dem Tod dar, mit dem eigenen Todestrieb und mit dem physischen Lebensende, das einen jeden erwartet. Der Philosoph Walter Benjamin, der Hasch ausprobiert hat, erlebte den Tod „als Zone, die um den Rausch herum ist"[207]. Diese Empfindung deckt sich mit dem, was in so vielen Songs zu hören ist. Das Bewußtsein vom Tod, das in der Rockkultur so prägnant ist, hat in vielen Fällen mit Drogen zu tun.

Drogen können die Begierde auf die Spitze treiben. Sie können die Begierde aber auch lähmen, wenn sie durch die Verabreichung unmittelbarer Befriedigungen den inneren Mangel, die wesentliche Unvollkommenheit des Daseins aufheben. Dann verschwindet die Begierde und versiegt das Leben. Denn ohne Sehnsucht kein Leben. Drogen können es nur bringen, wenn sich der Mensch nicht in einen Wiederholungszwang (psychologisch eine Form von *thanatos*) verstrickt. Den Kontrast zu einem Bewußtseinszustand, der nicht künstlich beeinflußt ist, muß man aushalten können.

In *The Alchemy Of Culture* bringt Richard Rudgley eine deutliche Übersicht über die Geschichte des Drogenkonsums in verschiedenen Kulturen vom Steinzeitalter an.[208] In vielen alten Traditionen machten Drogen einen Bestandteil der religiösen Praktiken aus. Dabei brachte die rituelle Einbettung verschiedene Vorteile mit sich: Sie garantierte eine allmähliche Einweihung oder Initiation (welche Drogen in welcher Dosierung in welchem Kontext mit welchem Ziel etc.); sie regulierte und kontrollierte den Konsum; außerdem integrierte sie die Erfahrungen, die gemacht wurden, in eine geistige Perspektive. Riten und Mythen sorgten dafür, daß diese Erfahrungen Bedeutung erhielten.

All diese Elemente fallen in einer säkularisierten Welt weg. Initiation, Regulierung und Interpretation fehlen. Es gibt keinen

---

[207] Walter Benjamin, *Über Haschisch,* Frankfurt am Main, Suhrkamp, 1972, S. 81.
[208] Richard Rudgley, *The Alchemy Of Culture. Intoxicants in Society,* London, British Museum Press, 1993. Vgl. auch Françoise Fontaine, „De magie op het Amerikaanse continent", in: *Witte magie, zwarte magie,* Brüssel, ASLK, 1995, S. 167–183.

Unterschied mehr zwischen normalen Zeiten und rituellen Festen mit Rausch und Tabuüberschreitungen. Außerdem verschwindet die Einnahme offiziell aus dem Zentrum des Dorfes in die Hinterhöfe der Stadt. Im Lauf der Jahrhunderte sind die Drogen von der Agora auf den Schwarzmarkt umgezogen. Ein Denker wie Michel Hulin schließt nicht aus, daß unsere Zivilisation einmal zu einer neuen Sakralisierung eines bestimmten Drogenkonsums innerhalb eines spirituellen Kontextes kommen könnte. Er sieht darin fast eine Notwendigkeit, wenn man der wilden Ausuferung mit ihren selbstzerstörerischen Folgen vorbeugen will.[209] Über solche zeitgenössischen Formen der Ritualisierung denken jedoch nicht viele laut nach. Vielleicht enthalten darum die (negativen wie positiven) Erfahrungen mit Drogen innerhalb der Rockkultur eine Botschaft für die heutige Gesellschaft insgesamt. Das Drogenproblem ist im technischen Sinn des Wortes ein Symptom für den Gesundheitszustand der heutigen Gesellschaft geworden: ein Krankheitsphänomen, eine Störung an der Oberfläche, an der man festhält aus Angst, daß eine Heilung in der Tiefe die Vorteile des Krankseins (der Verdrängung, der Leugnung) aufheben würde. Das Ergebnis ist eine Stagnation, die manchen sehr gelegen kommt: den Konsumenten, die immer einen Weg finden, sich das Zeug zu besorgen, den Dealern, die an der Versklavung der anderen ein Vermögen verdienen, die Polizei, die im Kampf gegen „das Böse" eine Legitimation für ihren Beruf findet, die politisch und gesellschaftlich Verantwortlichen, die die Gelegenheit nutzen, die etablierten Werte zu verteidigen, und so ihre Machtlosigkeit — nicht nur gegenüber der Bedeutung alternativer Lebensstile, sondern auch gegenüber den unbeherrschbaren Entwicklungen des westlichen Systems als solchem — zu verbergen. Unterdessen haben die Unsicherheit der Innenstädte und der Vororte, das Elend der Tausend und Abertausend Abhängigen, der Zynismus der Mafia und der Umfang des Schwarzmarktes nach Rache schreiende Proportionen angenommen.

Die Situation verlangt nicht in erster Linie Legalisierung, sondern eine notwendige neue Symbolisierung. Außerhalb eines jeden sinnstiftenden Kontextes wird die Einnahme von Drogen,

---

[209] Michel Hulin, *La mystique sauvage*, S. 156–157.

die weiter geht als ein gelegentlicher und maßvoller Konsum zur Erholung, schnell destruktiv. Aber es ist gerade das Merkmal unserer Zeit, daß wir keine Worte und Mythen besitzen, bis auf den einen, den wortlosen Mythos der Musik. Die Verbindung zwischen Drogen- und Rockkultur liegt vermutlich in dieser Tiefe. Wenn schon bestimmte Drogen ein Hilfsmittel in der Art von Existenz, die Musiker leben, sein können, dann ist es umgekehrt mindestens ebenso wahr, daß Drogen Musik brauchen als ein Medium, in dem sie ihre ambivalente Macht ausdrücken können. Sie stimulieren ja die Erfahrung der Entwirklichung des alltäglichen Lebens, und im besten Fall lüften sie den Zipfel des Schleiers einer anderen Wirklichkeit. Doch wohin soll ein Mensch mit so einer Erfahrung? Was macht er damit? Wie geht es weiter? In der Musik können solche Erlebnisse zumindest einigermaßen symbolisiert, in Klänge übersetzt und in Worten von Songs verbalisiert werden.

Schon 1966 hatte der Philosoph Leszek Kolakowski die Frage nach dem Zusammenhang zwischen der modernen Genußmittelkultur und der religiösen Ekstase gestellt. Er vermutete, daß die Grundstrukturen der menschlichen Gesellschaft in allen Schichten der Kultur an die Oberfläche kommen können und daß eine Reihe sakraler Funktionen, mythischer Inhalte und religiöser Erfahrungen sich unter bestimmten Bedingungen „in grotesk verzerrten Formen" manifestierten.[210] Man kann die Behauptung aufstellen, daß sich in der heutigen Zeit eine hartnäckige Tendenz hält, alle Signale einer anderen Dimension zu leugnen und den Menschen in einer Tautologie einzusperren: Es gibt, was es gibt, man fühlt, was man fühlt, mehr sollte man nicht wollen. Wieder stellt sich die Frage der Leugnung. Wie geht unsere superhygienische und politisch so korrekte Gesellschaft mit irdischen Trieben und mit himmlischen Träumen um, mit dem Nicht-Rationalen, das so schnell mit Irrationalität gleichgesetzt und somit abgelehnt wird? Ist die Beziehung zu dem Anderen, dem Unfaßbaren, dem Unbekannten — das bis vor kurzem der Bezugspunkt für die Orientierung des Menschen war — in der heutigen Zeit für immer aufgehoben, oder wird dieses Verhältnis nur von den herrschenden Systemen in den Hintergrund ge-

---

[210] Leszek Kolakowski, „Erkennungstheorie des Strip-tease", in: *Traktat über die Sterblichkeit der Vernunft*, München, Piper, 1967, S. 48–49.

drängt und in der (manipulierten) öffentlichen Meinung bewußt oder unbewußt geleugnet? Die Ekstase und die Verwüstung, mit denen Drogen verbunden sind, erzwingen ein offenes und ernsthaftes Nachdenken, *auf dieser Ebene.*

6

Genuß ist ein theologisches Problem. Die höchste Seligkeit, die ein Mensch erfahren kann, geht nicht aus ihm selbst hervor. Wer wirklich lebt, steht nie allein da. Sein Dasein verdankt er der Fruchtbarkeit anderer, und auch seine eigene Fruchtbarkeit erweckt Leben, das ihm nicht länger gehört. Wer intensiv genießt, empfängt von woandersher. Auch Musik erfüllt das Versprechen des Lebens um so besser, je mehr man sich der Stimme des Anderen überläßt.

In *La Voix du diable* untersucht Michel Poizat, warum Menschen von Genuß immer zugleich angezogen wie auch abgeschreckt werden. Woher kommt die Verbindung von Genuß und Angst? Muß man das Gefühl haben, daß Genuß unvermeidlich eine Übertretung des Gesetzes beinhaltet? Nach Meinung von Poizat gibt es in jedem Individuum und in jeder Gesellschaft eine permissive und eine repressive Tendenz. Diese Ambivalenz gehöre zu den Grundstrukturen des Menschseins. Bevor er diese aus psychoanalytischer Sicht untersucht, zeigt er auf, wie sich diese beiden Tendenzen in der Haltung der christlichen und der islamischen Tradition zum religiösen Lied zeigen.

Zu Anfang hatten die christlichen Gemeinschaften ganz schlichte Treffen, die sich bewußt von den festlichen heidnischen Riten abhoben. Im Mittelpunkt stand das Wort Gottes. Das mußte so deutlich wie möglich vorgetragen werden. Bei der Verkündigung des Wortes war nur eine einfache, rezitative Melodie (cantillatio) zugelassen. Später wurden dann auch Psalmen gesungen. Das ließ sich ja schlecht verhindern, denn schließlich hatte auch David Psalmen gesungen. Wenn man Psalmen singt, bleibt das Wort Gottes unverändert, aber es geht hier doch deutlich nicht mehr um das Verkündigen, sondern um das Singen der Psalmen als einer Form des Gebets. Einen nächsten Schritt nahm Ambrosius vor; er läutete mit der Einführung von Hymnen eine grundsätzliche Verschiebung ein. Hymnen sind immerhin richtige Lieder; da wiegen die Gesetze der musikalischen Form schwerer als die Worte. Da wird die Melodie der ersten Strophe beispielsweise systematisch an die folgenden Strophen angepaßt. Ein zweiter Unterschied ist, daß die Worte der Hymnen nicht mehr unbedingt wortwörtlich aus der Bibel übernommen werden. Diese Erneuerung erschien so tiefgreifend, daß einige Theologen (wie Tertullian) sich gegen das Singen von Hymnen in der Liturgie ausgesprochen haben. Augustinus dagegen verteidigte die Hymnen, weil durch das gemeinsame Singen während der Feiern das Gefühl von Zusammengehörigkeit untereinander gestärkt werde und die Gottesdienste dadurch attraktiver und lebendiger würden. Unterstützt vom Gesang werde die Andacht des schwachen und zerstreuten Menschen auf Gott gerichtet. Es stelle sich jedoch die Frage, ob die Freude des Singens nicht das Lob, das man Gott darbringe, schmälere. Die Kirchenväter waren sich der Zweischneidigkeit bewußt. Mit den Hymnen gönnten sich die Gläubigen ja doch auch selbst ein kleines Vergnügen, während man im Prinzip nur zu Gottes Ehre sang. Der Akt der Gottesverehrung wurde ein fröhliches Unterfangen. Mit der liturgischen Reform Gregors des Großen (Ende des 6. Jahrhunderts) kam es dann auch zu einem Verbot der Ambrosianischen Hymnen. Man machte allerdings eine Ausnahme. Die mönchischen Gemeinschaften durften die allgemeine Regelung durchbrechen und auch weiter Hymnen singen. Während jedermann sich an die Schlichtheit des Wortes halten sollte, standen die Klöster mit ihrem Privileg liturgisch gesehen auf der Seite des Genusses (auch wenn dieser Akzent auf dem Genuß nicht die Spannung zwischen Genuß und Gesetz aufhob, denn das Singen war selbst wieder einer strengen Disziplin unterworfen).

Die Einführung des *Halleluja* stellte eine weitere Bedrohung des Primats des Wortes dar. Augustinus beschrieb das Singen des Halleluja als den Ausdruck einer Freude, die so überwältigend sei, daß alle Worte zu kurz griffen. Die Schwierigkeit liegt auf der Hand: Eine einfache Stimme, die kein Wort mehr herausbringt, die nichts „sagt", könnte im physischen Genuß des Singens jede mögliche Bedeutung ertrinken lassen, während doch „am Anfang" das *Wort* war und Jesus in diesem *Wort* Fleisch geworden ist. „Singet und jubelt dem Herrn in euren Herzen" — so steht es bei Paulus geschrieben (Epheser 5,19); doch meint er „in der Stille, im Innersten eures Herzens und nicht mit eurer Stimme, nicht mit einem Lied" oder im Gegenteil „aus ganzem Herzen, aus voller Brust, mit lauter Stimme"? Beide Interpretationen kamen in Umlauf und zeigen noch in den heutigen Übersetzungen des Paulus-Briefes ihre Spuren.

Viele Kirchenväter waren Gesang und Musik im allgemeinen gegenüber recht mißtrauisch. Das Wort schenkte Leben, das Fleisch verdarb. David ist es zu danken, daß man das Psalmsingen akzeptierte. Doch profane Lieder wurden als gefährlich angesehen. Gesang und Musik würden den Willen schwächen, den Geist abstumpfen lassen, Unbändigkeit, Sittenlosigkeit, Sinnlichkeit und Wollust fördern. Diese Warnung wurde ohne Unterlaß in Predigten und Schreiben wiederholt.

Auch der Islam legte eine ähnliche Zurückhaltung an den Tag — aus der Sorge heraus, daß das Glück, das man beim Singen religiöser Lieder erlebe, eine List des Teufels sei. Man sei dann vielleicht in dem Glauben, Gott zu loben, kapsele sich aber faktisch im Genuß der eigenen Sensualität ab. Sowohl christliche als auch islamische Denker fragten sich jedoch, woher denn der musikalische Genuß eigentlich rühre. Die Pythagoreische Lehre von der „Sphärenmusik" (erzeugt durch die harmonische Bewegung der Himmelskörper im Kosmos) brachten sie in Beziehung zu dem jüdischen Mythos von dem Engelchor, der Gott Tag und Nacht — ohne Worte — Lob singe. So liege also die geheime Quelle der Musik nicht im Menschen, sondern in Gott, der alles regiere. Die Macht der Musik gehöre zum Wunder der Schöpfung. Gott besitze den Schlüssel dazu. Teuflisch werde die Musik erst, wenn Ordnung und geistige Harmonie von Sinnlichkeit und Chaos vertrieben würden.

Dieses Gedankengut wurde in der mystischen Tradition weiter entwickelt. Mystiker leben in dem Bewußtsein, daß die Welt Gottes Werk ist. Die Schöpfung reagiert auf das göttliche Schöpfungswort mit einer immensen Freude und, indem sie das geschenkte Leben intensiv genießt. Das schöpferische Wort und die freudige Antwort wohnen der Schöpfung auf ewig inne. In der christlichen Tradition trifft man dieses Bewußtsein unter anderem in den Schriften von Hildegard von Bingen an, einer gelehrten Frau, die theologische und wissenschaftliche Traktate verfaßte, religiöse Gemeinschaften gründete und weltliche Machthaber beriet. Mit all dieser Arbeit stand sie ganz und gar auf der Seite der Ordnung und des Wortes. Doch, was für eine Frau im 12. Jahrhundert ziemlich ungewöhnlich war, sie komponierte auch geistliche Musik und schrieb liturgische Gesänge. Im *Hohenlied* fand sie eine große Inspirationsquelle. Ihrer Ansicht nach war Musik eine Gabe göttlichen Ursprungs, während die Verketzerung und das Verbot der Musik das Werk des Teufels sei. Alles, was atme und lebe, sei ja doch zum Lobe Gottes aufgerufen. Psalmen und Gesänge sollten das Herz an die Seligkeit des heilen Zustands zu Beginn der Schöpfung erinnern. Sie machten empfänglich für die Gegenwart Gottes. Auch Musik ohne Gesang (ohne Worte) fand Gnade vor ihren Augen. Sie selbst komponierte ebenfalls instrumentale Musik. Ihrer Meinung nach gibt es einen Zusammenhang zwischen dem Wort und der Menschlichkeit Jesu, während Musik mit dem Geistigen verwandt sei, mit der harmonischen Einheit der göttlichen Dreifaltigkeit. Eine immerhin bemerkenswerte Auffassung, das Wort als eine Eigenart der menschlichen Situation und Musik als einen Hinweis auf die höhere, dreifaltige Wirklichkeit anzusehen, in der das Menschliche und das Andere, das Göttliche, in einer harmonischen Einheit zusammenflössen.

In seinem Buch richtet Poizat sein Interesse auf den Widerstand, den Musik durch die Jahrhunderte hindurch hervorgerufen hat — bei Päpsten, bei Gelehrten (Erasmus!), bei Reformern und Politikern (der Französischen Revolution, Stalin). Was die christliche und islamische Tradition angeht, kommt er zu dem Schluß, daß beide genau gespürt haben, was durch die Entwicklung des liturgischen Lieds und geistlicher Musik — aufgrund der Dimension des Genusses — aufs Spiel gesetzt wurde. Beide Traditionen sahen im Genuß eine Übertretung des göttlichen Gesetzes und vermuteten darin die Handschrift des Teufels. Gesang und Musik bilden ja eine Bedrohung der Ordnung des Wortes, welcher der Mensch als sprechendes Wesen unterworfen ist und der die Offenbarung eines Gottes, der „gesprochen hat", einen sakralen Ursprung verleiht. Musik und Gesang tendieren jedoch dazu, das Wort zu verwischen und zu übersteigen. Statt auf das Wort zu hören, genießt man den Klang. Dadurch gerät die Ordnung der Schöpfung ins Wanken — jedenfalls nach kanonischer Auffassung. Im Vergleich dazu ist die mystische Auffassung geradezu subversiv. Beim Mystiker steht die affektive Erfüllung im Mittelpunkt. Er will die Glückseligkeit nicht bis nach dem Tod aufschieben. Weil die Ordnung des Wortes nur menschlich ist, darf und muß sie sogar übertreten werden. Die Übertretung des Gesetzes geschieht um des höheren Gutes willen, wegen der Übersteigung des Irdischen, der Einswerdung mit dem Göttlichen. Teuflisch ist in dieser Hinsicht nicht mehr die Musik, der man nachsagt, daß sie Verwirrung zwischen Gut und Böse, dem Ich und dem Anderen, Schein und Wirklichkeit stifte, sondern das Wort, das differenziere und zerteile und so den Zugang zu der mystischen Freude behindere.

Die Spannung zwischen dem repressiven und dem permissiven Pol, zwischen den Anhängern des Gesetzes und den Verteidigern des Genusses taucht in dieser langen Geschichte immer wieder auf. Aus seiner psychoanalytischen Sicht heraus faßt Poizat die Spannung zwischen Genuß und Verbot als eine Grundgegebenheit des menschlichen Daseins auf. In uns liege eine Sehnsucht nach totaler Befriedigung. Diese Sehnsucht sei insofern gefährlich, als sie dazu veranlassen könne, andere abzudrängen oder, in einigen Fällen, sich selbst zu vernichten. Daher der Standpunkt, daß das Gesetz (das Verbot) göttlich sei und der Genuß „teuflisch". In der entgegengesetzten Position, der des Mystikers, stecke auch eine tiefe Wahrheit: uns sei Genuß versprochen; teuflisch sei daher die Stimme, die auch noch den Genuß menschlichen Zuschnitts verbieten wolle. Strukturierend für das Menschsein ist nach Poizat (in der Nachfolge Lacans) der Eingriff des Wortes auf die Begierde. Unser Ursprung, der Urbeginn des „Lebens" sei ein Moment absoluten, fusionellen, narzißtischen Genusses. Die Allmachtsträume, die ein Mensch davon übernehme, die sozusagen in unseren Trieben verankert seien, müßten durch das Gesetz des Wortes gebrochen werden. Erst durch die Einfügung in die Ordnung der Sprache werde das Kind zum Menschen: ein Wesen, das sprechen könne, das aber auch — als Folge des Verlustes der ursprünglichen Einheit — für immer durch einen Mangel gezeichnet sei.

Poizat verweist in diesem Zusammenhang natürlich auf den Freudschen Mythos des Urvaters, der sich das Recht auf alle Frauen des Stammes vorbehielt und aus diesem Grunde von seinen eifersüchtigen Söhnen ermordet wurde. Aus dieser traumatischen Erfahrung heraus hat man die Lehre gezogen: Mord und Inzest waren von da an verboten. Dieser Mythos illustriert den

Übergang von einem unbegrenzten zu einem eingeschränkten Genuß. Seither geht Genuß mit Verbot einher.

Zusammenfassend gesagt: Weil der Genuß göttlichen Ursprungs ist und dem Menschen nicht gänzlich zusteht, kommt es zu dem Verbot des Gesetzes; weil dem Menschen aber auch eine Teilnahme am göttlichen Genuß zugesagt ist, wird das Verbot unvermeidlich übertreten. Wer den Schwerpunkt auf das Verbot setzt, meidet die Musik als eine teuflische Verführung. Wer dagegen das Versprechen betont, wird die Musik als ein göttliches Geschenk umarmen.

Vor diesem Hintergrund der Geschichte wirken Reaktionen empörter Zeitgenossen auf Rock geradezu banal. So ist es ja doch zu allen Zeiten gewesen. Selbst der zivilisierteste, beherrschteste, schüchternste liturgische Gesang wurde anfangs als eine Erfindung des Teufels aufgenommen. Sowohl im Islam als auch im Christentum brachte man Musik immer wieder neu mit Ausschweifung und Wollust in Verbindung. In den Texten der Kirchenväter und islamischer Autoritäten tauchte sehr bald die Trias „Musik, Frau und Trank" auf, nach Poizat *„le triptyque de la jouissance"*, in der er einen Vorläufer moderner Slogans wie *Wein, Weib und Gesang* oder *sex, drugs and rock 'n' roll* sieht.[211] Nichts Neues also unter der Sonne. Während die Verteidiger des Gesetzes vermutlich damit fortfahren, Musik weibisches Benehmen und Betäubung vorzuwerfen und sie daher auch weiter zu verurteilen, bewahrt die mystische Seite eine furchtlose Sympathie für das Musikalische, das Weibliche und ekstatische Erfahrungen.

Wesentlich ist jedoch, daß dieser Gegensatz mit einer fundamentalen Struktur des Menschseins in Übereinstimmung ist. Wenn Jerry Lee Lewis mit einem Gefühl herumläuft, daß er sich an die Musik des Teufels verkauft habe, dann übernimmt er nicht nur die Verurteilung des religiösen Umfelds, in dem er aufgewachsen ist. Das Übel kommt auch aus ihm selbst, aus seinem eigenen Kampf mit der Spannung zwischen Genuß und Verbot, einer Spannung, die einen jeden von uns als Mensch strukturiert. Ebensogut kann das Erlebnis von Prince, der Musik, Sex und Gott in einem Atemzug nennt und voll darin aufgeht, ganz au-

---

[211] Michel Poizat, *La Voix du diable*, S. 46–47.

thentisch sein. Prince ist vielleicht ein Beispiel für die mystische Tendenz, die dem göttlichen Genuß und dem Einswerden von allen in allem im Kosmos anstrebt, und der die Ordnung des Gesetzes mit einem guten Gewissen um des höheren Zieles willen übertritt.

Im Erlebnis von Rock stehen also fundamentale anthropologische und theologische Dimensionen auf dem Spiel. Wie steht es mit der Spannung zwischen Genuß und Verbot in einer Kultur, welche der Ordnung des Wortes nicht mehr vertraut und als einzigen Mythos nur noch die wortlose Verzauberung der Musik besitzt? Musik kennt sicherlich ihre eigenen Gesetze. Jedes Lied und jede Melodie zähmen und beherrschen die blinde Lebensenergie, die ohne Regulierung nur Lärm und Chaos zustande brächte. Aufgrund ihrer inneren Struktur schafft die Musik auch in einer verwirrten, gebrochenen, entgleisten Wirklichkeit Ordnung. Daß die Musik zum Teil die Aufgabe des Wortes übernimmt, ist teilweise eine Reaktion auf die Übermacht des Wortes in der westlichen Tradition, die in den letzten Jahrhunderten nachhaltig vom Humanismus und vom Protestantismus beeinflußt wurde. Der Dadaist Hugo Ball wirft Luther vor, daß er sich ängstlich an das Wort geklammert habe. „Der Protestantismus ist eine Philologie, keine Religion", schrieb er (eine Aussage, die über den Protestantismus hinaus eine Tendenz in der gesamten westlichen Tradition beschreibt). Eine zeitgemäße religiöse Erfahrung sah er im Dadaismus gegeben, in der Bespottung des Wortes, in der Betäubung in einer kollektiven Ekstase.

Kulturhistorisch steht die untergründige Strömung, die sich in unserem Jahrhundert von Dada bis Rock fortgesetzt hat, auf der Seite des mystischen Pols, der das Gesetz relativiert und das Genießen verherrlicht. Fällt dabei das Bewußtsein für eine Übertretung weg? Eignet sich der Mensch eine Seligkeit an, die ihm nicht zusteht? Was ist der Sinn der Begierde, die ständig gegen Grenzen anläuft? Können wir die Spannung zwischen Erde und Himmel aushalten, wenn wir keinen Mythos mehr haben, um über diese Spannung zu sprechen? Hat das Aufschieben von Genuß Sinn, wenn es keine Zukunft mehr gibt?

Rock spricht das Leben an und feiert die Fülle, die uns entgleitet. Die Musik singt von einem Begehren, das nie eine Erfüllung kennen wird. Der grundlegende Mangel der Kondition unseres Daseins wird durch den Betrug falscher Mythen auch nur vorläufig aufgehoben. Daran und an anderen Dingen wird deutlich, daß die anthropologische und theologische Problematik, auf die Poizat hingewiesen hat, in der Rockkultur durchaus aktuell ist. Das Bewußtsein der Übertretung wird manchmal explizit zum Ausdruck gebracht. Nichts geht über Rock, schrieb der Journalist David Stubbs vor ein paar Jahren, nichts geht über den Lärm der Musik, ihre „Begierde, Haltung, Ironie, Erbsünde" und ihr leidenschaftliches Verlangen zu fliehen, nur weg von hier — „original sin", so steht es dort wörtlich.[212]

Die hier angeschnittene Thematik wird von Spacemen 3 in dem bemerkenswerten Song „Walkin' with Jesus (The Sound Of Confusion)" aus dem Jahr 1984, der 1986 als erste Single der Gruppe herauskam, in Worte gefaßt. 1990 brach die Gruppe auseinander, und Sonic Boom und Jason Pierce gingen eigene Wege. Pierce gründete eine neue Gruppe — Spiritualized (inzwischen in Spiritualized Electric Mainline umgetauft). Auffällig aber ist die Kohäsion des Werks. Im Grunde werden die ganze Zeit nur einige Grunderkenntnisse fortgeführt und Basisstrukturen weiter ausgebaut, die schon auf den ersten Platten von Spacemen 3 zu hören waren. Dabei gehört „Walking' with Jesus" noch immer zu dem Repertoire, das bei Auftritten von Jason Pierce gesungen wird. Der Song steht auch wieder auf der kürzlich erschienenen CD *Translucent Flashbacks,* einer Zusammenstellung der ersten drei Singles von Spacemen 3. „Walkin' with Jesus" erzählt die Begegnung des Sängers mit Jesus, der ihm zum Vorwurf macht:

„You've found heaven on earth
Gonna burn for your sin"

Der Sänger denkt darüber nach und faßt dann einen Entschluß: Wenn dies tatsächlich der Himmel auf Erden ist, dann ist das etwas für mich. Denn ich will genau in dieser Zeit — zwischen jetzt und meinem Tod — glücklich sein. Er richtet sich daher an den Herrn mit der Bitte um Vergebung:

„So listen, sweet Lord,
forgive me my sins

[212] MM 14. 08. 1993.

'cause I can't stand this life
without all of these things"

Deutlicher kann man es wohl nicht sagen. Das Sündenbewußt-
sein, das hier durchschimmert, hat mit der Übertretung des Gesetzes um des unmittelbaren Genusses willen zu tun. Den Himmel schon jetzt auf Erden zu erleben, scheint nicht erlaubt. Und
doch kann man nicht widerstehen. Gleichwohl bringt der Sänger
weiter in dem Song das Gefühl zum Ausdruck, daß man als
Mensch doch viel schlechtere Dinge tun könnte. Woher nun
diese himmlische Seligkeit kommt, bleibt vage. Geht sie aus der
Musik hervor (*„the sound of confusion, the sound of love"*, eine
tolle Definition von Rock)? Was sind „all die Dinge", ohne die
das Leben unerträglich würde? Höchstwahrscheinlich wird hier
unter anderem auf Drogen angespielt. Die Verbindung zwischen
Drogen und Musik war für Spacemen 3 selbstverständlich. Sonic
Boom kam einmal mit dem Slogan heraus *„Taking drugs to make
music to take drugs to"*. Jason Pierce hat immer die Offenheit
seiner Texte verteidigt. Jeder solle selbst entscheiden, auf welche
Dinge er nicht verzichten könne und wo für ihn ein Stück Himmel auf Erden liege. Versuche, die Begierde durch die Übertretung des Gesetzes, durch die Überschreitung der normalen Grenzen zu befriedigen, findet man sowohl im Sex, in Drogen wie
auch in der Musik. Von diesen drei Trostmitteln, die Gebrochenheit und Einsamkeit therapieren, handeln die Songs von Spiritualized, die selbst auch eine heilsame Wirkung haben.

Ein zweiter Song, der auf derselben LP *The Perfect Prescription*
unmittelbar nach „Walkin' with Jesus" steht, geht noch einen
Schritt weiter. Wieder ist der Sänger in einem Gespräch mit Jesus, der ihm dieses Mal anvertraut: „Ich habe dich Versuchungen
ausgesetzt, aber diese Dinge müssen nun einmal sein." Wieder
denkt der Sänger ernsthaft darüber nach, und wieder schaut ihm
Jesus direkt in die Augen, so daß seine Gedanken in den Sänger
eindringen: *„these things have got to be"*. Es ist, als wenn die
himmlische Seligkeit dem Menschen als eine Gabe geschenkt
werde, und zwar bereits jetzt, um ihm die Schmerzen des irdischen Jammertals zu nehmen. Musik war eben für Spacemen
eine heilende Kraft und ist es für Spiritualized noch immer.

Andere Songs sprechen Trost aus (*„Lord, I feel so good, Lord, I*

feel so fine…", in „Feel So Good" noch von Spacemen 3) oder
bringen Trostlosigkeit zum Ausdruck *(„Sweet Lord, I'm low…"*
auf der Single „Feel So Sad" von Spiritualized). Was jedoch im
gesamten Werk von Spacemen 3 und Spiritualized auffällt, ist das
Maßvolle, die Heiterkeit, der unaufdringliche Reichtum der
Klänge. Das ist Musik, die Geborgenheit schenkt.

> *„Es ist ein beinahe religiöses Gefühl in ihren Klängen enthalten,*
> *als wenn ihr Streben höher und weiter reiche als gewöhnlicher*
> *Hedonismus, als wenn ihre Musik in heiligem Wasser getränkt*
> *worden wäre. Spiritualized erreicht Transzendenz auf die richtige*
> *Art, indem die Gruppe sich selbst reinigt und läutert mit Hilfe*
> *sich wiederholender Klänge und Melodien. "*
> David Stubbs[213]

Auf die Frage, wo dieses greifbare Gefühl einer übersteigenden
Wirklichkeit herkomme, antwortet Jason, daß das Machen von
Musik, vor allem bei Auftritten, eine Erfahrung der Transzendenz vermittle. Er sei sich bewußt, daß die Macht der Musik
nicht aus ihm selbst komme.

Auch in anderen Artikeln über Spiritualized tauchen regelmäßig Ausdrücke wie „religiös" oder „transzendent" auf.

> *„Das ist die ursprüngliche rock 'n' roll/soul/Gospel-Formel, die*
> *sich erneut als etwas Frisches, etwas Neues erfindet. "*
> Ted Kessler[214]

Man kann sich fragen, ob die geheimnisvolle Kraft dieser Musik
nicht etwas mit dem Bewußtsein von Grenzüberschreitung zu
tun hat, wie sie in „Walkin' with Jesus" zum Ausdruck kommt.
Während die üblichen Mechanismen der Leugnung den Menschen in seinen eigenen Problemen einsperren und ihn seinem
Los überlassen, könnten das Bewußtsein des Ineinanderüber-
gehens von Genuß und Verbot und die Anerkennung der mystischen Quelle der Erfüllung der Ursprung sein für die Unversehrtheit und die einnehmende tröstliche Wärme, die diese Musik kennzeichnen.

---

[213] MM 08. 06. 1991.
[214] NME 23. 10. 1993.

7

Als David König wurde, war eine seiner ersten Regierungs-
handlungen, die Bundeslade in die neue Hauptstadt Jerusalem zu
überführen. Es wurde eine „prachtvolle Prozession, von der die
Echos noch in den verschiedenen Psalmen nachklingen"[215]. Die
Lade wurde feierlich auf einem neuen Wagen in die Stadt ge-
fahren. „David und das ganze Haus Israel tanzten vor Jahwe und
spielten auf verschiedenen Instrumenten, auf Zithern und Har-
fen, Pauken, Schellen und Zimbeln." In der zweiten Phase des
Einzugs „tanzte David voller Begeisterung vor Jahwe, nur mit
einem Linnen-Ephod bekleidet". Als die Lade schließlich unter
Jubel und Posaunenschall an ihren Bestimmungsort kam, „schaute Michal, die Tochter Sauls, zum Fenster hinaus. Als sie den
König David vor Jahwe springen und tanzen sah, verachtete sie
ihn." „Der König von Israel hat sich heute ja wahrlich hervor-
getan: wie ein beliebiger Landstreicher hat er sich vor den Augen
seiner Sklavinnen ausgezogen!" sprach sie. „Ich habe zu Ehren
von Jahwe getanzt", war die Reaktion des Königs. „Und Michal,
die Tochter des Saul, bekam keine Kinder; bis zu ihrem Tod
blieb sie kinderlos." (Vgl. 2 Samuel 6.)
    Diese alte Geschichte kehrt zu dem *Leitmotiv* in dem Buch
von Daniel Sibony über den Tanz zurück. Davids Ausgelassenheit findet bei hellem Tageslicht statt. Er singt vor der Lade des
Bundes. Er tanzt vor dem Gesetz. Dieses Gesetz hat nicht er
selbst erfunden, es ist kein Zeichen seiner eigenen Macht. Es ist
das Gesetz Gottes. Gerade darum aber kann der König sich so
völlig seiner Freude überlassen. Weil das Gesetz von anderswoher kommt, befreit sich der Mensch von der Pflicht, selbst das
Gesetz zu tragen oder sich damit zu identifizieren.[216] Das Gesetz
ist ein Geschenk des Daseins, des Anderen, des Unbekannten,
das ins Dasein ruft und Leben schenkt. Es erlöst den Menschen
von dem Gefühl, alles selbst tun zu müssen, bricht den narzißtischen Allmachtsgedanken, der ihn in sich selbst einsperrt und er-

---

[215] Fußnote zu 2 Samuel 6,1 in der Willebrord-Übersetzung, Boxtel, Katholieke
    Bijbelstichting, Leuven, Vlaamse Bijbelstichting, 1975.
[216] Daniel Sibony, *Le corps et sa danse*, S. 149.

stickt. Im Angesicht des Gesetzes bekomme ich Leben und darf ich Leben weitergeben. Vor diesem Gesetz, dem Markierungspunkt, in der Schöpfung, der Urquelle des Lebens, wird gesungen und getanzt. Wer das nicht sehen will, wer sich hinter Gesetzen verschanzt, die er sich selbst auferlegt, wer sich ängstlich nicht aus dem Hause wagt und sich weigert, den Rhythmus der spielerischen Lebenskräfte mitzutanzen, mag auf andere herabsehen — wie Michal —, selbst aber wird er unfruchtbar sein.

Die Energie, die der tanzende König ausstrahlt, ist nicht seine eigene Kraft. Sie kommt woanders her, wird ihm geschenkt. Es ist die Erfahrung so vieler Künstler, die malen, so vieler Sänger, die Musik machen, so vieler Kunstfreunde, die deren Werke genießen. Gerade in der Hingabe an eine Lebenskraft, die man nicht beherrscht, spürt man, daß man leichter wird, von anderen getragen ist, im Dasein bestätigt wird, zur Lebensfreude zugelassen ist. Das Gesetz, als Symbol der Unantastbarkeit des Lebens, der Heiligkeit des Daseins, der Präsenz der Quelle, die uns übersteigt, wirkt befreiend. Sibony weist zu Recht auf das Fehlen des Gesetzes (dieses Gesetzes!) in der heutigen Mentalität hin. Das Gesetz von anderswoher wird geleugnet, verdrängt. Damit könnte man das narzißtische Defizit, auf das Ehrenberg hingewiesen hatte, in Verbindung bringen. Wo das Gesetz fehlt, wuchtet sich der Mensch selbst das volle Gewicht seines Daseins auf die Schultern, muß er alles selbst aufbauen, ohne Richtschnur, ohne Perspektive. Dann aber fühlt er sich im Grunde seiner Existenz nicht anerkannt, nicht bestätigt, nicht getragen. Innerlich wird er unsicher und verletzbar, ist ohne Widerstandskräfte. Sibony erklärt sich von daher die Attraktivität von Rock für die Jugend. Der Rhythmus der Musik wiegt und trägt eine Generation, die sich auf nichts anderes stützen kann, in einem Umfeld, in dem nichts mehr Tragkraft und Tragweite besitzt und fruchtbar macht.[217]

Die Betrachtungen von Sibony helfen uns, bei der Überlegung zum Verhältnis von Genuß und Verbot einen Schritt weiterzugehen. Das Verbot liegt im Gesetz, denn dieses erinnert einen daran, daß man nicht an die Quelle des Lebens vorstoßen darf. Der Mensch verfügt nicht über das Leben. Es wird ihm ge-

---

[217] Vgl. a. a. O., S. 26, 194, 324–325.

schenkt. Das ist die positive, befreiende Seite. Hat man die Quelle erkannt, dann darf man wie David die überflüssige Kleidung, alle Schutzschilde und Panzerungen von sich abwerfen, um in Freiheit zu tanzen und Musik zu machen. Ist es vielleicht dieses Bewußtsein, das man in der Musik von Spacemen 3 und Spiritualized wiederfindet?

Der Tanz vor dem Gesetz ist eine Zeit der Gnade. So etwas kann man mit eigenen Augen auf den Gemälden von De Kooning erleben. Doch der Schöpfungsprozeß ist sehr häufig auch ein Ringen mit den Lebenskräften, ein Kampf wie der von Jakob mit dem Engel. Dieser Kampf ist nach Meinung George Steiners im Schaffen von Kunst zentral. Der Drang zu schreiben, zu malen, zu komponieren, gehe hervor aus der Konfrontation des Menschen mit einer Wirklichkeit, die es zu allen Zeiten gegeben habe, auf die man keinen Zugriff, die man nicht gewählt habe. Die Welt sei schon vor uns da, habe nicht auf unseren Rat gewartet. Das rufe Widerstand beim Menschen hervor. Daher auch das Bedürfnis, auf den Ursprung zurückzugreifen, um selbst neu zu beginnen, aus eigenem Antrieb heraus, wie man selbst ihn sehe. Jedes Kunstwerk sei in diesem Sinne eine Gegenschöpfung *(„counter-creation")*, eine Wiederholung der ersten Schöpfung, nur daß man sich dieses Mal selbst einen Namen wähle und ein Gesicht entwerfen könne. Im Menschen stecke der unmögliche Wunsch, sein eigener Vater werden zu wollen, und ein Mißbehagen, weil es dafür unvermeidlich zu spät sei. Der Mensch komme immer erst an zweiter Stelle, ein anderer sei ihm stets zuvor. Gott sei der Rivale, „der andere Künstler", wie Picasso gesagt haben soll. Kunst zu machen sei eine andere Art, in den Anfang einzutauchen, den Beginn des Daseins neu zu vollziehen, auf daß die Schöpfung fortan wirklich von einem selbst sei.[218]

Etwas Ähnliches hatte Sartre vor Augen. Für ihn lag die eigentliche Bestimmung von Kunst im „Zurückgewinnen dieser Welt, indem man sie vorführt, wie sie ist, aber als wenn ihr Ursprung in der menschlichen Freiheit läge"[219]. Die gesamte Entwicklung des menschlichen Bewußtseins sieht Sartre als Art und Weise, wie der Mensch die Welt auf sich nimmt, „als wenn sie

[218] Vgl. George Steiner, *Von realer Gegenwart*, S. 263–282.
[219] Jean-Paul Sartre, *Qu'est-ce que la littérature?*, S. 64.

unsere Schöpfung wäre"[220]. Der Eroberungsdrang der Freiheit, die Bestätigung des eigenen Daseins, das Setzen des eigenen Stempels auf die Wirklichkeit, die schon da ist, die Konfrontation mit dem Anderssein und mit der Unbezwingbarkeit der Lebenskräfte, die Unzugänglichkeit der Quelle, die alles bewegt, vom Menschen bis zum Schöpfen von Kunst — auch im Rock spielt sich dieser Kampf ab, auch hier findet sich dieses Ringen. Die Beziehung zu dem Anderen, dem Unbewußten, dem Unbekannten, dem Übersteigenden, dem Ungreifbaren, diese Konfrontation ist noch immer in Gang, in der Leugnung ebenso wie in der Anerkennung. Jede Schöpfungstat, jeder kreative Moment, jedes Gitarrenspiel oder jedes Schreiben von Songs führen — sobald man sich diesem Akt voll und ganz hingibt — bis an die Grenzen des Menschseins, bis zu dem Mysterium des Daseins, bis zu dem Geheimnis des Lebens, das einem entgleitet. Über „Gott" zu sprechen heißt, von diesem Unfaßbaren zu stammeln.

In den Betrachtungen Steiners, die an das Selbstverständnis sehr vieler Künstler anknüpfen, erscheint Gott als ein Rivale des Menschen, als ein eifersüchtiger Gott, der über den Lebensquellen wacht und dessen Schöpfungswerk der Mensch wiederholen möchte. Solch ein Zugang knüpft an das Bewußtsein an, das Genuß mit Verbot verbindet. Man kann Gott aber auch anders sehen: als den Ursprung, der einem von ganzem Herzen den Lebensgenuß gönnt. Dann wird das Gesetz eine Quelle des Jubels, und dann tanzt man mit David. Nicht das Gesetz der Selbstgerechten, das unfruchtbar macht, lockt den Tanz heraus, sondern das Gesetz des Lebens, das fruchtbar macht. Das Gesetz des Lebens ist ein Gebot der Liebe, das einen dazu anspornt, andere in ihrem Dasein zu bestätigen und anzuregen: Liebe läßt leben.

Wir haben keinen direkten Zugang zu uns, zur Welt, zu Gott. Die jahrhundertealten Anstrengungen der Metaphysik sind festgefahren: in seinen Versuchen, das Ich, die Welt und Gott mit Hilfe von Begriffen so klar wie möglich zu fassen, hat das westliche Denken Abstraktionen formuliert, aus denen alles Leben entschwunden scheint. In *Metaphysical Horror* hat Leszek Kolakowski diese Sackgasse meisterlich beschrieben. Seiner Auffassung nach heißt das aber nicht, daß es keinen Ausweg mehr gäbe.

[220] Jean-Paul Sartre, *Vérité et existence*, S. 63.

Wer wir sind, was die Welt wert ist und wer Gott ist, wird uns in den Handlungen von Gut und Böse, die wir selbst verrichten, deutlich. Jede liebevolle Tat fügt der Schöpfung ja in dem Maße etwas Neues hinzu, als sie durch ihr Zutun etwas Gutes, das bis dahin nur als Möglichkeit bestand, Wirklichkeit werden läßt. In solchen Taten von Gut-Sein sind wir selbst schöpferisch tätig und merken wir etwas von dem, was der Name des schöpferischen Gottes bedeutet.[221]

„Jede Kunst ist eine Tat der Liebe an der gesamten Menschheit."[222] Wenn dieser Ausspruch von Lester Bangs, der natürlich auch Rock als Kunst auffaßt, neben die Auffassungen von Kolakowski über Liebe und Schöpfung gestellt werden darf, dann folgt daraus, daß auch Rock als eine kreative Bewegung gesehen werden kann, die fruchtbar macht und für den Zugang zu dem Mysterium von Mensch, Welt und Gott förderlich sein kann.

Dieser Essay wurde von einer doppelten Option aus geschrieben. Erstens, daß der Mensch nicht einfach da ist, sondern daß er erst geboren wird, wenn er durch sein Handeln Leben annimmt und weitergibt. Durch die Kräfte der Natur wird er als ein lebendiges Wesen in das Dasein geworfen; von da an muß er sich dafür entscheiden, zu einem wirklich *menschlichen* Dasein geboren zu werden. Mit anderen Worten, ein Mensch ist nicht geboren worden, um zu leben, sondern er lebt, um geboren zu werden, indem er Leben empfängt und Leben schenkt. Zum zweiten, daß der Mensch in diesem Prozeß, in dem Übergang von einer natürlichen zu einer menschlichen Geburt, notwendigerweise in Berührung kommt mit einer höheren Instanz, dem Anderen, dem Unbekannten, dem Übersteigenden, dem Göttlichen. Die Begehrlichkeit ist die Grundstruktur, aus der das Menschliche in Konfrontation mit dem Übermenschlichen hervorgeht. Unsere Begierden sind ja doch Kräfte, die uns ständig auf das andere stoßen — sowohl in uns selbst als auch im Mitmenschen, und auf die Andersheit des unfaßbaren Lebenswunders, das uns von allen Seiten umgibt und übersteigt. Daraus gehen Beziehungen des Widerstandes, der Rivalität, Abweisung, Empfänglichkeit, Faszination und Liebe hervor. Begierden schauen nicht mit Heimweh

221 Leszek Kolakowski, *Metaphysical Horror*, Oxford, Basil Blackwell, 1988, S. 90–98.
222 Lester Bangs, *Psychotic Reactions and Carburator Dung*, S. 168.

auf einen erträumten Zustand zurück (Arkadien, das Paradies), sie sperren uns nicht ein in ein hedonistisches Ausschöpfen der Gegenwart (carpe diem), sie treiben uns in Richtung einer noch ungeschauten Zukunft. Jede Erfüllung jetzt ist eine Antizipation dessen, was noch kommen soll. Für einen positivistisch eingestellten Verstand bleiben diese Optionen unbeweisbar. Doch das Leben beweist sich selbst.

Rock ist ein Stück Leben — mit Macht- und Ohnmachtsgefühlen, mit Erwartungen und Seufzern, mit Engagement und Protest. Rock, der wortlose Mythos einer ernüchterten Kultur. Doch die heutige Verknappung von Worten und die Entkleidung traditioneller Erzählungen und Gebräuche eröffnen auch neue Möglichkeiten. Wir können aufs neue beginnen, wenn wir nur daran glauben. Rock ist eine Musik, die auf spontane Weise an die Grundstoffe unseres Daseins als einen noch unerforschten Vorrat appelliert. Leidenschaften, Träume, Gefühle beginnen zu zirkulieren, spülen hoch, werden ausgelebt. Aus einem ambivalenten Boden steigen Klänge auf, die einen Strom von Wärme über die Erde verbreiten und Menschen zusammenführen. Unheil wird überwunden, und Heil kommt in greifbare Nähe. Wo der Verstand versagt, spricht das Herz; statt unbedingt erklären zu wollen, was man doch eigentlich nicht erlebt, eröffnet Musik einen Raum, in dem wir bereits jetzt vollkommen erleben dürfen, was wir erst später verstehen werden.

Rock bringt verschiedene Schichten der religiösen Dimension ins Spiel. Urphänomene wie hypnotisierende Rhythmen, euphorisches gemeinsames Singen, ekstatisches Erleben und der Opfermechanismus tun dort wieder ihre Wirkung. Musik greift die spirituelle Sensibilität auf und bricht das Bewußtsein für das Höhere auf. Alteingesessene religiöse Apparate werden meist abgelehnt, aber viele Sänger und Musiker haben ein Bewußtsein von Gott, und einige sehen in der Person Jesu eine Quelle von Inspiration. Drogen können ein geistiges Abenteuer begleiten, doch sie beinhalten auch enorme Risiken und führen zu der mehrdeutigen Verflochtenheit von Innen und Außen, Genuß und Ekstase, Hedonismus und Selbstverlust. Der Genuß aber, gerade wenn er bis zum Äußersten getrieben wird, vermittelt dem Menschen die Ahnung, daß er eine Grenze überschreitet. Das *Gebot*, an das man stößt, ist das eines *Angebots* von Leben, das unantastbar ist, und des *Verbots* der Vernichtung und Selbstvernichtung. So enthält die Rockkultur mit all ihren Exzessen und ihrer Konfusion durch die Konfrontation mit einer übersteigenden Wirklichkeit Ansätze für ein religiöses Bewußtsein. Solche Impulse können durch Kommerz und Unerfahrenheit natürlich verwässert werden. Außerdem neigt die herrschende Mentalität dazu, sie zu verdrängen und zu leugnen.

Es ist nichts dagegen einzuwenden, daß Songs im Alltag für ein bißchen Zerstreuung und Fröhlichkeit sorgen. Es kann jedoch auch nicht schaden, ab und zu hinter die Fassade der abgesprochenen Moden, Posen und Codes zu schauen, um einmal wirklich darauf zu hören, was Klänge ver- oder enthüllen. Manchmal kann man dann Signale aus den Tiefenschichten unserer Kultur und aus der Ferne unserer Zukunft auffangen. In Musik ertönen — zusammen mit der Stimme des wunderbaren Lebensstroms, der uns alle trägt — unser holpriges Widerwort, der Schrei und der Jubel einer Menschheit in vollen Geburtswehen.

„*Please, don't put your life in the hands / Of a Rock 'n' Roll band / Who'll throw it all away*", sagt Noel Gallagher in „Don't Look Back In Anger", in dem Versuch, die leidenschaftlichen Reaktionen von Fans zurückzufahren, die Oasis gegenüber zu große Erwartungen haben. Bereits am Ende des Songs „Rock 'n' Roll Star" ertönte die Warnung *„It's only rock 'n' roll"* (ein klassischer Satz in der Rockkultur). Rock — mehr ist es nicht. Und doch scheint es manchmal, als wenn darin alles steckte. Immer neu wird diese Erfahrung von Tausenden und Abertausenden gemacht. Immer wieder kann man das bei Zeitzeugen nachlesen. So wie etwa diese Reaktion von Richard Smith auf ein Konzert von Oasis:

„*As Liam was whining „It's just rock and roll" over and over, I kept thinking to myself: „but it's not. It's magic and mystery. It's soul searching and heart breaking. It's life enhancing and life saving. It's everything and more.*"[223]

[223] MM 14. 10. 1995.

BIBLIOGRAPHISCHE HINWEISE

In diesen bibliographischen Hinweisen werden im einzelnen nur die Angaben zu Werken aufgenommen, auf die in diesem Essay ausdrücklich verwiesen wird. Gegebenenfalls wird nach dem Titel in Klammern die Jahreszahl der ersten Ausgabe angegeben. Leser, die eine knappe Vorstellung der erwähnten Künstler und Gruppen suchen, können diese in OOR's *Pop-encyclopedie 1996* finden (10. Aufl., Amsterdam, Hrsg. Bonaventura).

Bangs, Lester, *Psychotic Reactions and Carburator Dung*. Edited by Greil Marcus (1987); London, Minerva Paperbacks, 1990.

Baudelaire, Charles, *Les Paradis artificiels*, Paris, Gallimard, 1972.

Certeau, Michel de, *La culture au pluriel* (1980), Nouvelle édition établie et présentée par Luce Giard, Paris, Seuil 1993 (collection Points).

Ehrenberg, Alain, *L'individu incertain*, Paris, Calmann-Lévy, 1995.

Girard, René, *La violence et le sacré*, Paris, Grasset, 1972.

Gourdon, Anne-Marie (Hrsg.), *Le rock. Aspects esthétiques, culturels et sociaux*, Paris, CNRS Editions, 1994.

Hulin, Michel, *La mystique sauvage. Aux antipodes de l'esprit*, Paris, Presses Universitaires de France, 1993.

Kent, Nick, *The Dark Stuff*, London, Penguin Books, 1994.

Kneif, Tibor, *Rockmusik. Ein Handbuch zum kritischen Verständnis*, Reinbek bei Hamburg, Rowohlt Taschenbuch Verlag, 1982.

Lull, James (Hrsg.), *Popular Music and Communication*, Newbury Park (California), Sage Publications, 1987.

Maffesoli, Michel, *Le temps des tribus. Le déclin de l'individua-lisme dans les sociétés de masse* (1988), Paris, Le Livre de Poche, 1991.

Marcus, Greil, *Lipstick Traces. A Secret History of the Twentieth Century,* London, Secker & Warburg, 1989.

Marcus, Greil, *Mystery Train. Images of America in Rock 'n' Roll Music* (1975), London, Omnibus Press, 1990.

Mignon, Patrick & Hennion, Antoine (Hrsg.), *Rock. De l'histoire au mythe,* Paris, Anthropos, 1991.

Nietzsche, Friedrich, *Sämtliche Werke.* Kritische Studienausgabe in 15 Einzelbänden, München, Deutscher Taschenbuch Ver-lag/Berlin, de Gruyter, 2. Aufl. 1988.

Poizat, Michel, *La voix du diable. La jouissance lyrique sacrée,* Pa-ris, Métailié, 1991.

Reynolds, Simon, *Blissed out. The Raptures of Rock,* London, Serpent's Tail, 1990.

Rosolato, Guy, *Pour une psychanalyse exploratrice dans la culture,* Paris, Presses Universitaires de France, 1993.

Ross, Andrew & Rose, Tricia (Hrsg.), *Microphone Fiends. Youth Music. Youth Culture,* New York/London, Routledge, 1994.

Salzinger, Helmut, *Rock Power oder Wie musikalisch ist die Re-volution?,* Reinbek bei Hamburg, Rowohlt, 1982.

Sartre, Jean-Paul, *Qu'est-ce que la littérature?* (1948), Paris, Galli-mard, 1993 (collection Folio-Essais).

Sartre, Jean-Paul, *Situations philosophiques,* Paris, Gallimard, 1990 (collection Tel).

Sartre, Jean-Paul, *Questions de méthode* (1957/1960), Paris, Galli-mard, 1992 (collection Tel).

Shepherd, John, *Music as Social Text,* Cambridge, Polity Press, 1991.

Shusterman, Richard, *Pragmatist Aesthetics. Living Beauty, Re-thinking Art,* Cambridge (USA) / Oxford, Blackwell, 1992.

Sibony, Daniel, *Le corps et sa danse,* Paris, Éditions du Seuil, 1995.

Steiner, George, *Von realer Gegenwart. Hat unser Sprechen Inhalt?* (1989) Mit einem Nachwort von Botho Strauß, München / Wien, Carl Hanser Verlag, 1990.

Turner, Steve, *Hungry for Heaven. Rock And Roll And The Search For Redemption,* London, Virgin, 1988.

DISKOGRAPHIE

Diese Diskographie enthält nur Titel von Platten, auf die in diesem Essay hingewiesen wurde oder auf denen die zitierten Songs zu finden sind. Die Titel in Anführungszeichen sind Singles.

The Beatles, *Sgt. Pepper's Lonely Hearts Club Band*, 1967 (Parlophone)

Buzzcocks, *Operators Manual*, 1991 (EMI)

Leonard Cohen, *The Future*, 1992 (Columbia)

The Cure, *Faith*, 1981; *Pornography*, 1982; *Japanese Whispers*, 1983; *Disintegration*, 1989; *Wish*, 1992 (Fiction Records)

Bob Dylan, *Highway 61 Revisited*, 1965; *John Wesley Harding*, 1968 (CBS)

Help (War Child), 1995 (Go! Discs)

The Jesus And Mary Chain, *Psychocandy*, 1985; *Darklands*, 1987; *Honey's Dead*, 1992; *The Sound Of Speed*, 1993; *Stoned & Dethroned*, 1994; „I Hate Rock 'n' Roll", 1995 (Blanco Y Negro)

Joy Division, *Unknown Pleasures*, 1979; *Substance*, 1988 (Factory)

Shane MacGowan And The Popes, *The Snake*, 1994 (ZTT)

John Cougar Mellencamp, *The Lonesome Jubilee*, 1987 (Mercury)

Mudhoney, *My Brother The Cow*, 1995 (Warner)

Nirvana, *Nevermind*, 1991; *In Utero*, 1993 (Geffen)

Oasis, „Shakermaker", 1994; „Supersonic", 1994; *Definitely May-*

be, 1994; „Some Might Say", 1995; *(What's The Story) Morning Glory,* 1995 (Creation)

The Only Ones, *The Immortal Story,* 1992 (CBS)

Pearl Jam, *Vs.,* 1993; *Vitalogy,* 1994 (Epic)

Primal Scream, *Screamadelica,* 1991 (Creation)

R. E. M., *Out Of Time,* 1991 (Warner)

Ride, *Nowhere,* 1990; *Going Blank Again,* 1992; *Carnival Of Light,* 1994 (Creation); *Smile,* 1990; *Cosmic Carnival,* 1994 (Sire/Reprise)

Sex Pistols, *Never Mind The Bollocks,* 1977 (Virgin)

Sonic Youth, *Kill Yr. Idols,* 1983 (inzwischen an *Confusion Is Sex* hinzugefügt, Geffen); *Daydream Nation,* 1988 (Blast First)

The Smiths, *The Queen Is Dead,* 1986 (Rough Trade)

Spacemen 3, *The Perfect Prescription,* 1987 (Glass); *Translucent Flashbacks,* 1995 (Fire)

Spiritualized, „Feel So Sad", 1991 (Dedicated)

Bruce Springsteen, *Born In The U. S. A.,* 1984 (CBS)

The Stone Roses, *The Stone Roses,* 1989 (Silverstone); *Second Coming,* 1994 (Geffen)

Sugar, *Beaster,* 1993 (Creation)

Supergrass, *I Should Coco,* 1995 (Parlophone)

Swervedriver, „*Reel To Real*", 1991; *Raise,* 1991 (Creation)

Teenage Fanclub, *Grand Prix,* 1995 (Creation)

The Velvet Underground, *Peel Slowly And See,* 1995 (Polydor)

Neil Young, *Tonight's The Night,* 1975; *Mirror Ball,* 1995 (Reprise)

PERSONENREGISTER

226

229